Grandes Temas do Direito Brasileiro

Grandes Temas do Direito Brasileiro

COMPLIANCE

2019

Coordenação
Ana Cristina Kleindienst

ALMEDINA

GRANDES TEMAS DO DIREITO BRASILEIRO

COMPLIANCE

COORDENAÇÃO: Ana Cristina Kleindienst
DIAGRAMAÇÃO: Almedina
DESIGN DE CAPA: FBA
ISBN: 9788584934997

Dados Internacionais de Catalogação na Publicação (CIP)
(Câmara Brasileira do Livro, SP, Brasil)

Grandes Temas do Direito Brasileiro : compliance /
coordenação Ana Cristina Kleindienst. --
São Paulo : Almedina Brasil, 2019.
Vários autores.

Bibliografia.
ISBN: 978-85-8493-499-7

1. Compliance 2. Direito - Brasil 3. Direito
econômico 4. Direitos fundamentais 5. Governança
corporativa I. Kleindienst, Ana Cristina.

19-27359 CDD-34(81)

Índices para catálogo sistemático:

1. Temas jurídicos : Brasil : Direito 34(81)

Iolanda Rodrigues Biode - Bibliotecária - CRB-8/10014

Este livro segue as regras do novo Acordo Ortográfico da Língua Portuguesa (1990).

Junho, 2019

EDITORA: Almedina Brasil
Rua José Maria Lisboa, 860, Conj.131 e 132, Jardim Paulista | 01423-001 São Paulo | Brasil
editora@almedina.com.br
www.almedina.com.br

APRESENTAÇÃO

Este primeiro volume da coleção Grandes Temas do Direito Brasileiro aborda assunto espinhoso para a atualidade no Brasil. De fato, o *compliance* ganhou substancial relevância após as respostas legislativas dadas a escândalos de corrupção de elevada magnitude que vimos com assombro nos últimos anos. Inaugurou-se um período de transição cultural, especialmente nas vertentes dos negócios e do Direito. As páginas que seguem contam com cinco artigos que lançam luzes em pontos necessários e desafiadores nesse cenário.

Desses pontos, Beatriz Angela de Lima Gimenez inicia abordando limites sob a ótica trabalhista das investigações internas às empresas conduzidas em função de questões de anticorrupção. Como ressaltado pela autora, se por um lado as investigações internas são muito importantes para a efetividade de um programa de *compliance*, por outro os profissionais selecionados para conduzir tal tarefa precisam ter ciência dos limites que a legislação trabalhista apresenta para que a empresa não realize procedimentos inadequados e/ou juízo de valor equivocado que possam acarretar prejuízos. No seu artigo "Investigações Internas de *Compliance* e seus Limites pela Ótica Trabalhista", a autora ressalta os pilares de proteção e detecção de problemas, investiga a importância do poder disciplinar do empregador para, ao cabo, abordar, considerando a legislação trabalhista, boas práticas para a realização das referidas investigações.

Na sequência, Eloísa Helena Severino de Souza Crivellaro apresenta seu artigo "Lei Anticorrupção, as Boas Práticas de Governança e o Papel do Conselho de Administração", em que discute a aplicabilidade da Lei Anticorrupção brasileira diante das principais práticas dos órgãos diretivos das empresas, especialmente o Conselho de Administração. Como discorrido por ela, o Conselho de Administração é o principal partícipe de disseminação de boas práticas de gestão na empresa e atua como seu protetor, de modo que o compromisso dos conselheiros com a organização e adequação das políticas internas à legislação anticorrupção são fatores efetivos na redução dos riscos de corrupção. A partir dessa constatação, Eloísa Crivellaro analisa as responsabilidades e sanções trazidas pela mencionada Lei Anticorrupção, o processo de responsabilização, a possibilidade de desconsideração da personalidade jurídica, o acordo de leniência e o programa de *compliance*. Em suas valiosas conclusões, a autora articula os tópicos estudados e indica a busca legislativa por uma mudança cultural a qual reforça a essência da governança corporativa e do *compliance*.

Após, o autor Gustavo Padilha Addor também se debruça sobre a governança corporativa e o *compliance*, mas sob a perspectiva das *startups*. Justamente o seu artigo "A Governança Corporativa e *Compliance* e sua Importância na Evolução das *Startups*" aborda a realidade de que, quem quer ter seu próprio negócio, precisa analisar diversos aspectos que vão muito além da ideia do negócio em si e a maneira de implementá-la, incluindo questões de governança corporativa e *compliance* que, apesar de muito relevantes, costumam ficar em segundo plano. O autor, então, após discorrer sobre governança corporativa e suas principais formas, bem como sobre *compliance*, explicita as fases de evolução de uma *startup*, trazendo reflexões sobre aqueles para cada uma dessas etapas. Nesse seu empreendimento, Gustavo Padilha Addor salutarmente reforça a necessidade de desmitificar o pensamento de que práticas de governança corporativa e *compliance* são travas para o crescimento de uma *startup*.

Em seguida, Marina Foltran Nicolosi, em "O Dano Moral Decorrente de Atos Ilícitos Previstos na Lei Anticorrupção: O Dever de Boa-fé do Contrato entre Empresas", discorre sobre o sempre desafiador dano moral, mas no contexto de uma relação contratual afligida por um ato punível previsto na Lei Anticorrupção brasileira. Partindo da essência do contrato, sua função social e o dever de boa-fé, a autora pondera sobre quais consequências podem ensejar o direito à indenização por referido dano à reputação de partes contratuais inocentes. Marina Nicolosi não deixa de enfrentar diversos tópicos da construção do instituto do dano moral, desde a possibilidade de empresas sofrerem este tipo de malefício – hipótese hoje mais consolidada –, até sua relação com as chamadas cláusulas penais, que previamente estipulam valores de eventuais prejuízos procurando inibir condutas indesejadas. Suas conclusões concatenam seu raciocínio e destacam como as partes devem observar e transparecer, desde a negociação à execução do contrato, a preocupação e o cuidado com a diligência do programa de integridade evidenciando, assim, o cumprimento dos deveres de boa-fé e a função social do contrato, de modo a evitar a busca de reparação de dano à honra da empresa.

Também na seara contratual, mas com perspectiva complementar ao artigo anterior, a próxima autora, Natalia Kuznecov, fecha o volume com seu trabalho "Cláusulas Contratuais para Mitigação de Riscos Relacionados à Reputação em Virtude de Violações à Lei nº 12.846/13". Nele, Natalia Kuznecov estuda formas de reduzir riscos relacionados à reputação e imagem de empresas quanto às violações da Lei Anticorrupção brasileira, especialmente decorrentes da contratação de terceiros para a interação com agentes públicos. Na construção de seu texto, a autora destaca a importância do conhecimento prévio sobre a interação com órgãos públicos para análise de riscos, discutindo importantes questões jurídicas envoltas em formas de mitigação desses riscos. Dentre essas, vale daqui destacar: a eventual responsabilidade pré-contratual decorrente de um cancelamento na contratação de um parceiro após o resultado de *due diligence*, a inserção de cláusulas de *compliance* nos processos de compras e serviços de empresas privadas, de cláusulas de comprometimento com a integridade nas relações público-privadas, de rescisão contratual caso seja praticado atos lesivos à Administração Pública, de pagamento de indenização em caso de responsabilização da empresa contratante por ato do contratado, de autorização prévia de subcontratação e interação com órgãos públicos, de auditoria em terceiros, bem como de responsabilidade por descumprimento das obrigações relativas ao *compliance*. A autora finaliza seu artigo apresentando exemplos de cláusulas sugeridas pelo seu texto.

Como o leitor poderá comprovar com a leitura desses artigos, este volume certamente contribuirá para delinear aspectos essenciais do *compliance* no Brasil. Boa leitura!

Pamela Romeu Roque

Professora orientadora dos programas de LLM em Direito dos Mercados Financeiro e de Capitais e de LLC em Direito Empresarial do Insper Direito.

PREFÁCIO

Prefaciar o primeiro volume da coleção Grandes Temas do Direito Brasileiro, cujo tema central – *Compliance* – trata da mudança na forma de conduzir empresas e se fazer negócios, é uma grande satisfação. Ainda mais por ser uma obra criada pela somatória de artigos de cinco *alumnis* do Insper/SP, escola que exige uma abordagem que traga resultados e não meras teorias descoladas da realidade.

E tal característica é muito clara em todos os artigos, uma vez que os autores possuem como característica base a vivência sobre as matérias que tratam, trazendo ao leitor percepções e questionamentos para aqueles que de fato preveniram, detectaram e reagiram a problemas corporativos.

O artigo "Investigações Internas de *Compliance* e seus Limites pela Ótica Trabalhista", escrito por Beatriz Angela Gimenez Costa, trata da relevância dos protocolos de detecção de não conformidades nos programas de *compliance*, mais especificamente a investigação interna e os limites legais trabalhistas que devem ser observados quando de sua realização.

Nesse contexto, não haveria melhor autor para tratar deste assunto: Beatriz é especializada em Direito Corporativo e Direito Civil, com relevante experiência tanto como advogada de contencioso trabalhista, mas também como executiva jurídica de grandes empresas nacionais e transnacionais, numa das quais tive a grata satisfação de a gerenciar.

O texto de Beatriz foi originado de seu trabalho de conclusão do curso de Pós-Graduação em Direito Empresarial no Insper/SP e demonstra o adequado equilíbrio entre os conceitos teóricos e práticos que apenas podem surgir de uma profissional que vivenciou os riscos que outros apenas conseguem tratar na teoria.

Eloísa Helena Severino de Souza Crivellaro assina o artigo "Lei Anticorrupção, as Boas Práticas de Governança e o Papel do Conselho de Administração", que trata de assunto ainda em descoberta: o papel do Conselho de Administração das empresas em relação à famigerada Lei nº 12.846/13. Digo em descoberta pois, em maioria, os Programas de *Compliance* das empresas ainda estão inseridos em contextos operacionais e de média gestão, tendo contato com a alta administração da empresa e seus Conselhos apenas quando há a ocorrência de uma crise, ou uma investigação relevante.

Como marca dessa obra, novamente temos um texto que apenas uma profissional com vivência prática poderia dar ao assunto: Eloísa tem uma carreira marcada pela vivência corporativa e pela percepção de que cada esfera hierárquica de uma empresa tem uma função distinta e complementar, e que, se não exercida, pode [e será] responsabilizada pela omissão.

O artigo "A Governança Corporativa e *Compliance* e sua Importância na Evolução das *Startups*", escrito por Gustavo Padilha Addor, traz a relevância da Governança Corporativa e dos sistemas de *Compliance* desde o início das empresas. Tratar desse assunto para startups é, legalmente "falando", até um tema simples. No entanto, é um tema de extrema complexidade quando se busca a materialização prática destes protocolos. E isso se deve, especialmente, à velocidade que os empreendedores precisam dar ao negócio quando operam uma *startup*; e também ao preconceito que muitos deferem ao tema [infelizmente, muitas vezes alimentado pelos profissionais de "soluções" teóricas que surgem no meio do caminho].

Não é o caso de Gustavo. Neste artigo, temos um autor que tem propriedade para abordar este viés prático do tema. Gustavo coleciona uma percepção 360º sobre esse assunto, pois, além de ter atuado em bancas internacionais de advocacia, reconhecidas por operarem em projetos de investimentos em startups, vive os riscos e importância do assunto como executivo jurídico dentro de startups e, como um bônus, também vive os riscos como o próprio fundador de uma empresa de tecnologia. Ou seja, escreve do patamar de quem pode dar o exemplo do que é ou não relevante.

Marina Foltran Nicolosi assina o artigo "O Dano Moral Decorrente de Atos Ilícitos Previstos na Lei Anticorrupção: O Dever de Boa-Fé do Contrato entre Empresas", tema de extrema relevância para se garantir maior confiança entre as partes que assumem obrigações contratuais. A correlação tema e autor não poderia fazer maior sentido: Marina viveu a dinâmica de atender juridicamente as áreas de negócios de empresas, desenhando as proteções contratuais nas relações entre fornecedores, empresa e clientes; mas também viveu o trabalho de aprimorar os controles destas relações, ao atuar também como *Compliance Officer* em empresa.

Tal vivência já seria suficiente para abordar os problemas e formas de reação dos descumprimentos de cláusulas anticorrupção com propriedade, mas Marina ainda tem em seu leque de vivência profissional o apoio a pequenas e médias empresas nesse mesmo assunto, tendo, portanto, a propriedade para o abordar de forma concreta e útil para toda gama de empresas. Em suma, este artigo, que tem como base a sua dissertação de término do curso LLM, Direito de Contratos do Insper, é leitura necessária para quem busca reagir a crises causadas por descumprimentos graves a cláusulas de *compliance* nos contratos firmados entre empresas.

Por fim, completando a seleção de artigos escritos por profissionais que vivem os riscos sobre os quais escrevem, temos o artigo "Cláusulas Contratuais para Mitigação de Riscos Relacionados a Reputação em Virtude de Violações a Lei nº 12.846/13", de autoria de Natalia Kuznecov. Natalia, é profissional que, por grande parte da última década, atuou com aspectos jurídicos, contratos e gestão de riscos de *compliance* terceiros em grandes empresas.

Tal experiência fica marcada nas análises e conclusões que adota no seu artigo, pois aborda o tema pelo viés da prevenção da ocorrência de riscos, sinônimo de programas de *compliance* efetivos. O texto é desdobramento do seu trabalho de conclusão do LLM, Direito de Contratos do Insper e de grande valia para profissionais que buscam uma visão prática sobre este assunto.

Este conjunto de artigos, como pode notar o leitor, aborda o tema *Compliance* de forma bem abrangente: (i) trata de governança corporativa para grandes empresas, marcadas por seus processos internos e seus respectivos conselhos de administração, mas também para startups, muitas vezes pequenas e jovens, mas muito rápidas e capazes de atrair grandes investidores; (ii) aborda assuntos relacionados aos limites e respeito dos direitos dos empregados em casos de investigações internas, demonstrando que Programas de *Compliance* não podem ser confundidos com "caça-às-bruxas", onde tudo valia; (iii) os riscos de terceiros, tanto pelo viés preventivo, onde a empresa deve focar seus esforços, mas também pelo viés reativo, em especial quando se verifica a má-fé daquele que deveria atuar nos limites do que lhe foi autorizado fazer.

Desejo sucesso aos autores em sua jornada, agora marcada pelas reflexões dispostas para a posteridade, e uma ótima leitura aos leitores, que devem permanecer ávidos por conhecimento, sem perder a exigência pela qualidade.

Karlis M. Novickis
Advogado com relevante histórico como executivo (jurídico, compliance, assuntos regulatórios e Seg. Corporativa), em escritórios de direito (direito penal comum e corporativo), como assessor jurídico no governo (Exército Brasileiro) e membro independente de Comitês Jurídicos e de Compliance para empresas nacionais. Com perfil acessível ao público executivo sênior, aborda problemas corporativos de forma pragmática e inovadora.
É professor de Direito e Compliance em universidades no Brasil (Insper/SP e FGV/RJ) e no México (Tecnológico de Monterrey/Cid. Mex.), e aconselha companhias e executivos seniores na gestão de crises e riscos jurídicos e de integridade, em ambientes internacionais e contextos regulatórios complexos.
Advogado graduado pela Universidade Mackenzie (Brazil) e pós-graduado em Gestão de Negócios (Insper/SP); Direito Penal (PUC/SP); e Crimes Econômicos (Coimbra/Portugal).

SUMÁRIO

Investigações Internas de *Compliance* e seus Limites pela Ótica Trabalhista

Beatriz Angela Gimenez Costa

1. Introdução

O tema *Compliance* demonstra sua relevância para um estudo, em especial, quando analisado o impacto da Operação Lava Jato e a mudança de mentalidade das empresas em relação às questões de corrupção no Brasil nos últimos anos.

Muitas empresas, considerando os custos da criação de um Programa de *Compliance* e seus respectivos riscos vultosos, optaram por mudar suas operações de negócios com uma transição de mentalidade quanto à necessidade da existência do referido programa.

Sendo assim, os custos para criação de Programas passaram a ser vistos como um importante investimento para empresas que, alinhados com a sua estratégia, passaram a antecipar os riscos, demonstrando a preocupação com o cumprimento da normatização.

Referida mudança de pensamento dos dirigentes das empresas trouxe, e traz, cada vez mais, a presença da figura de um diretor/gerente de *Compliance*, chamado de *Chief Compliance Officer* – CCO.

O CCO precisa atuar de forma independente, mas integrado com a empresa e preocupado com a governança corporativa da companhia, com o escopo de que a gestão de riscos seja realizada de maneira proativa e preventiva e, especialmente, alinhada com a melhoria contínua, que é um princípio basilar de um bom Programa de *Compliance*.

Segundo Bruno Maeda:

> Nos últimos anos o tema *Compliance*, especialmente em matéria de anticorrupção, tem figurado no topo da lista de prioridades de grande parte das empresas, particularmente, daquelas com operações multinacionais. Investimentos significativos têm sido realizados no desenvolvimento de estruturas e programas de *Compliance* voltados à prevenção e à detecção de desvios de conduta, bem como na remediação de eventuais problemas identificados.
>
> (...)
>
> De fato, as consequências trazidas a pessoas físicas e jurídicas pelo descumprimento de legislações anticorrupção tem sido cada vez mais significativa.[1]

Ademais, no ano de 2000, o Brasil aderiu à Convenção da Organização para a Cooperação Econômica e Desenvolvimento (OCDE), a qual tem o intuito de combater tanto a corrupção no Comércio Internacional, quanto adotar ações que assegurem a real cooperação entre os países signatários. Em razão disso, pode-se notar uma grande interferência da OCDE na criação da Lei Anticorrupção brasileira.

Assim, com a aprovação da Lei 12.846, de 1 de agosto de 2013 ("Lei Anticorrupção"), a qual foi regulamentada pelo Decreto 8420/15 em seu artigo 1º[2], determinou-se a possibilidade da responsabilização objetiva das empresas que, portanto, passaram a se preocupar, de forma mais contundente, em estabelecer Programas de *Compliance*.

Ratificando a relevância do tema, cabe trazer a manifestação da OCDE que, em 29/10/2014, emitiu relatório nos seguintes termos:

> (...) recomendações no sentido de aperfeiçoar o combate à corrupção. Entre elas: **o aumento da detecção**, investigação e repressão do suborno estrangeiro; a adoção de proteção ao denunciante para trabalhadores do setor privado que denunciarem casos de suborno; e a garantia para que pessoas jurídicas sejam devidamente responsabilizadas em casos de lavagem de dinheiro.[3] (g.n)

1 DEBBIO, Alessandra Del; MAEDA, Bruno Carneiro; AYRES, Carlos Henrique da Silva (Coord.). *Temas de anticorrupção e Compliance.* Rio de Janeiro: Elsever, 2012, pag. 168 e 169 e 176.

2 Art. 1º: Este Decreto regulamenta a responsabilização objetiva administrativa de pessoas jurídicas pela prática de atos contra a administração pública, nacional ou estrangeira, de que trata a Lei no 12.846, de 1o de agosto de 2013.

3 CGU, 2014. Disponível em: http://www.cgu.gov.br/noticias/2014/10/ocde-destaca-iniciativas-brasileiras-de-combate-a-corrupcao-empresarial-e-internacional, acesso em: 27/05/2017.

Percebe-se, assim, que o tema é extremamente atual, considerando os esforços da OCDE em trazer, na prática do dia a dia das empresas, meios de detecção de problemas envolvendo questões anticorrupção, dentre os quais um dos mais efetivos: a existência do canal interno de denúncia/preocupação, revestido de sigilo e confidencialidade, disponível para empregados e fornecedores da empresa.

A partir disso, cada vez mais as empresas estão atentas em disponibilizar canais de denúncias/preocupações permitindo que seus empregados possam relatar supostas questões contrárias à lei, à ética e ao seu próprio Programa de *Compliance*. Em sendo assim, cada vez mais é importante que as corporações estejam preparadas para realizar as investigações internas sobre as informações/denúncias recebidas.

Os profissionais devem estar prontos para a realização de tal tarefa de forma plena e segura, pois, de fato, tal atividade trará economia para a empresa, uma vez que contratar profissionais externos poderá encarecer a análise, bem como poderá expor a confidencialidade das informações reportadas.

Em contrapartida, é importante que os empregados selecionados para tal tarefa tenham ciência de quais limites a legislação trabalhista apresenta para tal investigação, mitigando o risco de que a empresa realize procedimentos inadequados e/ou juízo de valor equivocado de condutas de seus empregados, expondo-a a futuras Reclamações Trabalhistas com vultosos pleitos de danos morais e reversões de justas causas que forem erroneamente aplicadas. As reversões das justas causas na Justiça do Trabalho claramente enfraquecerão a autonomia das investigações internas realizadas.

Portanto, o presente trabalho analisará a doutrina disponível para o tema *Compliance* e implicações trabalhistas, adicionados a artigos publicados e jurisprudência para embasar o estudo.

O artigo foi estruturado no sentido de demonstrar ao leitor a importância do Programa de *Compliance* e seus Pilares de Proteção e Detecção de problemas, passando pela importância do poder disciplinar do empregador, o qual permitirá a realização da investigação interna, bem como, no capítulo final, demonstrando boas práticas para a realização da investigação, considerando, especificamente, a legislação trabalhista.

2. *Compliance* e o Pilar de Proteção e Detecção

De fato, nos últimos anos, o assunto *Compliance* tem se tornado uma grande preocupação das empresas, em especial as multinacionais, principalmente quanto ao tema de anticorrupção.

Assim, as empresas implementaram seus Programas de *Compliance* bem estruturados, independentes e pautados nos Pilares de Detecção e Proteção de desvio de condutas.

Ao pensar em mecanismo de prevenção do Programa de *Compliance*, em primeiro lugar, é preciso se atentar ao disposto na Lei 12.846/2013 e no artigo 42 do Decreto 8.420/2015[4], os quais estabelecem as diretrizes do referido programa.

[4] Art. 42. Para fins do disposto no § 4o do art. 5o, o programa de integridade será avaliado, quanto a sua existência e aplicação, de acordo com os seguintes parâmetros:
I – comprometimento da alta direção da pessoa jurídica, incluídos os conselhos, evidenciado pelo apoio visível e inequívoco ao programa;
II – padrões de conduta, código de ética, políticas e procedimentos de integridade, aplicáveis a todos os empregados e administradores, independentemente de cargo ou função exercidos;
III – padrões de conduta, código de ética e políticas de integridade estendidas, quando necessário, a terceiros, tais como, fornecedores, prestadores de serviço, agentes intermediários e associados;
IV – treinamentos periódicos sobre o programa de integridade;
V – análise periódica de riscos para realizar adaptações necessárias ao programa de integridade;
VI – registros contábeis que reflitam de forma completa e precisa as transações da pessoa jurídica;
VII – controles internos que assegurem a pronta elaboração e confiabilidade de relatórios e demonstrações financeiros da pessoa jurídica;
VIII – procedimentos específicos para prevenir fraudes e ilícitos no âmbito de processos licitatórios, na execução de contratos administrativos ou em qualquer interação com o setor público, ainda que intermediada por terceiros, tal como pagamento de tributos, sujeição a fiscalizações, ou obtenção de autorizações, licenças, permissões e certidões;
IX – independência, estrutura e autoridade da instância interna responsável pela aplicação do programa de integridade e fiscalização de seu cumprimento;
X – canais de denúncia de irregularidades, abertos e amplamente divulgados a funcionários e terceiros, e de mecanismos destinados à proteção de denunciantes de boa-fé;
XI – medidas disciplinares em caso de violação do programa de integridade;
XII – procedimentos que assegurem a pronta interrupção de irregularidades ou infrações detectadas e a tempestiva remediação dos danos gerados;
XIII – diligências apropriadas para contratação e, conforme o caso, supervisão, de terceiros, tais como, fornecedores, prestadores de serviço, agentes intermediários e associados;

Logo, o programa de *Compliance* da empresa deve ser considerado como uma importante ferramenta de proteção da empresa, conforme determina o próprio artigo 7º, inciso VIII, da Lei 12.846/2013:

> Art. 7º Serão levados em consideração na aplicação das sanções:
> (...)
> VIII – a existência de mecanismos e procedimentos internos de integridade, auditoria e incentivo à denúncia de irregularidades e a aplicação efetiva de códigos de ética e de conduta no âmbito da pessoa jurídica;

Corroborando com tal afirmação, a empresa Siemens AG, considerada como referência na estruturação de Programas de *Compliance*, destaca seus pilares de *Compliance* como:

> Para a Siemens, promover a integridade significa agir em conformidade com nossos valores – responsável, excelente e inovadora – onde quer que façamos negócios. Um elemento fundamental da integridade é o *Compliance*: aderência às leis e aos regulamentos internos. Nós temos tolerância zero para corrupção e violação dos princípios da concorrência leal.
>
> O Sistema de *Compliance* de Siemens é dividido em três pilares: **Prevenir, Detectar e Responder**. Esses pilares são base de um sistema abrangente de atividades que garantem que nossos negócios estão totalmente em conformidade com todas as leis e regulamentos aplicáveis, assim como, com nossos princípios e regras internas.[5] (g. n.)

Baseado tanto na Lei 12.846/2013 quanto no Decreto 8.420/2015, o alicerce de um Programa de *Compliance* é o Código de Ética da empresa, o qual serve para transmitir aos empregados e fornecedores tantos os valores éticos da empresa, quanto a sua missão e visão, estabelecendo, inclusive,

XIV – verificação, durante os processos de fusões, aquisições e reestruturações societárias, do cometimento de irregularidades ou ilícitos ou da existência de vulnerabilidades nas pessoas jurídicas envolvidas;
XV – monitoramento contínuo do programa de integridade visando seu aperfeiçoamento na prevenção, detecção e combate à ocorrência dos atos lesivos previstos no art. 5o da Lei no 12.846, de 2013; e
XVI – transparência da pessoa jurídica quanto a doações para candidatos e partidos políticos.

[5] Disponível em http://w3.siemens.com.br/home/br/pt/cc/Compliance/Pages/Compliance0602-1205.aspx. Acesso em 14/10/2017.

alguns parâmetros para que os empregados sigam quando atuarem em nome da empresa.

Inclusive, nos incisos do artigo 42 do Decreto 8.420/2015, já citado no presente estudo, a empresa deve fazer sua autorregulamentação por meio do Código de Ética e Politicas/Procedimentos internos, os quais servirão para disseminar os conteúdos de tais documentos para os seus colaboradores.

As Políticas e Procedimentos de *Compliance* precisam, de fato, estar coerentes com a atividade da empresa e devem ser escritos de forma clara, objetiva e estarem disponíveis em um local que seja acessível para todos os empregados.

Trazendo essa questão do treinamento para o tema abordado no presente artigo, é fundamental que se tenha Políticas/Procedimentos claros de como funcionarão as Investigações internas da empresa, bem como treinamentos sobre valores da empresa, dando clareza aos empregados sobre os referidos valores.

Quanto ao Pilar da Detecção, são analisadas possíveis falhas que possam implicar o não andamento do Programa de *Compliance*, visando uma detecção continua de violações.

Nesse sentido, a empresa poderá disponibilizar: (i) canais de denúncias para que tanto o público interno quanto o externo tenham espaço para compartilhar suas preocupações, de forma anônima ou identificada; (ii) realização de investigações (internas e externas) para apurar tais preocupações reportadas; (iii) monitoramento; e (iv) auditoria de *Compliance*.

Segundo Marcelo Coimbra e Vanessa Alessi Manzi:

> Considera-se agir de acordo com a lei, com os preceitos éticos e com as normas internas produz benefícios não apenas para a organização como um todo, mas individualmente para cada um dos seus colaboradores. Exatamente por isso o sistema de denúncias não deve ser encarado como um mero canal de calúnias ou como um instrumento para criar um clima de de denuncismo e perseguições, mas sim voltado à defesa da integridade, das boas práticas e de proteção de reputação da organização e de seus funcionários.[6]

[6] COIMBRA, Marcelo de Aguiar e MANZI, Vanessa Alessi. *Manual de Compliance – preservando a boa governança e a integridade das organizações*. São Paulo: Atlas, 2010, pag. 95.

Uma informação interessante acerca da relevância do canal de denúncia para as empresas é a pesquisa da ACFE (*Association of Certified Fraud Examiners*) emitiu em 2016 o relatório "*Report to the Nations On Occupational Fraud and Abuse*"[7], o qual trouxe o indicador de que 39,1% dos casos de fraude foram detectados via canal de denúncias.

Por isso, é de extrema importância que o Programa de *Compliance* seja criado baseado em pilares que façam sentido à empresa com a criação de Código de Conduta, Processos e Procedimentos adequados, mas, em especial, com o apoio dos Lideres e da Alta Direção da Companhia, baseado sempre na necessidade de melhoria contínua do programa.

3. O Empregador e o Poder de Direção

Antes de discorrer sobre as condutas e os procedimentos de investigações internas das empresas em face dos empregados, é importante apresentar um breve estudo sobre o chamado poder diretivo que o empregador tem disponível legalmente perante o empregado, pois, sem dúvidas, servirá de parâmetro para as empresas observarem em suas investigações internas de *Compliance*.

Gustavo Filipe Barbosa Garcia conceitua tal Poder do empregador como:

> O poder de direção, que tem por fundamento legal o art. 2º, *caput,* da CLT, pode ser conceituado como aquele que autoriza o empregador a organizar, controlar e disciplinar a prestação de serviços pelo empregado, a que ocorre, assim, de forma subordinada.[8]

O poder diretivo é uma prerrogativa do empregador que está associada à subordinação, que é uma característica do vínculo empregatício.

Tal poder pode ser dividido em três diferentes formas, quais sejam: (i) poder de organização – caberá ao empregador delimitar normas de caráter técnico para a empresa, por exemplo, Políticas, Regulamentos,

[7] ACFE, 2016. Disponível em: https://www.acfe.com/rttn2016/docs/2016-report-to-the-nations.pdf, pag 4. Acesso em: 22.11.2017.

[8] GARCIA, Gustavo Filipe Barbosa. *Curso de direito do trabalho,* 2ª edição. Rio de Janeiro: Editora Método, 2008, pag 298.

Normas internas, assim como qualquer norma que verse sobre convivência e bem-estar para os empregados; (ii) poder de controle – autorização ao empregador para fiscalizar o trabalho executado pelo empregado, estendendo-se tanto ao seu comportamento quanto a sua forma de trabalhar; (iii) poder disciplinar – permissão para que o empregador aplique penalidade aos empregados, quando for verificada irregularidade.

Entretanto, o poder de direção dado ao empregador não pode ser utilizado de forma irrestrita, limitando-se aos preceitos determinados na legislação vigente no país, sendo que o abuso no exercício do poder de direção poderá ser indenizado ao empregado, por meio de reparação de danos, tanto na esfera moral quanto material.

E é justamente nesse ponto que é importante estudar o poder de direção em relação às possibilidades existentes pelo empregador em suas investigações internas de *Compliance* sob a ótica trabalhista.

Um exemplo da utilização do poder diretivo do empregador é analisar a possibilidade, na prática, do empregador acessar *e-mails* corporativos do empregado ao realizar sua apuração interna.

Segundo o artigo 5º, inciso X da Constituição Federal[9], é garantido ao empregado a inviolabilidade de sua intimidade, vida privada e sigilo de correspondência, sendo tais direitos classificados como fundamentais.

Entretanto, tendo em vista que *o e-mail* corporativo é considerado uma ferramenta de trabalho, ou seja, propriedade do empregador e seu uso indevido pode, por exemplo, expor a imagem da empresa a diversos riscos, há legitimação do interesse jurídico do empregador quanto ao seu monitoramento.

Além disso, vale ressaltar que o mesmo artigo. 5º, X, da Constituição Federal traz o direito à propriedade em seu *caput* e, ainda, o artigo 932, inciso III[10], do Código Civil traz a obrigação do empregador em reparar

[9] "Art. 5º Todos são iguais perante a lei, sem distinção de qualquer natureza, garantindo-se aos brasileiros e aos estrangeiros residentes no País a inviolabilidade do direito à vida, à liberdade, à igualdade, à segurança e à propriedade, nos termos seguintes:
(...)
X – são invioláveis a intimidade, a vida privada, a honra e a imagem das pessoas, assegurado o direito a indenização pelo dano material ou moral decorrente de sua violação".

[10] Art. 932. São também responsáveis pela reparação civil:
III – o empregador ou comitente, por seus empregados, serviçais e prepostos, no exercício do trabalho que lhes competir, ou em razão dele;

eventuais danos causados pelos empregados enquanto estiverem exercendo sua atividade. É possível, assim, concluir que o empregador pode monitorar os *e-mails* corporativos de seus empregados.

Somente por cautela, recomenda-se que no contrato de trabalho, Termo ou Política conste o caráter profissional do *e-mail* e sua possibilidade de monitoramento de forma rotineira.

Sobre o tema da análise em investigação de materiais da empresa que estejam sendo utilizados pelo empregado como ferramenta de trabalho, Maurício Pepe de Lion relata que:

> Isso quer dizer que ao empregador não é lícito violar correspondências e/ou explorar documentos, arquivos, fotografias, e etc., de propriedade pessoal dos empregados, ainda que estejam armazenados em um computador da empresa, por exemplo, sendo este um dos pontos de maior atenção da investigação.
>
> Deve-se garantir que apenas os equipamentos, documentos e arquivos pertencentes à empresa sejam analisados, bem como que em eventuais entrevistas sejam conduzidas de forma respeitosa e imparcial, pois caso contrário, os resultados perderão credibilidade, o que terá o condão de causar enormes prejuízos ao empregador.[11]

Outra forma de manifestação do poder de direção do empregado é a existência de Procedimentos/normas que regulamentam a atividade da empresa, sendo que tal regulamento pode ser feito de forma unilateral (pela própria empresa) ou bilateral, quando estabelecido em conjunto com o empregado.

Sobre esse tema, Gustavo Filipe Barbosa Garcia afirma que:

> Os direitos trabalhistas previstos no regulamento da empresa passam a integrar os contratos de trabalho de cada empregado. Obviamente, suas regras devem observar os preceitos mínimos presentes na legislação trabalhista e demais instrumentos normativos, bem como normas de ordem público a respeito.[12]

[11] DEBBIO, Alessandra Del; MAEDA, Bruno Carneiro; AYRES, Carlos Henrique da Silva (Coord.). *Temas de anticorrupção e Compliance.* Rio de Janeiro: Elsever, 2012, pág. 306.

[12] GARCIA, Gustavo Filipe Barbosa. *Curso de direito do trabalho*, 2ª edição. Rio de Janeiro: Editora Método, 2008, pag 303.

Conclui-se, portanto, que o poder de direção do empregador deve ser utilizado na investigação interna da empresa, em especial, quando forem utilizadas ferramentas de sua propriedade que estão colocadas à disposição do empregado para exercer sua função e podem ter sido utilizadas de forma contrária aos valores da empresa.

4. Sugestões de Melhores Práticas: a Investigação Interna Alinhada à Legislação Trabalhista

Primeiramente, sob o olhar de *Compliance*, é recomendável que a empresa tenha Processo ou Procedimento interno que, em linhas gerais, esclareça aos seus empregados como funciona o procedimento investigatório interno, estabelecendo, por exemplo, as fases da investigação (recebimento da preocupação, informar caso ao Comitê, oitiva de testemunhas e etc.), assuntos que serão tratados internamente ou com auxílio de escritório externo, prazos para cada etapa e, em especial, prazo máximo para conclusão da investigação.

Sugere-se que, como forma de comprovação da atuação da área de *Compliance* no referido tema, sejam elaborados treinamentos, tais como semana do *Speak-up* para divulgação do canal de denúncia, com o preenchimento de listas de presenças pelos colaboradores.

Para verificar sua eficácia de abrangência do treinamento, é importante que a empresa analise o número de empregados treinados *versus* a totalidade de empregados da empresa.

Apesar da recomendação de criação do Canal de Denúncia interno da empresa, é de notório conhecimento quão onerosa é tal ferramenta, uma vez que o ideal é que seja contratada uma empresa externa, para que não haja rastreabilidade de *Internet Protocol – IP*[13], mantendo-se o anonimato e sigilo que são princípios basilares para a confiança e consequente utilização do canal.

[13] O TCP/IP é o principal protocolo de envio e recebimento de dados MS internet. TCP significa Transmission Control Protocol (Protocolo de Controle de Transmissão) e o IP, Internet Protocol (Protocolo de Internet). MARTINS, Elaine. https://www.tecmundo.com.br/o-que-e/780-o-que-e-tcp-ip-.html 29 de maio de 2012.

Contudo, tendo em vista os altos valores envolvidos e, especialmente, considerando que muitas empresas não dispõem dos recursos necessários para esse tipo de investimento, sugere-se a adoção de outras medidas, para que não se percam oportunidades de receber denúncias.

Uma forma efetiva e de baixo custo é colocar, por exemplo, uma urna em cada *toilette*, local que não é monitorado e dá a segurança para que os colaboradores possam expor suas preocupações. A Comissão criada poderá responder tais questões, anexando suas respostas nos murais da Empresa ou intranet, por exemplo.

Mesmo com um sistema mais precário de reporte de preocupações/denúncias, para que seja utilizado de forma adequado, é importante deixar claro nos treinamentos ministrados que todos são guardiões das normas de *Compliance* e quem reportar algum fato, desde que de boa-fé, estará agindo de acordo com a integridade da organização da qual fazem parte.

É bem relevante informar para os empregados nos treinamentos de *Compliance* que eles têm liberdade para procurar os seus superiores para reportar suas preocupações, caso se sintam confortáveis, destacando a cultura do *Walking the talk*, expressão inglesa que pode ter seu sentido traduzido como "aja de acordo com seu discurso".

Nesse sentido, Karlis Novickis, em entrevista ao jornal Estado de São Paulo, afirmou que:

> O colaborador pode escolher qualquer meio que ache mais confortável. Pode falar com o líder imediato, buscar outro superior ou manter o anonimato por intermédio do programa Fale com o Líder, pelo qual a pessoa pode mandar reclamações e sugestões.[14]

O apoio da alta direção dando o exemplo para os colaboradores também deve ser considerada com real importância, na personificação de "tropa espelho do guia", conforme bem assevera Leonardo Tolomelli, *Compliance Officer* da Brasoftware:

> O primeiro deles é "Apoio da Alta Direção", ou como é muito referenciado no termo em inglês "Tone At The Top", e que significa que a alta direção da

[14] FELIX, Edilaine. *Quando o ambiente de trabalho "derruba"*. 04 de novembro de 2014. http://economia.estadao.com.br/blogs/radar-do-emprego/2014/11/04/quando-o-ambiente-do--trabalho-derruba/. Acesso em 15/10/2017.

> empresa tem que estar totalmente comprometida com as atividades de *Compliance*, caso contrário o sistema não terá aderência. Se as pessoas da alta direção, que devem dar o direcionamento e exemplo na empresa, não estão comprometidas e seguindo à risca as atividades de *Compliance*, porque os demais colaboradores deveriam fazê-lo? Não adianta os colaboradores administrativos ou gerentes seguirem o sistema plenamente, mas a alta direção pular etapas ou não seguir processos, a empresa estará em risco da mesma forma.[15]

O processo de investigação interno servirá, além de identificar, para julgar e aplicar a sanção ao empregado que descumprir as normas do Programa de *Compliance*. Quanto mais transparência a empresa tiver ao tratar seu Programa e Canal de *Compliance*, proporcionalmente, terá mais preocupações reportadas. Logo, recomenda-se que, caso a investigação seja mais complexa e precise de mais tempo para ser concluída, a primeira pessoa a ser comunicada dessa situação seja o "denunciante".

Outro ponto essencial para a investigação interna é a relevância de se manter sigilo sobre o objeto da investigação, haja vista que, seguindo as regras do Direito Penal brasileiro, se considera a presunção de inocência do empregado em todo caso, antes de ser concluída a investigação.

Portanto, é recomendável que os responsáveis pela investigação disponibilizem um Termo de Confidencialidade para que todos os envolvidos na investigação, bem com as pessoas que tenham conhecimento do fato assinem, sob pena de aplicação de medida disciplinar.

Importante destacar também que o denunciante poderá querer ser identificado e, nesse caso, deve ser garantido que tal boa-fé não lhe resultará em prejuízos, cabendo ao responsável pelo *Compliance* garantir a proteção presumida.

Após o recebimento da preocupação, a primeira sugestão de tarefa é analisá-la para entender quais departamentos da empresa deverão ser envolvidos para realizar a investigação, sempre lembrando da questão do sigilo e restringindo o acesso à preocupação somente para as pessoas que realmente tenham que agir no caso. Se a empresa tiver um Comitê de Apuração, caberá a essa comissão analisar o caso e verificar quem assumirá a liderança nas tratativas de resolução.

[15] TOLOMELLI, Leonardo. *Os pilares de Compliance*. 13 de julho de 2017. https://pt.linkedin.com/pulse/os-pilares-do-compliance-leonardo-tolomelli-1. Acesso em: 15/10/2017.

Referido Comitê poderá ser formado por participantes das seguintes áreas da empresa: *Compliance*, Auditoria Interna, Relações Trabalhistas/ Recursos Humanos e Jurídico, sendo recomendado também que as decisões sejam colegiadas.

Caso o objeto da investigação necessite de análise documental, é realmente imperioso que a empresa preserve a documentação com o intuito de se resguardar tanto na investigação, quanto em um possível processo judicial ingressado pelo empregado. Destaca-se que a preservação das provas deve ser tratada como requisito essencial para identificação e condenação dos envolvidos na apuração.

Certamente, a entrevista com testemunhas e com o próprio empregado supostamente envolvido no caso é a parte mais delicada da investigação interna e, em primeiro lugar, deve ser resguardado o não constrangimento de todos os envolvidos. Entretanto, de fato, nesse momento é a oportunidade para que os entrevistados assinem um Termo de Confidencialidade e de Cooperação com a apuração interna.

Uma recomendação apresentada por Maurício Pepe de Leon é:

> Inicialmente, o entrevistado deve ser informado de que foi convidado a cooperar com a auditoria conduzida pela empresa (a palavra "investigação" deve ser evitada ao máximo em todos os contatos com os empregados, pois, culturalmente, remete a um processo policial). Espera-se, assim, que os entrevistados forneçam informações valiosas, verdadeiras e confiáveis.[16]

Também é recomendável que poucos representantes da empresa estejam presentes em cada entrevista, dando mais liberdade para o entrevistado falar, informando que não haverá retaliação. Recomenda-se, inclusive, que haja a participação de um terceiro na entrevista para que esse tome notas e também sirva de testemunha do evento.

Tal depoimento deve ser reduzido a termo, lido ao depoente e por ele assinado para que possa ser usado em eventual reclamatória trabalhista como prova.

[16] DEBBIO, Alessandra Del; MAEDA, Bruno Carneiro; AYRES, Carlos Henrique da Silva (Coord.). *Temas de anticorrupção e Compliance*. Rio de Janeiro: Elsever, 2012, pág. 308.

Ainda sob a ótica trabalhista, a entrevista pode ser gravada ou filmada, entretanto, será preciso sopesar se tal procedimento não traria somente insegurança ao entrevistado, atrapalhando a entrevista.

Segundo Wilson De Faria e Camila Chizzotti, para a gravação da entrevista será necessária a seguinte atenção especial:

> Solicitar a autorização expressa do entrevistado para a gravação da entrevista antes do seu início, quando esta for necessária e recomendável à investigação;[17]

Devido ao poder diretivo, analisado no capítulo anterior, o representante da empresa poderá usar em sua entrevista documentos para confrontar as alegações do depoente com supostos documentos já colhidos para a investigação, realizando uma espécie de acareação.

Caso a empresa entenda que a presença do empregado denunciado poderá atrapalhar na apuração do caso devido ao risco real de manipulação ou destruição de provas, há o instituto trabalhista da suspensão do contrato de trabalho, conforme explicado por Mauricio Godinho Delgado:

> A suspensão contratual é a sustação temporária dos principais efeitos do contrato de trabalho no tocante às partes, em virtude de um fato jurídico relevante, sem ruptura, contudo, do vínculo contratual formado. É a sustação ampliada e recíproca de efeitos contratuais, preservado, porém, o vínculo entre as partes.
>
> (...)
>
> Efeito importante da suspensão contratual é a garantia de retorno do obreiro ao cargo anteriormente ocupado, após desaparecida a causa suspensiva (Art. 471, CLT). Na mesma linha, a garantia de percepção, no instante do retorno, do patamar salarial e de direitos alcançado em face das alterações normativas havidas (o que significa a absorção das vantagens genéricas oriundas próprias da legislação geral ou normatização da categoria) – art. 471, CLT.
>
> Resulta também da figura suspensiva a inviabilidade da resilição unilateral do contrato por ato do empregador no período de sustação dos efeitos contratuais (art. 471, CLT).[18]

[17] FARIA, Wilson de, CHIZZOTTI; Camila. *Adequação à cultura evita falhas comuns em políticas de compliance.* 12 de fevereiro de 2017. https://www.conjur.com.br/2017-fev-12/adequacao-cultura-evita-falhas-comuns-politicas-compliance. Acesso em: 04.11.2017

[18] DELGADO, Mauricio Godinho. *Curso de Direito do Trabalho.* 6 ª edição. São Paulo: Ltr, 2007, pág 1053 e 1062.

No caso de suspensão do contrato de trabalho, o ideal é que a empresa emita uma comunicação prévia para o empregado que será suspenso, com a assinatura colhida e arquivada na pasta do empregado, sendo recomendado que seja em prazo inferior a 30 dias.

Após a conclusão da investigação, a empresa deve enviar comunicação de retorno ao trabalho, a qual deve ser assinada também, caso o empregado deva retornar ao trabalho.

Retomando o Poder Disciplinar[19], a própria legislação trabalhista traz formas de aplicação de penalidades para empregados que exerceram sua atividade fora dos padrões exigidos pela lei e pelo empregador, como, por exemplo, o artigo 482 da CLT[20].

Os requisitos da aplicação da medida disciplinar são: (i) proporcionalidade entre a falta e a punição; (ii) *no bis in idem*[21]; (iii) não discriminação entre as partes, ou seja, aplicação de medidas diversas para os empregados

[19] "... um complemento do poder de direção estar sujeito a ordens de serviço, que devem ser cumpridas, salvo se ilegais ou imorais" (MARTINS, Sérgio Pinto. *Direito do Trabalho.* 22ª ed. São Paulo: Atlas, 2006 – p. 194).

[20] Art. 482 – Constituem justa causa para rescisão do contrato de trabalho pelo empregador:
a) ato de improbidade;
b) incontinência de conduta ou mau procedimento;
c) negociação habitual por conta própria ou alheia sem permissão do empregador, e quando constituir ato de concorrência à empresa para a qual trabalha o empregado, ou for prejudicial ao serviço;
d) condenação criminal do empregado, passada em julgado, caso não tenha havido suspensão da execução da pena;
e) desídia no desempenho das respectivas funções;
f) embriaguez habitual ou em serviço;
g) violação de segredo da empresa;
h) ato de indisciplina ou de insubordinação;
i) abandono de emprego;
j) ato lesivo da honra ou da boa fama praticado no serviço contra qualquer pessoa, ou ofensas físicas, nas mesmas condições, salvo em caso de legítima defesa, própria ou de outrem;
k) ato lesivo da honra ou da boa fama ou ofensas físicas praticadas contra o empregador e superiores hierárquicos, salvo em caso de legítima defesa, própria ou de outrem;
l) prática constante de jogos de azar.
m) perda da habilitação ou dos requisitos estabelecidos em lei para o exercício da profissão, em decorrência de conduta dolosa do empregado.
Parágrafo único – Constitui igualmente justa causa para dispensa de empregado a prática, devidamente comprovada em inquérito administrativo, de atos atentatórios à segurança nacional.

[21] *bis in idem* – consistente em uma dupla penalidade ao empregado.

que cometeram a mesma infração; (iv) análise da gravidade da falta e aplicação da penalidade; e (v) imediatidade e não ocorrência de perdão tácito ou expresso.

Todos os itens acima são relevantes para a aplicação da medida disciplinar, entretanto, é importante analisar a questão da imediatidade para as questões de investigação, pois, nem sempre em casos de *Compliance*, o empregador tem conhecimento do fato na sequência do ocorrido. No entanto, é preciso destacar que não pode haver um longo prazo entre a tomada de conhecimento da falta pelo empregador e a consequente aplicação da penalidade, sob pena de configurar perdão tácito.

Assim, quando o empregador tomar conhecimento da prática do referido ato que pode ser considerado faltoso, deve, após a investigação, tomar providências para aplicação da penalidade, conforme jurisprudência pacificada sobre o tema.[22]

Ao final da investigação, o empregador deverá montar um dossiê com toda a documentação analisada e elaborar um relatório minucioso do ocorrido, e com a conclusão de improcedência ou procedência da denúncia. E será nesse momento que o empregador irá ponderar se cabe ou não a

[22] JUSTA CAUSA. ATO DE IMPROBIDADE. INEXISTÊNCIA DE PERDÃO TÁCITO. Uma vez instaurada sindicância interna, restando assegurados o contraditório e a ampla defesa ao reclamante, justifica-se o lapso temporal entre a apuração dos fatos e a aplicação da demissão, mormente em se tratando de um procedimento investigatório com toda a complexidade em que foi relatado, com a oitiva de todos os envolvidos, para se chegar ao resultado pretendido, além de ser a reclamada uma empresa multinacional de grande porte, inexistindo, portanto, falta de imediatidade. (TRT 2ª R; RO 0302900-38.2009.5.02.0501; Ac. 2012/0343783; Décima Primeira Turma; Relª Desª Fed. Maria José Bighetti Ordono Rebello; DJESP 03/04/2012)
JUSTA CAUSA. FALTA DE IMEDIATIDADE DA PUNIÇÃO. PERDÃO TACITO. Na aplicação da penalidade máxima da "justa causa" devem ser verificados os requisitos: A tipificação da conduta do obreiro, a correspondência a um "tipo legal preestabelecido"; a gravidade da matéria envolvida e o dolo ou a culpa,. Referidos requisitos devem ser analisados de acordo com o quadro socioeconômico do trabalhador, em função da maior ou menor formação pessoal, escolar e profissional. Ainda devem ser considerados o nexo e a adequação entre a falta e a pena aplicada, incluídos os requisitos da imediatidade na aplicação da pena, a ausência de perdão tácito, o nom bis in idem, ausência de discriminação (aplicação a todos os casos a mesma pena), caráter pedagógico do exercício disciplinar, tudo temperado pelos princípios da razoabilidade e da proporcionalidade. No caso em tela a punição por desídia (faltas aos serviços reiteradas) foi aplicada trinta dias após a falta dada. A ausência da imediatidade entre a falta e a pena autoriza o reconhecimento do perdão tácito que afasta a justa causa. Não provejo. (TRT 2ª R; RO 0002660-71.2010.5.02.0054; Ac. 2012/0933653; Quarta Turma; Relª Desª Fed. Ivani Contini Bramante; DJESP 24/08/2012)

aplicação de medida disciplinar, quais sejam: advertência, suspensão ou justa causa (Artigo 482 da CLT).

Como a justa causa é a medida mais grave aplicada ao empregado, com a extinção do contrato de trabalho, caso seja decidida pela sua aplicação e o empregado ainda não tenha sido ouvido durante o processo de apuração, é importante que haja a oitiva com o intuito de resguardar seu direito ao contraditório e ampla defesa.

Nos casos nos quais, após o término da investigação, não haja definição acerca da configuração de justa causa, recomenda-se que não haja sua aplicação, sob pena de não ser respeitada a organização da empresa, do empregado e, ainda, de ser revertida tal decisão na Justiça do Trabalho.[23]

No caso de ser identificada conduta que possa ser considerada criminosa, será imperioso que a empresa procure a autoridade competente, apresentando as provas, demonstrando sua boa-fé e espírito de cooperação com a justiça.

Segundo Coimbra e Manzi, o relatório de encerramento do processo investigatório deverá conter:

[23] A dispensa por justa causa é a pena máxima aplicada ao empregado, cujas consequências acompanha-le-ão por toda sua vida profissional. Por esse motivo ela deve ser utilizada pelo empregador com todo o cuidado necessário e mediante a um ato faltoso de tamanha gravidade que impossibilite a continuidade da prestação de serviços pelo trabalhador.
Por isso, acertadamente o M.M Juízo a quo, não obstante a confissão ficta do reclamante, fundamentou a decisão nos documentos juntados pela ré, que demonstram que as acusações imputados (sic) ao reclamante foram objeto de apuração e investigação interna (fls. 90/92) e que estes revelaram a prática de atos que resultaram na quebra de fidúcia – desvio de mercadorias – importando ainda em tipificação nos termos do artigo 482 da Consolidação as Leis do Trabalho.
Nem se diga que a ausência de Boletim de Ocorrência quanto ao ato milita em favor da tese autoral, ao contrário do alegado pelo recorrente, o B.O. prova apenas a declaração do fato, mas não o fato em sí. A acusação da ré foi objeto de investigação interna, sendo o autor notificado imediatamente após a conclusão do relatório (fls. 93 do volume apartado) não sendo, portanto, o caso de perdão tácito.
Por fim, insta salientar, a lei não exige que, para aplicação da pena máxima para dispensa, haja histórico de má-conduta do trabalhador, o que pode ocorrer em momento único, quando o ato praticado pelo trabalhador for grave o suficiente para a quebra da fidúcia, e haja motivo forte provocado pelo empregado para a ruptura contratual, o que, efetivamente, se vislumbra nos autos.
Nego provimento. (TRT 2ª R; RO 000133812.2010.5.02.0314; Décima Quarta Turma; Relª Desª Fed. Elisa Maria de Barros Pena; DJESP 21/06/2012)

I. Data do relatório;
II. A data do início da investigação;
III. Identificação do investigador;
IV. Pessoas ou áreas que deram suporte ao investigador;
V. O assunto investigado e infração em potencial;
VI. Dados do denunciante, quando houver;
VII. Pessoas denunciadas;
VIII. Área ou departamentos afetados;
IX. Lista de documentos de suporte;
X. Lista de pessoas entrevistadas;
XI. Lista de documentos gerados;
XII. Relatórios dos fatos;
XIII. Fundamentos que confirmam ou não a denúncia;
XIV. Conclusões e propostas de eventual solução;
XV. Recomendações da área de *Compliance*
XVI. Lista das pessoas que devem ser informadas da decisão.[24]

Baseado no princípio da melhoria contínua, é importante que a empresa faça, na conclusão da investigação, uma análise do ocorrido para identificar eventuais oportunidades de melhorias nos controles internos, código de ética ou políticas/procedimentos, com o intuito de minimizar riscos para ocorrências de novos fatos idênticos ao ocorrido.

A investigação interna deve ser realizada de forma responsável pela empresa, resguardando que aplicação da justa causa ao empregado deve ser realizada somente nos casos em que atendam-se as exigências do artigo 482 da CLT.

5. Conclusão

A partir das análises apresentas no presente estudo, resta evidente que as empresas devem se preocupar com a criação de Programas de *Compliance* efetivos e baseados, em especial, nos pilares da Detecção e Proteção. Nesse sentido, é imperioso que as empresas elaborem seu Código de Ética e Políticas e Procedimentos sobre o tema, dando ciência aos seus empregados,

[24] COIMBRA, Marcelo de Aguiar; MANZI, Vanessa Alessi. *Manual de Compliance – preservando a boa governança e a integridade das organizações*. São Paulo: Atlas, 2010, pág 100.

seja com treinamentos *e-learning* ou presenciais, além de comunicados em murais.

Inclusive sobre a investigação, é importante que a empresa crie um Procedimento interno dando clareza sobre o procedimento que será adotado em caso de recebimento de denúncias, sobre a existência do canal de denúncias/preocupações, deixando evidente que as denúncias serão tratadas de forma anônima e sigilosa com o objetivo de que os empregados se sintam seguros e confortáveis em atuar como os "olhos" do empregador para reportar suas preocupações no que tange ao assunto ética e *Compliance*, uma vez que são eles que estão na linha de frente da atividade da empresa.

Ainda sobre o procedimento de investigação, é importante que a empresa demonstre a existência da faculdade de se utilizar de equipe interna ou contratar escritórios externos para realizar a apuração de uma denúncia. Foi justamente sobre a primeira possibilidade que o presente trabalho abordou, uma vez que uma investigação interna realizada de forma segura e diligente poderá gerar economia para a empresa, uma vez que a empresa não despenderá com gastos extras com escritórios externos para a sua condução. Entretanto, a investigação deverá ser realizada de forma segura, em especial, respeitando os limites da legislação trabalhista vigente no país.

Para realização das investigações internas, as empresas devem orientar seus profissionais, recomendando-se a criação de uma Comissão de Apuração interna especializada, bem como para que sigam o determinado na legislação trabalhista vigente, com o intuito de não haver injustiças com o empregado investigado.

É realmente relevante que o empregador faça de forma responsável a investigação, ouvindo as testemunhas, as quais devem assinar Termo de Confidencialidade, resguardando o sigilo e o anonimato, caso o denunciante tenha se identificado.

Importante também que seja preservado o contraditório e a ampla defesa para o denunciado, e que este seja ouvido durante a apuração, em especial, quando houver base para aplicação de justa causa.

Sendo o caso, a aplicação de justa causa deve ser feita nos exatos termos da legislação trabalhista, agindo o empregador sempre com cautela, de modo a preservar os interesses e a reputação da empresa.

Referências

CANDELORO, Ana Paula P.; RIZZO, Maria Balbina Martins; PINHO, Vinicius. *Compliance 360º – Riscos, estratégias, conflitos e vaidades no mundo corporativo*. São Paulo: Editora Trevisan, 2012.

COIMBRA, Marcelo de Aguiar; MANZI, Vanessa Alessi. *Manual de Compliance – preservando a boa governança e a integridade das organizações*. São Paulo: Atlas, 2010.

DEBBIO, Alessandra Del; MAEDA, Bruno Carneiro; AYRES, Carlos Henrique da Silva (Coord.). *Temas de anticorrupção e Compliance*. Rio de Janeiro: Elsever, 2012.

DELGADO, Mauricio Godinho. *Curso de Direito do Trabalho*. 6 ª edição. São Paulo: Ltr, 2007.

GARCIA, Gustavo Filipe Barbosa. *Curso de direito do trabalho*, 2ª edição. Rio de Janeiro: Editora Método, 2008.

MANUS, Pedro Paulo Teixeira. *Direito do Trabalho*. 16 ª edição: Atlas, 2015.

MARTINS, Sérgio Pinto. *Direito do Trabalho*. 22ª ed. São Paulo: Atlas, 2006.

ACFE, 2016. Disponível em: https://www.acfe.com/rttn2016/docs/2016-report-to-the-nations.pdf, pag 4. Acesso em: 22.11.2017.

FARIA, Wilson de; CHIZZOTTI, Camila. *Adequação à cultura evita falhas comuns em políticas de* compliance. 12 de fevereiro de 2017. https://www.conjur.com.br/2017-fev-12/adequacao-cultura-evita-falhas-comuns-politicas-compliance. Acesso em: 04.11.2017

FELIX, Edilaine. *Quando o ambiente de trabalho "derruba"*. 04 de novembro de 2014. http://economia.estadao.com.br/blogs/radar-do-emprego/2014/11/04/quando-o-ambiente-do-trabalho-derruba/. Acesso em 15/10/2017.

MARTINS, Elaine. https://www.tecmundo.com.br/o-que-e/780-o-que-e-tcp-ip-.html 29 de maio de 2012.

SIEMENS. http://w3.siemens.com.br/home/br/pt/cc/Compliance/Pages/Compliance0602-1205.aspx. Acesso em 14/10/2017.

TOLOMELLI, Leonardo. *Os pilares de* Compliance. 13 de julho de 2017. https://pt.linkedin.com/pulse/os-pilares-do-compliance-leonardo-tolomelli-1. Acesso em: 15/10/2017.

Lei Anticorrupção, as Boas Práticas de Governança e o Papel do Conselho de Administração

Eloisa Helena Severino de Souza Crivellaro

1. Introdução

Com o objetivo de diagnosticar condutas e comportamentos contra a ética das companhias e a moralidade de seus acionistas, em janeiro de 2014 entrou em vigor a Lei n. 12.846, de 01 de agosto de 2013, popularmente conhecida como "Lei Anticorrupção Empresarial" ou "Lei da Empresa Limpa".

A lei que será amplamente discutida no presente trabalho tem como escopo colocar o foco do combate à corrupção no corruptor, contemplando a dupla responsabilidade da pessoa jurídica, na esfera administrativa e civil, pela prática de atos contra a administração pública, nacional e estrangeira.

Como medida de fortalecimento da sociedade brasileira perante a comunidade internacional, a lei anticorrupção foi promulgada em um cenário político conturbado, pois o país passava por um momento de manifestações populares, protestos sociais e políticos, que levaram milhões de pessoas às ruas para lutar contra a corrupção dos setores governamentais.

Inúmeros foram os escândalos que escancararam a inexistência de diretrizes honestas no desempenho das funções públicas e particulares, na prevenção e punição do mau uso dos recursos públicos, no desvio de poder, dentre outras práticas que atentam à moralidade administrativa.

Um dos mais conhecidos casos de corrupção e lavagem de dinheiro veio à tona durante o ano de 2014 e foi denominada "Operação Lava Jato". Nas primeiras fases da investigação, a Polícia Federal desvendou um grande e milionário esquema de corrupção criminoso, que durou pelo menos dez anos, utilizando-se de postos de combustíveis e lavanderias para lavagem de dinheiro. Referida operação deflagrou ainda que os criminosos eram patrocinados por ex-diretores, políticos e funcionários da Petrobrás, que exigiam a cobrança de propina de empresas prestadoras de serviços àquela entidade.

As investigações apontaram que funcionários do governo, banqueiros, empreiteiros e lobistas, ao celebrar acordos de delação premiada, escancaravam ainda mais os procedimentos ilícitos praticados em conjunto com funcionários da Petrobrás.

Muito embora as empresas investigadas na referida operação já possuam práticas de governança, *compliance* e políticas anticorrupção devidamente estruturadas (a exemplo da Odebrecht, Queiroz Galvão, Camargo Correa, OAS, Andrade Gutierrez etc), o que se observa é que a aplicação da nova legislação ainda está em processo de evolução.

Algumas dessas empresas inclusive já aplicaram sanções internas que objetivam a comprovação e envolvimento de seus funcionários, a exemplo da OAS, que discute em juízo as medidas penais e trabalhistas que visam o rompimento do vínculo trabalhista ou comercial com os corruptores.

E diante de todo o cenário de corrupção, para o bom funcionamento do sistema resta evidente a importância da criação e aplicação de normas efetivas que visem combater a má gestão, por meio da responsabilização civil e criminal dos sujeitos ativos.

Nesse contexto, o presente estudo pretende explorar melhor a questão da aplicabilidade do novo diploma normativo diante das principais práticas dos órgãos diretivos das empresas, com especial atenção ao Conselho de Administração.

Embora as decisões tomadas pelo Conselho de Administração sejam submetidas à Assembleia Geral, a Governança Corporativa deve ser de fato exercida pelos conselheiros, que na maioria das vezes são independentes (*outsiders*) ou representam os próprios acionistas (*insiders*).

É considerável o avanço da Governança Corporativa ao longo dos últimos anos, gerando maior desempenho e valorização das empresas em relação ao mercado em geral. Investidores e acionistas buscam maior segurança em ambientes transparentes, éticos e que agem fortemente no combate à corrupção e aos conflitos societários.

Por isso, é evidente que o combate à corrupção dentro das organizações deve contar com o esforço dos conselheiros, principal partícipe na disseminação das boas práticas de gestão, no incentivo à inovação e na busca constante pela elevação dos padrões da governança nas empresas.

Por meio de um estudo acerca da nova legislação sobre a Lei Anticorrupção, buscou-se definir a responsabilidade do Conselheiro de Administração na cultura da sustentabilidade, que ainda precisa sair do discurso.

Ao final, o presente trabalho tem como escopo avaliar o desenvolvimento de soluções que visam a adequada reestruturação do Conselho de Administração e da Governança Corporativa à luz do novo diploma legal.

2. A Evolução da Corrupção

Os primeiros registros de corrupção remontam a tempos imemoráveis. Na bíblia constam inúmeras advertências contra lucros desonestos e passagens sobre a aceitação de suborno: "que cega aos olhos dos sábios e falseia a causa dos justos" (Deuteronômio, 16:19) e "também suborno não aceitarás, pois o suborno cega os que têm vista, e perverte as palavras dos justos" (Êxodo 23:8).

Há uma vasta literatura sobre a história da corrupção mundial, que sempre esteve presente na sociedade.

No dicionário, o termo corrupção deriva do latim *corruptio onis,* que significa: corromper algo ou alguém com a finalidade de obter vantagens, quebrar algo em pedaços, deteriorar, ação ou resultado de subornar indivíduos em benefício próprio, desvirtuamento de hábitos.

Para que se configure a corrupção, o pesquisador Fernando Filgueiras[1], do Departamento de Ciência Política da Universidade Federal de Minas Gerais (UFMG) afirma que: "o conceito deve ser interpretado mediante uma pluralidade de significados, pois em cada sociedade existem aspectos isolados de transgressão de regras". Complementando, esclarece ainda sobre o tema:

[1] FILGUEIRAS, Fernando. **A tolerância à corrupção no Brasil: uma antinomia entre normas morais e prática social**. Opinião Pública, Campinas, v.15, n.2, nov. 2009. Disponível em: <http:// http://www.scielo.br/scielo.php?script=sci_arttext&pid=S0104-62762009000200005&lng=pt&nrm=iso&tlng=pt. Acesso em: 15 maio 2016.

Fundamentalmente, é possível afirmar que a corrupção é um fenômeno que se constrói à base de uma indevida sobrepujança do privado e individual em detrimento do público e coletivo, pela transgressão de normas de fundo moral que violam a ideia de bom governo, como uma espécie de patologia política.

Segundo os estudiosos, é evidente que o problema da corrupção no Brasil deriva da herança de colonização portuguesa, que culturalmente confundia patrimônio público (Estado) com o particular. Enquanto o Estado obrigava e reprimia o particular a ceder aos seus caprichos, este reproduzia o mesmo modelo, ou seja, ao seu redor estabelecia um sistema de honrarias e privilégios de forma corriqueira, sem comprometimento com ideais éticos, religiosos ou interesses coletivos. Tudo estava baseado na ideia de que a coisa pública não tinha dono, por isso servia para atender aos interesses de quem estava no poder.

Ocorre que, fortemente influenciado por outros países, o Brasil passou ao longo dos últimos anos a interpretar o problema da corrupção como uma questão política, com sérias consequências ao desenvolvimento do país, principalmente porque este problema pressiona negativamente a efetividade das práticas governamentais.

Analisando a história do Brasil, o cientista político José Murilo de Carvalho[2] aponta uma sequência de fatos que corroboram a cultura endêmica da corrupção:

> Uma sequência de episódios reforça a impressão de que a corrupção sempre esteve entre nós. No século XIX, os republicanos acusavam o sistema imperial de corrupto e despótico. Em 1930, a Primeira República e seus políticos foram chamados de carcomidos. Getúlio Vargas foi derrubado em 1954 sob a acusação de ter criado um mar de lama no Catete. O golpe de 1964 foi dado em nome da luta contra a subversão e a corrupção. A ditadura militar chegou ao fim sob acusações de corrupção, despotismo, desrespeito pela coisa pública. Após a redemocratização, Fernando Collor foi eleito em 1989 com a promessa de combater a corrupção, e foi expulso do poder acusado de fazer o

[2] CARVALHO, José Murilo de. **O Mau ladrão: basta de corrupção**. In: FIGUEIREDO, Luciano (org). História do Brasil para ocupados: os mais importantes historiadores apresentam de um jeito original os episódios decisivos e os personagens fascinantes que fizeram nosso país. 1ª ed. Rio de Janeiro: Casa da Palavra, 2013.p. 263-264.

que condenou. Nos últimos anos, as denúncias proliferaram, atingindo todos os poderes e instituições da República e própria sociedade.

Diante dessa perspectiva histórica, fazia-se necessário que as normas legais fossem aplicadas com seriedade, de maneira a contribuir com o avanço e aprimoramento da democracia brasileira.

É de se ressaltar que os últimos acontecimentos demonstram uma absoluta incapacidade do governo em combater a corrupção, principalmente após o episódio das fraudes e desvios ligados ao caso Petrobrás. O processo de afastamento da Presidente Dilma Rousseff foi desencadeado por um cenário de falta de credibilidade política, daí o *impeachment* foi fundamentado num contexto muito mais político que jurídico, muito embora a Presidente tenha sido acusada de improbidade administrativa, de desrespeito às leis orçamentárias e tomada de recursos e empréstimos sem qualquer amparo legal.

Assim, não se pode negar o sentimento da população em relação à corrupção generalizada e a uma economia absolutamente fragilizada, sendo certo que as recentes mudanças demonstram o esforço da sociedade que vem lentamente despertando e se envergonhando da corrupção, conquistando seu espaço enquanto sociedade civil organizada.

2.1. Panorama da Legislação Brasileira sobre corrupção

As relações empresariais sempre possibilitaram um grau elevadíssimo de desvios de conduta. Isso porque as relações comerciais são sempre ligadas às pessoas físicas com alto grau de relações interpessoais.

Nesse sentido, vários países perceberam que desvios de conduta causavam significativos prejuízos às empresas e aos empresários como um todo, sendo que ao redor do mundo, alguns ordenamentos jurídicos construíram verdadeiros conjuntos normativos que coibiam, proibiam e penalizavam os infratores praticantes de atos de suborno e corrupção.

Uma das principais leis que abordam o tema consiste no *Foreign Corrupt Protection Act* (FCPA), legislação americana promulgada em 1970 com o escopo de coibir práticas de corrupção cometidas pelas pessoas jurídicas. Em paralelo, outros instrumentos legislativos foram promulgados, ressaltando a importância da construção de políticas de combate à corrupção.

A promulgação da Constituição Federal de 1988 foi considerada como um importante instrumento na luta contra a corrução, pois dava amplo destaque à improbidade e a moralidade dos administradores. Para alguns autores, a inclusão do princípio da moralidade administrativa foi um reflexo da preocupação ética com a impunidade generalizada no setor público.

Dessa forma, a partir de 1988 foram editadas normas legais brasileiras que objetivavam a responsabilização da pessoa física que praticava o ato ilícito.

Foi com o objetivo de moralizar o comércio internacional que o governo norte-americano intercedeu junto à Organização para a Cooperação Econômica e o Desenvolvimento (OCDE), à Organização dos Estados Americanos (OAE) e à Organização das Nações Unidas (ONU) e iniciou um processo de expansão mundial dos princípios dispostos no *Foreign Corrupt Practices Act* (FCPA) para as leis de vários países.

Como resultado, o Brasil firmou com a OCDE Acordos e Convenções Internacionais. Nelas, há expressa obrigatoriedade à adoção de medidas repressivas em face da pessoa jurídica que corrompa funcionários da administração pública.

Na sequência, outras relevantes convenções foram firmadas pelo Brasil, como a Convenção das Nações Unidas contra a Corrupção, assinada em 2003, cujo texto legal estabelece a obrigação de adotar medidas para prevenir a corrupção, melhorar as práticas contábeis e de auditoria, assim como prevê eficazes sanções criminais, civis e administrativas aos infratores.

A Lei de Improbidade Administrativa promulgada em 2 de junho de 1992 (Lei n. 8.429) estabelece que a responsabilização da pessoa jurídica depende da comprovação do ato de improbidade do agente público. No entanto, as condutas tipificadas na referida lei são de responsabilidade objetiva, cabendo a comprovação de dolo ou culpa dos envolvidos.

Outro respeitável instrumento foi introduzido pela Lei de Licitações e Contratos (Lei n. 8.666 de 21 de junho de 1993) que estabelece a responsabilidade administrativa para as pessoas jurídicas que pratiquem atos lesivos à administração em contratos e licitações. Citado dispositivo foi bastante criticado pelos estudiosos por abrandar as sanções e dificultar o atingimento do patrimônio das empresas infratoras.

Apesar dos esforços, é notório que os supracitados dispositivos não estabeleciam sanções rigorosas e eficazes à punição e responsabilidade das pessoas jurídicas. Por isso a relevância da Lei Anticorrupção Empresarial, que em alguns aspectos pode ser bastante semelhante a Lei de Improbidade e aos diplomas anteriores.

A esse respeito, os estudiosos Fernanda Marinela, Fernando Paiva e Tatiany Ramalho[3], em recente obra publicada sobre a Lei Anticorrupção, trazem a seguinte distinção entre os diplomas supramencionados:

> Porém, ainda que ambas tratem do mesmo tema, a nova lei demonstra uma diferente vertente pela qual pretende enfrentar o problema da corrupção: enquanto a Lei n. 8.429 busca a responsabilização do agente público que efetuou ou favoreceu o ato ilegal, a nova Lei n. 12.845 atua na responsabilização da pessoa jurídica que solicitou a vantagem ilícita ou, de outra forma, foi beneficiada pelo ato improbo. Saliente-se que **a nova lei amplia consideravelmente seu campo de atuação ao autorizar a punição mediante a responsabilidade objetiva,** o que significa dizer que basta o envolvimento de uma pessoa jurídica em ato supostamente lesivo à administração pública, independentemente de culpa ou dolo, que já é possível incidir sobre ela as severas sanções previstas. (grifo nosso)

Muito embora algumas infrações previstas na nova Lei Anticorrupção já tivessem sido objeto de outros dispositivos, o fato é que o tempo e os tribunais terão o condão de apreciar e pacificar o tema, inclusive no tocante à aplicação das sanções.

2.2. A Lei Anticorrupção e a Governança Corporativa

Ao ser promulgada, a Lei Anticorrupção Empresarial trouxe diversos desafios aos estudiosos da área jurídica, pois, conforme já dito, será necessário aprofundar a análise acerca do alcance de seus dispositivos, bem como a limitação de sua atuação, cabendo aos tribunais sua interpretação para fins de propiciar a máxima efetividade ao instituto.

Cabe destacar que a recente normatização da Lei Anticorrupção na esfera federal se deu por meio do Decreto 8.420 de 18 de março de 2015, das Portarias CGU 909/2015 e 910/2015, e das Instruções Normativas CGU 1/2015 e 2 /2015, observando-se a aplicação subsidiária da Lei Geral do Processo Administrativo. Referido decreto estabelece o procedimento administrativo para apuração de lesão ao erário e aplicação de sanções de reparação de dano mediante a criação de título executivo extrajudicial.

[3] MARINELA, Fernanda. PAIVA, Fernando. RAMALHO, Tatiany. **Lei Anticorrupção: Lei. 12.846, de 01 de agosto de 2013.** São Paulo: Saraiva, 2015. p. 36-37.

Apesar dos avanços na lei federal, ainda se faz necessário ajustes normativos contínuos por parte dos estados e municípios que efetivamente estão aplicando a lei da empresa limpa no combate à corrupção.

O presente estudo tem o escopo de discutir a correta aplicação da Lei 12.846/2013 e os efeitos positivos gerados à iniciativa privada, que passou a atuar mais em prol do interesse público, viabilizando a disseminação de uma nova mentalidade.

A esse respeito, a Folha de São Paulo[4] divulgou em dezembro de 2015 o resultado de uma pesquisa realizada em 300 (trezentas) companhias brasileiras pela consultoria Grant Thornton Brasil. Referido estudo demonstrou que a maioria dessas empresas ainda não criou estrutura para conscientização, monitoramento e controle de ilícitos praticados contra os bens públicos. Após a vigência da nova lei, apenas 36% (trinta e seis por cento) das empresas entrevistadas tinham programas de combate à corrupção, fiscalizavam sistematicamente seus fornecedores, investiram em tecnologia de informação e treinamentos, emitiam relatórios e comunicados aos investidores, contrataram auditores independentes e instauraram Conselho de Administração.

Analisando o rebaixamento do Brasil no ranking que mede a percepção da corrupção mundial, Ricardo Alexandre Contieri, diretor da área de investigações de fraudes, combate a corrupção e disputas da Grant Thornton Brasil[5], comparou os principais indicadores dessa pesquisa e assegurou que essa queda impacta significativamente o comportamento dos empresários, além de afetar a economia como um todo, na medida em que o aumento do Risco-Brasil muda a percepção da população que tenta resistir ao desânimo econômico.

Para o Instituto Brasileiro de Governança Corporativa[6], a Lei Anticorrupção brasileira foi responsável por significativas alterações no ambiente dos negócios, estando relacionada aos seguintes fatores: maior transparência das empresas, aumento das relações de confiança entre os *stakeholders*,

[4] Folha de São Paulo, matéria publicada em 15 de dezembro de 2015 na Secção Mercado.

[5] Conforme CONTIERI. Ricardo Alexandre. **Perdemos mais um indicador de grau de investimento?** Matéria divulgada no site da Consultoria Grant Thornton Brasil. Disponível em: http://www.grantthornton.com.br/insights/articles-and-publications/artigo-contieri/>. Acesso em 15 de março de 2016.

[6] Conforme **INSTITUTO BRASILEIRO DE GOVERNANÇA CORPORATIVA** (IBGC). Publicação em Foco 2013, n. º 66. Edição de Agosto/setembro/outubro. p. 15.

acionistas e investidores, aplicação de sanções aos infratores, aumento dos custos com práticas de *compliance* e governança e aplicação das multas por atos praticados contra a Administração.

Desta feita, embora a maioria das empresas percebam a importância da implementação de práticas anticorrupção de combate a ilícitos, fato é que parte delas ainda não colocou como prioridade a sua observância.

Os estudos divulgados pelo IBGC demonstram que tal resistência pode estar ligada a uma questão cultural e à própria estrutura do capitalismo, que ainda predomina na maioria das empresas brasileiras.

Nessas empresas familiares, normalmente as práticas de governança são vistas com bons olhos enquanto os negócios estão caminhando bem. No entanto, quando se vai fazer a captação de recursos mediante a emissão de ações e se percebe que a governança acaba gerando algum tipo de valor, todos são unânimes em reiterar os compromissos com as boas práticas. Quando o benefício econômico não é tão facilmente observado, a percepção é altamente impactada pelos indicadores de corrupção e violação à lei.

Governança implica em compartilhar poder e informação, colocar sempre o interesse da empresa em primeiro lugar e nem sempre isso interessa aos que detém o controle das companhias.

Sabe-se que no Brasil a Governança depende muito do acionista controlador da companhia, diferentemente de como acontece nos Estados Unidos, onde o maior problema da estrutura de uma companhia ainda é a excessiva autonomia dos executivos. Naquele país, a dispersão da propriedade das ações abriu caminho para que o *management* das companhias passasse a desenvolver planos de remunerações agressivos e estratégias desalinhadas com os interesses dos acionistas, campo fértil para fraudes e abusos.

Quando isso aconteceu com grandes empresas líderes de mercado, o legislador americano respondeu com a Lei Sarbanes-Oxley. Esse diploma estabeleceu a obrigatoriedade de novos mecanismos de combate e fiscalização de desvios, impôs maiores exigências quanto ao *disclosure,* ampliou o rol de sujeitos ativos das fraudes, aperfeiçoou os controles contábeis, tipificou condutas e fortaleceu o papel do Conselho de Administração.

Embora na grande maioria das empresas brasileiras o controle da companhia ainda esteja na mão do acionista controlador, o Conselho de Administração é quem de fato exerce o principal papel na busca pelos interesses coletivos da companhia.

Neste contexto, é importante que a discussão acerca das boas práticas de governança corporativa não esteja restrita a eleição dos membros da diretoria Conselho de Administração, a adoção de práticas de transparência perante o mercado e aos mecanismos de fiscalização da gestão das companhias.

Essa questão deve ir além. Deve alcançar o papel e as responsabilidades do Conselho de Administração, órgão supremo, que alinhado aos objetivos do acionista controlador, atuará na formulação das diretrizes estratégicas da companhia, na decisão das matérias relevantes, na redução dos potenciais riscos e na fiscalização dos executivos e consequentemente na prevenção da corrupção.

O Conselho de Administração deve estar capacitado e preparado para envolver os principais executivos nas mudanças das diretrizes.

Independentemente dos pontos aqui levantados serem aprofundados ao longo deste estudo, resta evidente que após a promulgação da Lei Anticorrupção Empresarial, ao Conselho de Administração devem ser atribuídos poderes e responsabilidades crescentes, com condições para explorar as atribuições com ética e independência, sempre de acordo com os objetivos coletivos da empresa, evitando-se eventual responsabilização da pessoa jurídica.

Diante do já exposto até agora, merece destaque o fato de que nos últimos dez anos o padrão de governança corporativa das empresas brasileiras evoluiu bastante em direção às chamadas boas práticas.

No entanto, conforme se verá a seguir, o compromisso ético da alta administração, leia-se Conselheiros de Administração, com a organização e a adequação das políticas internas à nova legislação são fatores efetivos na redução dos riscos de corrupção.

3. A Figura da Responsabilidade e o Papel do Conselho de Administração no Combate à Corrupção

Embora a Lei Anticorrupção tenha sido divulgada pela mídia como uma lei de conotação criminal, percebe-se que o legislador estabeleceu expressamente no dispositivo legal que a responsabilização ocorreria no âmbito administrativo e civil, não havendo no texto legal previsão de conduta criminal, tratando-se tão somente de ilícitos civis e administrativos.

Há grande resistência por parte de alguns autores em aceitar que a nova lei não tem previsão da responsabilidade penal da pessoa jurídica.

Em recente obra denominada Considerações sobre a Lei Anticorrupção das Pessoas Jurídicas, o professor Modesto Carvalhosa[7] faz a seguinte consideração:

> A presente lei tem nítida natureza penal. Com efeito, as condutas ilícitas tipificadas e os seus efeitos delituosos têm substância penal, na medida em que se justapõem na esfera propriamente penal. Assim, os crimes contra a administração pública cometidos pelos agentes públicos do Estado (agentes políticos e administrativos), constantes da legislação penal, esparsa e codificada, correspondem aos topos enumerados no artigo 5º da presente Lei. (...) assim, a presente Lei somente se distingue da Lei Penal quanto ao processo e não quanto à sua substância. Em consequência, devem rigorosamente ser observadas as garantias penais.

Conforme mencionado por Antonio Araldo Ferraz Dal Pozzo, em recente obra sobre a Lei Anticorrupção, a Lei n. 12.846/2013 contempla a previsão de dois tipos de responsabilidade, a saber: i) responsabilidade objetiva para as pessoas jurídicas; e ii) responsabilidade subjetiva para as pessoas naturais (diretores, conselheiros, sócios, autores, participes, administradores, nos termos do artigo 3º)[8].

A doutrina estabelece que a responsabilidade civil se fundamenta na culpa ou no risco. A responsabilidade subjetiva é fundamentada na culpa, sendo necessário demonstrar o modo de atuação do agente, sua intenção dolosa, ou seja, a vontade de causar dano a outrem deriva de seu comportamento imperito, imprudente e negligente. A responsabilidade objetiva se fundamenta no risco. Nesse caso, não se avalia a vontade do agente, importando apenas a ação e o dano.

A esse respeito, Dal Pozzo[9] ressalta que:

[7] CARVALHOSA, Modesto. **Considerações sobre a Lei Anticorrupção das Pessoas Jurídicas.** São Paulo: Revista dos Tribunais, 2015, p. 33.

[8] POZZO, Antonio Araldo Ferraz Dal. POZZO, Augusto Neves Dal. POZZO, Beatriz Neves Dal. FACCHINATTO, Renan Marcondes. **Lei Anticorrupção:** Apontamentos sobre a Lei nº 12.846/2013.2ª edição, São Paulo, Editora Contracorrente, 2015. p. 29-35.

[9] POZZO, Antonio Araldo Ferraz Dal. POZZO, Augusto Neves Dal. POZZO, Beatriz Neves Dal. FACCHINATTO, Renan Marcondes. **Lei Anticorrupção: Apontamentos sobre a Lei nº 12.846/2013.**2ª edição, São Paulo, Editora Contracorrente, 2015. p. 29-30.

A responsabilidade se diz subjetiva quando o ato que causa dano a outrem é praticado com culpa (sentido amplo do termo) ou dolo (culpa em sentido estrito), com resultado danoso e nexo de causalidade entre a ação ou omissão e o resultado. O dolo pode ser direto, quando o agente pretende alcançar o resultado, ou indireto, quando ele assume o risco de produzir um resultado, e, em ambos os casos, seja por ação ou omissão. No caso da culpa, quando se afasta o querer o agente que age com imprudência, imperícia e negligência. Ou seja, ele provoca o resultado, pois havia sua previsibilidade do resultado.

Já a responsabilidade objetiva pode ser observada da lei nos artigos 1º e 2º, que atribui às pessoas jurídicas nos âmbitos administrativo e civil, a responsabilidade pelos atos lesivos previstos em seu interesse ou benefício, exclusivo ou não.

Na mesma linha, o Decreto 8.420 de 18 de março de 2015 estabelece em seu artigo 1º, podendo-se entender que as sanções deverão ser aplicadas aos corruptores independentemente da intenção da empresa, de seus conselheiros, executivos e acionistas de corromper e obter ganhos com as práticas anticompetitivas. Caso haja a comprovação da vantagem indevida, a pessoa jurídica sofrerá as sanções previstas na lei, bastando para tanto que tenha sido beneficiada pela ação do agente corruptor.

Ao estabelecer a responsabilização objetiva das pessoas jurídicas, o legislador deve ter tentado evitar que os sujeitos ativos da corrupção pudessem auferir vantagens ilícitas e, em seguida, alegar que não agiram com culpa.

Para esclarecer o tema: se uma companhia contrata um prestador de serviços jurídicos para defender seus interesses perante o Judiciário e este emprega meios ilícitos para prolação de sentença favorável, o novo diploma legal estabelece que tanto a empresa como o prestador de serviços deverão ser punidos.

Em artigo publicado recentemente na Revista do Advogado, os mestres Pierpaolo Cruz Bottini e Igor Sant'Anna Tamasauskas[10] deixam claro que:

> Ao suprimir a exigência da constatação do dolo ou da imprudência para imputar as sanções previstas, quer-se incentivar a adoção de políticas de integridade e *compliance*, que evitem qualquer ligação da empresa com pessoas ou outras entidades que possam lhe trazer problemas ou danos de imagem.

[10] BOTTINI, Pierpaolo Cruz. TAMASAUSKAS, Igor Sant'Anna. **A controversa responsabilidade objetiva na Lei n. 12.846/2013**. Revista do Advogado. Ano XXXIV, n. 125. São Paulo: 2014. p.125-130.

Assim, diante da leitura do supracitado artigo, parece claro que a responsabilidade objetiva é, portanto, automática. E isso não é novo, outros instrumentos legais de combate à corrupção já possuíam tal previsão, a exemplo da Lei de Lavagem de Dinheiro (Lei n. 9.613/1998), Lei de Responsabilidade Fiscal (LC 101/2000) e da Lei do Sigilo das Operações Financeiras (Lei Complementar 105/2001).

Ainda comentando a nova lei, Pierpaolo Cruz Bottini e Igor Sant'Anna Tamasauskas[11] polemizam o tema ao afirmarem a dificuldade de se identificar uma vontade ou uma imprudência do ente empresarial e concluem:

> Mesmo que a instituição não tenha deliberado cometer ilícitos, que apresente um efetivo sistema de prevenção e investigação de irregularidades e que funcione dentro de estritos padrões éticos, esta será punida caso seja beneficiada pelo comportamento de funcionários ou de terceiros, contrários à norma. Note: ainda que a corrupção tenha sido detectada, investigada pela própria corporação e comunicada por ela aos órgãos públicos, será aplicada a pena.

Assim, pairam dúvidas sobre a norma que se aplicaria para fundamentar a responsabilidade objetiva no campo do Direito Civil, que seria o parágrafo único do art. 197. A esse respeito, Caio Mário da Silva Pereira[12] adverte que:

> Caberá à jurisprudência interpretar, junto com a doutrina, o que se deve entender por atividade que por sua natureza cause risco para direito de outrem, mas alerta que, por exemplo, dirigir um automóvel constitui atividade que põe em risco os direitos de outrem, sendo, portanto, a partir de agora a responsabilidade por acidentes de trânsito de natureza objetiva.

Assim, juntamente com Dal Pozzo, alguns estudiosos já se posicionaram no sentido de que a responsabilidade objetiva do Direito Civil não será a aplicada na Lei Anticorrupção. Dessa forma, pode-se concluir que os

[11] BOTTINI, Pierpaolo Cruz. TAMASAUSKAS, Igor Sant'Anna. **A controversa responsabilidade objetiva na Lei n. 12.846/2013**. Revista do Advogado. Ano XXXIV, n. 125. São Paulo: 2014. p.127-130.

[12] PEREIRA. Caio Mário da Silva. **Instituições de direito civil**, 20. ed. Rio de Janeiro, Forense, 2003. v.1. P 563.

princípios que nortearão a aplicação desta lei serão os mesmos que informam a responsabilidade objetiva no âmbito do Direito Público.

3.1. O papel do Conselho de Administração

O Conselho de Administração ocupa o papel de principal órgão deliberativo, cuja função é fixar as orientações gerais e as estratégias do negócio.

Sociedades abertas e de capital autorizado, empresas públicas e sociedades de economia mistasão obrigadas a possuir órgãos de administração, Conselho e Diretoria, e geralmente cumprem o número mínimo de membros exigidos pela lei. Quanto ao máximo, não há limitação.

Sobre as competências do Conselho de Administração, Fran Martins[13] aponta que, possuindo a sociedade um Conselho de Administração, a este compete, pois, fixar as orientações dos negócios; eleger e destituir os Diretores, de acordo com os interesses da companhia; fiscalizar e vigiar as atribuições do Conselho Fiscal e Diretores, podendo a qualquer momento examinar livros e papéis da companhia, solicitar informações sobre acordos, contratos e quaisquer atos praticados pela Diretoria. Dada a alta responsabilidade, o Conselho de Administração comanda a sociedade, razão pelo qual a lei dá a esse órgão poderes de ultrapassam as suas próprias funções de órgão deliberativo, como está previsto no parágrafo primeiro do artigo 138 da Lei das Sociedades Anônimas.

Por ser visto como um órgão que tem a responsabilidade de decidir pelos proprietários, os códigos de melhores práticas de governança corporativa estabelecem que quanto mais independentes forem os membros deste órgão, menor será a vinculação aos interesses e conflitos societários da companhia.

A esse respeito, estudos do IBGC[14] demonstram que em estruturas compostas por membros externos e independentes (*outsiders*), o Conselho de Administração tende a tomar decisões mais alinhadas aos interesses dos acionistas, pois não há vinculação direita às decisões da diretoria executiva (destituição ou nomeação de CEO e executivos, aprovação do plano de

[13] MARTINS. Fran. Comentários à lei das sociedades anônimas. 4.ed. Rio de Janeiro: Forense, 2010. P.531-534.

[14] IBGC. Remuneração e Estrutura dos Conselhos de Administração. 2005. Disponível em http:// http://www.ibgc.org.br/userfiles/Remuneracao%202005_Final.pdf > acesso em 18 de maio de 2016.

remuneração da diretoria e principais executivos, exame de relatórios e contas, monitoramento de riscos, etc.) e consequentemente, não há conflito de interesses.

Assim, a composição do Conselho de Administração deve ser feita com profissionais altamente engajados, que não ocupem outros cargos dentro da mesma empresa.

Pelo até agora exposto e em se tratando de responsabilidade, faz-se necessário esclarecer que o agente que comete ato ilícito em nome da pessoa jurídica estará atribuindo o ato a tal ente, independentemente do ânimo que a levou a agir de tal forma.

Daí deriva o ponto focal do presente estudo. Por isso, todas as pessoas jurídicas que estabelecem relações com entes da Administração Pública devem estabelecer sistemas sofisticados de *compliance* e Governança Corporativa que visem detectar desvios éticos e funcionais.

Os instrumentos de representação ou estatutos sociais deverão, por exemplo, mencionar expressamente as pessoas nomeadas para tratar de assuntos com a Administração Pública, com delimitação de poderes e fixação de prazo para representação.

Neste contexto, questiona-se: dirigentes, conselheiros, sócios e administradores poderão ser punidos, mesmo que não tenham conhecimento do ato ou conduta ilícita? Basta que o ato lesivo traga algum benefício à pessoa jurídica para que lhe seja atribuída a conduta? E responsabilidade pessoal dos conselheiros?

Em primeiro lugar, esclarece-se que embora a Lei Anticorrupção não faça menção específica à figura do conselheiro, nos termos do artigo 138 da Lei das S/A[15], ou seja, deve-se atribuir a eles a função de administrador.

O artigo 3º da lei em comento estabelece que a responsabilização da pessoa jurídica não exclui a responsabilidade individual de seus dirigentes, conselheiros ou administradores. Ademais, parece evidente porque a própria lei distingue a figura do dirigente (administrador/conselheiro) do autor ou coator do ilícito.

E mais, interpretando a legislação a fundo, entende-se que conselheiros podem até responder por culpa ou dolo, em caso de terem escolhido mal o representante da empresa, por exemplo. Contudo, não serão pessoalmente

[15] Art. 138. A administração da companhia competirá, conforme dispuser o estatuto, ao conselho de administração e à diretoria, ou somente à diretoria.

responsabilizados no processo administrativo previsto pela nova lei, posto que esta destina-se exclusivamente às pessoas jurídicas.

Diante desses apontamentos, um novo questionamento surge: uma punição não evita, suspende ou exclui a outra?

Pela análise da Lei Anticorrupção, entende-se que a responsabilização das pessoas jurídicas não prejudicará a pessoa natural, que será responsabilizada nos termos da legislação civil quanto à reparação de danos causados à Administração Pública e quanto aos danos causados à própria pessoa jurídica, em ação de regresso. Não se exclui ainda a possibilidade de tipificação da conduta como crime.

Alguns autores criticam tal dispositivo sob o argumento de que o Conselheiro de Administração é sim responsável pela implantação de programas de *compliance*, e uma vez incentivada a adoção de boas práticas de gestão, a empresa deveria exonerar-se da pena e das sanções aplicáveis.

No entanto, parece evidente que permanecerá a responsabilidade da pessoa natural.

Ora, se o ordenamento jurídico estabelece que o papel do conselheiro é exercer suas funções com cuidado, diligência e lealdade, zelando pela correta aplicação da lei e garantia o cumprimento das boas práticas de governança, caso a pessoa jurídica seja responsabilizada administrativamente, a responsabilização individual de seus conselheiros e dirigentes, enquanto pessoa natural, autora, coautora ou partícipe do ato ilícito deve permanecer.

Daí a importância da atuação de um Conselho de Administração estruturado e formado por membros independentes, que fomentem a criação de programas de integridade pelos colaboradores, posto que ao implementar padrões de conduta, códigos de ética, normas e procedimentos de integridade, estes poderão atenuar significativamente a aplicação das multas, protegendo de sobremaneira os seus interesses e os pessoa jurídica de desvios de condutas e escândalos de corrupção.

3.2. Das sanções administrativas e o processo de responsabilização

A Lei 12.846/2013 prevê a responsabilidade por ato lesivo a Administração Pública em duas esferas: a administrativa e a judicial.

O artigo 6º da Lei estabelece que as sanções administrativas poderão ser aplicadas diretamente pela Administração àquele que deixe de cumprir um dever administrativo. Todavia, o artigo 18 da mesma lei estabelece que, na esfera administrativa, a responsabilidade da pessoa jurídica não afasta a possibilidade de sua responsabilização na esfera judicial, o que nos leva a concluir que é possível a instauração do processo administrativo para aplicação das sanções previstas no artigo 6 e, em conjunto, o processo judicial tramitará nos termos do artigo 19.

Tendo em vista que o foco do presente estudo consiste no papel do Conselho de Administração na prevenção e combate à corrupção, buscar-se-á tecer alguns comentários acerca da redução das sanções administrativas pecuniárias, caso haja comprometimento da alta gestão da empresa com clara e transparente política anticorrupção.

No contexto da Lei brasileira, a penalidade trazida pelo inciso I do art. 6º é a multa de 0,1% (um décimo por cento) a 20% (vinte por cento) do faturamento bruto do último exercício e anterior ao da instauração do processo administrativo. Não sendo possível utilizar referido parâmetro, o parágrafo 4º do mesmo artigo estabelece que a multa será de R$ 6.000,00 (seis mil reais) a R$ 60.000.000,00 (sessenta milhões de reais).

Para esclarecer o caráter da sanção pecuniária que atinge o conselheiro (transgressor da norma), os autores da obra Lei Anticorrupção: Lei n. 12.846, de 01º de agosto de 2013, citam o Professor Sacha Calmon: "a prestação pecuniária compulsória instituída em lei ou contrato em favor de particular ou Estado tendo por causa a prática de um ilícito (descumprimento de dever legal ou contratual)" e concluem que a multa pode ter caráter coercitivo ou de reparação civil, visando intimidar o infrator para que não mais desobedeça as normas legais. A obrigação de reparar o dano não exclui, portanto, a aplicação da multa[16].

Cumpre registrar que o critério de aplicação da multa parece bastante gravoso, na medida que além de atingir o faturamento da entendida corruptora, pode abranger seu patrimônio.

No entanto, ressalta-se o disposto no parágrafo I do artigo 18, que elenca algumas hipóteses de redução de um por cento no valor da multa nos casos em que não houver a consumação da infração. Há ainda a redução disposta no parágrafo II do mesmo artigo, que pode ser aplicada quando ficar comprovado o ressarcimento dos danos que a pessoa jurídica tenha dado causa.

[16] MARINELA, Fernanda. PAIVA, Fernando. RAMALHO, Tatiany. **Lei Anticorrupção:** Lei. 12.846, de 01 de agosto de 2013. São Paulo: Saraiva, 2015, p. 111.

Daí, pode-se concluir que a responsabilização administrativa e a judicial (como se verá a seguir) estabelecem a obrigação de reparar, integralmente, o dano causado pelo ato ilícito. Esse é o escopo do parágrafo 3º do artigo 6º.

O artigo 6º ainda estabelece outra sanção, qual seja: a publicação extraordinária da decisão condenatória, às expensas da pessoa jurídica infratora, em meios de comunicação de grande circulação, em edital público afixado no estabelecimento e em seu sítio na internet.

Os incisos III e IV do artigo 7º preveem a regulamentação do inciso VII na medida em que estabelecem expressamente a cooperação como forma de atenuação das sanções a serem aplicadas à pessoa jurídica, em percentual entre um e dois por cento do montante da multa, independentemente da celebração de acordo de leniência. Assim, havendo cooperação do corruptor antes da instauração do processo administrativo, este será beneficiado com a redução do valor da multa.

E ainda há a possibilidade da gradação pela autoridade administrativa em percentual entre um e quatro por cento para as empresas que comprovarem a aplicação de normas de integridade. As regras de aplicação desses percentuais foram posteriormente definidas pelos artigos 41 e 42 do Decreto n. 8.420/2015 e pela Portaria n. 909 de 07 de abril de 2015.

Pelo até aqui exposto, a inclusão do conceito de *compliance* no Direito Brasileiro passa a ser um importante mecanismo de combate a corrupção que ainda pode trazer vantagens significativas, tanto de modo preventivo como para atenuar a sanção atribuída pela ocorrência do ato ilícito.

Ainda sobre o tema, não pairam dúvidas quanto aos inúmeros benefícios trazidos pela nova Lei Anticorrupção para o setor empresarial, que a partir da promulgação da lei pode prevenir, investigar e apurar desvios de condutas e eventuais violações das leis, por parte de seus dirigentes.

4. A Aplicação da Desconsideração da Personalidade Jurídica

Conhecida mundialmente como *disregard of legal entity* ou *disregard doctrine,* a nova lei inovou ao prever o procedimento de desconsideração da personalidade jurídica em sede administrativa, bem como a possibilidade dos bens particulares dos conselheiros, administradores e dirigentes serem alcançados por multas e restrições aplicados à pessoa jurídica infratora.

Ainda que a intenção do legislador seja a de atribuir eficácia e agilidade ao processo administrativo destinado a punir o infrator, como será explorado a seguir, a nova lei traz uma certa dose de insegurança ao meio jurídico.

Para uma análise descritiva da desconsideração da personalidade jurídica dentro do contexto da Lei Anticorrupção, alguns aspectos precisam ser avaliados.

O ordenamento jurídico brasileiro adotou dispositivo legal que permite a aplicação do instituto da desconsideração da personalidade jurídica (cuja contribuição foi trazida pelo Prof. Fábio Konder Comparato) como o artigo 50 do Código Civil:

> Em caso de abuso da personalidade jurídica, caracterizado pelo desvio de finalidade, ou pela confusão patrimonial, pode o juiz decidir, a requerimento da parte, ou do Ministério Público quando lhe couber intervir no processo, que os efeitos de certas e determinadas relações de obrigações sejam estendidos aos bens particulares dos administradores ou sócios da pessoa jurídica.

A esse respeito, ressalta-se que tanto a Lei Antitruste, a Lei das Sociedades Anônimas, o Código Tributário e o Código de Defesa do Consumidor, dentre outros diplomas legais, já apresentavam disposições acerca da responsabilização das pessoas físicas pelos atos práticos na gestão da pessoa jurídica, no entanto, deve-se atentar para o fato de que o diploma civil é o mais relevante.

Leonardo Ruiz Machado e Karina da Guia Leite[17], em recente artigo sobre a responsabilidade dos sócios, administradores e conselheiros publicado na Revista do Advogado, esclarecem o tema:

> Merece destaque a discussão doutrinária existente no sentido de considerar a confusão patrimonial com base na teoria objetiva da desconsideração, em que seria desnecessária a comprovação de abuso de direito. Sob o aspecto da teoria subjetiva, a confusão patrimonial seria considerada como um instrumento para a comprovação da ocorrência do abuso de direito, permanecendo este como requisito essencial.

[17] MACHADO, Leonardo Ruiz Machado. LEITE, Kátia da Guia. A responsabilidade dos sócios, administradores e conselheiros perante a Lei Anticorrupção. **Revista do Advogado**. Ano XXXIV, n. 125. p.51-57. 2014

Assim, na medida em que exige apenas comprovação do abuso de direito, alguns doutrinadores entendem que Lei n. 12.846/2013 apoia suas bases na teoria subjetiva da desconsideração.

Por outro lado, ao considerar a mera existência de confusão patrimonial também como requisito, há fundamentos na teoria objetiva.

É bem verdade que ao elencar os requisitos acima para aplicação da figura da desconsideração da personalidade jurídica o legislador limitou tal instituto à existência de abuso de direito ou a confusão patrimonial, sem os quais não há que se falar na extensão, aos sócios, administradores e conselheiros dos efeitos das sanções aplicadas à pessoa jurídica.

Para entender melhor a figura do abuso de direito de que trata a Lei n. 12.846/2013, é necessária uma breve análise da Lei das Sociedades Anônimas (Lei 6.404/76), que trata do abuso de direito por parte dos administradores, conselheiros e os deveres de diligência e lealdade.

E como tais dispositivos não possuem delimitações suficientes, nem sempre é possível evitar subjetividades. Não há na lei definição sobre o administrador probo e ativo. É o julgador, com sua experiência e equidade quem vai dizer se o administrador agiu ou não adequadamente, tipificando sua conduta de acordo com os elementos da causa e as circunstâncias.

Não se pode negar que a possibilidade de extensão das sanções, em sede de processo administrativo, às pessoas físicas dos agentes envolvidos na prática de atos ilícitos contra a administração é um instrumento importante de coerção e proteção do patrimônio público.

Importante destacar que o artigo 14[18] da Lei em estudo deixa expressa a necessidade de se observar o contraditório e ampla defesa, antes da desconsideração da personalidade jurídica. Assim, para que os conselheiros, administradores e sócios respondam pelas dívidas da pessoa jurídica, necessário se faz que eles tenham tido a possibilidade de se defender, sendo-lhes garantido o direito de produzir provas e ter ciência dos atos abusivos que foram praticados pela pessoa jurídica.

[18] Art. 14. A personalidade jurídica poderá ser desconsiderada sempre que utilizada com abuso do direito para facilitar, encobrir ou dissimular a prática dos atos ilícitos previstos nesta Lei ou para provocar confusão patrimonial, sendo estendidos todos os efeitos das sanções aplicadas à pessoa jurídica aos seus administradores e sócios com poderes de administração, observados o contraditório e a ampla defesa.

Com efeito, a instauração do Processo Administrativo (PAR) deve ser feita pela autoridade administrativa, que se pautará nos princípios constitucionais da moralidade, impessoalidade, publicidade, eficiência e legalidade.

Contudo, se a autoridade administrativa agir de forma arbitrária, tanto a pessoa jurídica como a pessoa física dos dirigentes e conselheiros terão que exigir do judiciário o estrito cumprimento da lei.

Há ainda que se ponderar que, na visão de alguns estudiosos e doutrinadores, a possibilidade de aplicação do instituto da desconsideração da personalidade jurídica na esfera administrativa não está prevista em lei, portanto não poderia ser aplicada.

Ante o exposto, para assegurar a correta intepretação dos institutos trazidos pela nova lei é imprescindível que as autoridades administrativas brasileiras busquem utilizar-se de normas e diretrizes do direito comparado, preenchendo eventuais lacunas trazidas pela subjetividade das normas.

O direito americano, por exemplo, possui alguns importantes precedentes que já estão sendo amplamente utilizados pela Comissão de Valores Mobiliários (CVM) para uniformizar seu entendimento.

Por fim e não menos importante, há que se ponderar sobre a necessidade de o julgador preservar a liberdade de atuação da corporação que firmou o negócio jurídico, mesmo que inovadoras e arriscadas, não interferindo, seja judicial ou administrativamente, no mérito da decisão tomada pela pessoa jurídica.

5. Acordo de Leniência

O vernáculo leniência, segundo o dicionário Aurélio, corresponde a suavizar, aliviar, lenificar; é a qualidade do que é leve, suave, doce. Por sua vez, acordo significa pacto, ajuste, harmonia, acomodação. Portanto, "Acordo de Leniência" transmite a ideia de colaboração, boa vontade na consecução de objetivos em comuns.

O Acordo de Leniência previsto na Lei Anticorrupção tem exatamente esse sentido, o de suavizar as sanções aplicáveis àquele que praticar ato lesivo à Administração Pública, para que em troca de benefícios, colabore com a obtenção de elementos probatórios para identificação dos demais envolvidos na prática de atos ilícitos.

No contexto da promulgação da nova Lei não se pode olvidar o interesse da Administração Pública na elucidação do ato lesivo como medida de preservação do interesse público, garantindo o combate eficaz à corrupção.

Do ponto de vista jurídico, Mateus Bertoncini[19]conceitua de maneira brilhante o Acordo de Leniência definido nos artigos 16 e 17 do seguinte modo:

> É um ato administrativo bilateral e discricionário, firmado entre a autoridade competente nacional ou legitimada a defender a administração pública estrangeira, em razão de proposta formulada em primeiro lugar pela pessoa jurídica envolvida em atos lesivos à Administração Pública definidos ou apontados na Lei 12.846/2013, mediante o compromisso de efetiva cooperação na identificação dos demais envolvidos e na obtenção célere de informações e documentos indispensáveis à apuração da verdade nas fases de investigação e do Processo Administrativo, isentando a proponente de sanções administrativas e judicial, reduzindo-lhe a multa aplicável no Processos Administrativo, na senda de combater a corrupção na esfera pública e preservar a leal concorrência entre as pessoas jurídicas privadas.

A origem imediata deste instituto está na Lei Antitruste (Lei n. 12.529/2011), um importante mecanismo para detecção e punição de práticas desleais, possibilitando a celebração de acordos entre a União, por intermédio da Secretaria de Direito Econômico, e particulares envolvidos. Referida legislação possui papel fundamental como instrumento para redução dos custos envolvidos na investigação das práticas anticoncorrenciais para identificação dos infratores.

Com base na experiência antitruste, a autora Ana Paula Martinez[20] em artigo publicado na Revista do Advogado aborda dois dos principais desafios a serem enfrentados pelo Programa da Leniência da nova Lei Anticorrupção:

> O primeiro é a necessidade de criar um histórico sólido de repressão a corrupção para criar incentivos suficientes para a auto delação (em especial

[19] BERTONCINI. Mateus Eduardo Siqueira Nunes (org). **Lei Anticorrupção:** comentários à Lei 12.846/2013. Coordenação Eduardo Cambi, Fábio André Guaragni. 1ª ed. São Paulo: Almedina, 2014, p 190.

[20] MARTINEZ, Ana Paula. Desafios do acordo de leniência da Lei n. 12.846/2013. **Revista do Advogado**. Ano XXXIV, n. 125. p.25. 2014.

considerando que a Lei Anticorrupção não prevê imunidade para o signatário do acordo). O segundo é a resistência cultural à delação e implicações ético-morais do Programa de Leniência.

Importantes regras foram inseridas no Decreto Federal n. 8.420/15, que regulamentou a Lei Anticorrupção, e pela Instrução Normativa n. 74, de 11 de fevereiro de 2015 publicada pelo Tribunal de Contas da União (TCU), que estabeleceu prazos e sanções para a organização do processo de celebração do acordo de leniência.

Na visão dos estudiosos sobre o tema, um Programa de Leniência deve ser efetivo a ponto de identificar todos os envolvidos, obter informações precisas e documentos que atestem que o ilícito de fato foi praticado.

Apenas para exemplificar, o parágrafo primeiro do artigo 16 da norma em comento estabelece que a celebração do acordo, precisa atender ao menos três requisitos, cumulativamente: i) a pessoa jurídica deve ser a primeira a indicar seu interesse em cooperar com as investigações e imediatamente após; ii) deve cessar a prática dos referidos atos;; e iii) deve admitir a participação no ilícito, cooperando com as investigações e com o Processo Administrativo.

Uma vez celebrado o Acordo de Leniência, a pessoa jurídica fica isenta das sanções previstas na lei, bem como recebe redução em até 2/3 (dois terços) no montante da pena, ou seja, quanto mais colaborar o dirigente ou administrador, mais reduzida será a sanção pecuniária.

Inúmeros países já adotam o Programa de Leniência como instrumento de política pública em seus ordenamentos. Dois são os modelos que garantem maior diferenciação: o modelo Americano e o modelo da Comissão Europeia. O modelo Americano foi amplamente utilizado pelas autoridades no âmbito concorrencial (aplicação do FCPA) para acordos ocorriam tanto na esfera criminal como na cível. Esse modelo visa garantir benefícios ao primeiro delator, figuras conhecidas como *whistleblowers* (denunciantes), comumente vistos como heróis ao dar fim à conduta e fazer o que é certo. Já o modelo Europeu, acolhe em seu programa mais de um delator, concedendo imunidades para o primeiro delator e níveis decrescentes de descontos para os demais que decidam colaborar e pôr fim à prática[21].

[21] MARTINEZ, Ana Paula. Desafios do acordo de leniência da Lei n. 12.846/2013. **Revista do Advogado**. Ano XXXIV, n. 125. p.25. 2014,

Dentre as medidas utilizadas pelo direito estrangeiro pode-se destacar o aprimoramento aos programas de *compliance*, envio periódico de relatórios sobre o progresso das obrigações assumidas e realizações de treinamentos para funcionários.

Desta feita, o Programa de Leniência deve ser enxergado como um instituto que permite ao autor da conduta ilícita fazer o que é certo: cessar a prática e colaborar com as investigações.

Dada a natureza de delação, este instituto possui alguns pontos polêmicos que merecem destaque. O primeiro deles está relacionado ao fato de que a Lei Anticorrupção não previu a extensão à pessoa física dos benefícios que poderá conceder às pessoas jurídicas em caso de Acordo de Leniência. Para tal conclusão será necessário interpretar o disposto no § 4º do art. 16 (que dispõe acerca das condições que deverão assegurar maior efetividade no resultado útil do processo), bem como aguardar a consolidação da jurisprudência para pacificar o assunto.

O segundo ponto que merece destaque diz respeito ao fato de que, uma vez realizada a confissão no âmbito do Processo Administrativo, esta prática somente não importará em reconhecimento de ilícito neste processo, podendo ser utilizada pelas autoridades públicas para instauração de outros processos de responsabilização.

Ademais, caso o acordo não seja aceito pela autoridade, consoante o disposto no parágrafo 7 do artigo 16, não importará em reconhecimento da prática de ato ilícito pelo investigado. Reforçando esse entendimento, o Decreto Federal e a Portaria da CGU expressamente estabelecem que a desistência da proposta de acordo não implicará em reconhecimento da prática do ato lesivo pelo investigado, consequentemente todos os documentos e provas deverão ser mantidos em sigilo, exceto se demonstrado outros interesses na investigação que justifiquem a sua divulgação.

Havendo descumprimento do acordo por parte da pessoa jurídica, todos os atos, informações, documentos e depoimentos decorrentes do acordo terão plena validade e poderão ser utilizados pela autoridade contra a pessoa jurídica infratora.

O terceiro ponto que merece destaque é que o Acordo de Leniência não produz efeitos contra as pessoas físicas. Por outro lado, é notória a intenção do legislador de conceder benefício em razão dos altos valores das multas estipulados na Lei, o que exige da autoridade administrativa proporcionalidade e razoabilidade na aplicação dela.

O quarto e último ponto que será observado neste estudo, diz respeito à resistência cultural à figura da delação. Alguns doutrinadores mencionam que não é desejável que o Estado incentive a conduta, o que implicaria uma "suposta desordem social".

Ana Paula Martinez[22] ainda destaca o tema de forma bastante simples: "...poderíamos dizer que se trata de lealdade à sociedade *versus* lealdade a indivíduos específicos e, ao nosso ver, a primeira, e não a segunda, é que deve prevalecer".

No entanto, ainda que a delação seja mais correta do ponto de vista ético, o administrador, sócio e conselheiro ao tomar referida decisão devem ter em mente que, diante da impossibilidade de continuar se beneficiando do ato ilícito, poderão ocorrer perdas financeiras, sem contar os danos à reputação da pessoa jurídica e das pessoas físicas envolvidas.

Por isso, é essencial que referido programa tenha regras claras de confidencialidade, sendo igualmente importante que o delator tenha conhecimento das etapas de processo, desde o início de sua exposição até a condução das investigações e encerramento do acordo.

Apenas a título de exemplo, no famoso escândalo de corrupção da Petrobrás, foram firmados alguns Acordos de Leniência, entre a Controladoria Geral da União, Ministério Público Federal e as empresas envolvidas. A companhia holandesa SBM, após ter confessado a participação no esquema através de pagamento de propina para conseguir contratos nas plataformas petrolíferas, assinou um acordo que prevê uma indenização milionária, além de se comprometer a aderir às práticas anticorrupção previstas na lei objeto deste estudo.

A exemplo do que acontece em outros países, a celebração dos acordos de leniência trata benefícios mútuos à pessoa jurídica e à administração pública.

Por fim, é importante que conselheiros, dirigentes e sócios construam instrumentos de política corporativos atualmente valorizados pelos mercados mais desenvolvidos, que combatam desvios de condutas nas organizações empresariais de maneira ampla e com programas de integridade, conhecidos e difundidos mundialmente por *compliance*.

22 MARTINEZ, Ana Paula. Desafios do acordo de leniência da Lei n. 12.846/2013. **Revista do Advogado**. Ano XXXIV, n. 125. p.29. 2014.

6. Programas de *Compliance* no Âmbito da Lei Anticorrupção

Conforme já exposto, em meio a um cenário de crise mundial e visando preservar a credibilidade do sistema americano, a *Foreign Corrupt Practices Act* (FCPA) foi editada na década de 1970. Este instituto é aplicado às pessoas físicas ou jurídicas que, em atividade comercial internacional, cometam atos de corrupção junto ao poder público, e obriga determinadas empresas a manter sistemas efetivos de controles internos e registros contábeis quer reflitam os termos de suas operações.

O descumprimento do FCPA pode acarretar medidas cíveis pela U.S. *Securities & Exchange Comission* (SEC), administrativas perante a Comissão de Valores Imobiliários e criminais perante o *Departament of Justice* (DOJ).

Cumpre destacar que a criação do referido dispositivo, inicialmente, trouxe consequências indesejáveis para os Estados Unidos, pois a exigência de controles tornava o país pouco competitivo, ante ao vergonho cenário de corrupção que estava alastrado na França e Inglaterra.

Diante dessa situação, houve uma forte pressão Americana para promulgação de diversas Convenções Mundiais e Leis que implementassem programas de combate à corrupção, conforme já exposto neste estudo.

A legislação Britânica também acompanhou a tendência mundial e em 2010 aprovou a *UK Bribery Act* (UKBA), que além de prever a existência de programas de *compliance* efetivos, não se limita ao setor privado, exercendo significativa influência na criminalização de condutas de pessoas jurídicas no Brasil, ainda que referido instituto exima absolutamente a responsabilidade da pessoa jurídica, caso existam programas instituídos.

Embora a legislação Brasileira não tenha inovado quanto à exclusão da responsabilidade, pode-se dizer que a existência de programas de prevenção e de *compliance* traga vantagens significativas tanto para o Estado como para a empresa, ora para diminuir a sanção aplicada ora como instrumento preventivo.

Para a pessoa jurídica, o programa oferece maior segurança a seus acionistas, investidores e funcionários, evita que violações ocorram, cessa a prática de irregularidades e mitiga a aplicação de sanções. Igualmente para o Estado o programa de *compliance* funciona de maneira benéfica, pois ao identificar o responsável pela prática, a punição deve evitar prejuízos aos cofres públicos.

Nesse sentido, a redação do art. 7º, inciso VIII, da Lei Anticorrupção estabelece que no momento da aplicação da sanção deverão ser considerados: "a existência de mecanismos e procedimentos internos de integridade, auditoria e incentivo à denúncia de irregularidades e a aplicação efetiva de códigos de ética e de conduta no âmbito da pessoa jurídica".

Tal dispositivo, além de estimular as boas práticas de combate à corrupção também incentiva as empresas a atuarem dentro da legalidade e da ética, pois a existência desses programas será levada em consideração na aplicação das sanções, podendo inclusive gerar benefícios para as pessoas jurídicas.

No entanto, o Coordenador da Comissão de *Compliance* e Anticorrupção do Ibrademp, Carlos Henrique da Silva Ayres[23] em estudo acerca do tema adverte que:

> Deve-se observar que a Lei n. 12.846/2013 não obriga as pessoas jurídicas a implantarem os programas de *compliance*. Não obstante, tendo em vista as pesadas sanções, a responsabilidade objetiva e a possibilidade de a pessoa jurídica ser responsabilizada pelos atos cometidos pelos dirigentes em seu interesse ou benefício, exclusivo ou não, a criação, manutenção e atualização de tais programas apresentam-se fundamentais. Eles são importantes para que as pessoas jurídicas previnam e detectem eventuais atos lesivos (permitindo, inclusive, que possam analisar a conveniência de reportá-los ás autoridades e celebrar acordos de leniência), bem como para a atenuação de eventuais sanções aplicadas.

Assim, a redação do artigo 7º da Lei Anticorrupção, além de ir ao encontro das boas práticas internacionais proporciona ás pessoas jurídicas Brasileiras maior segurança.

No entanto, embora o parágrafo único do referido artigo tenha estabelecido que os parâmetros de avaliação e procedimentos previstos acima seriam estabelecidos pelo Poder Executivo Federal, fato é, mesmo com a publicação do decreto regulamentador (8.420/2015), alguns pontos ainda geram algumas dúvidas.

O primeiro consiste na ausência de previsão legal quanto às diretrizes e elementos essenciais aos programas de *compliance*. Outro ponto de

[23] AYRES, Carlos Henrique da Silva. Programas de *compliance* no âmbito da Lei n. 12.846/2013: importância e principais elementos. **Revista do Advogado**. Ano XXXIV, n. 125. p. 44. 2014.

divergências diz respeito aos benefícios efetivos que a pessoa jurídica gozará em caso de realização de um Acordo de Leniência, nos termos do inciso VIII do artigo 7º da lei.

Isso implica dizer que as autoridades brasileiras devem estar atentas às práticas de sucesso adotadas em outros países como os Estados Unidos e o Reino Unido, pois conforme supracitado, tais diretrizes podem ser dotadas no sistema Brasileiro, a fim de se aproveitar as boas práticas e evitar interpretações equivocadas.

No direito comparado, chama-se atenção quanto ao guia de diretrizes editado pelo Reino Unido a fim de explicar os princípios e procedimentos basilares que devem ser adotados pelas empresas, objetivando um modelo eficiente de programa de *compliance*. Seis princípios merecem destaque: i) existência de procedimentos proporcionais; ii) comprometimento da alta cúpula da companhia; iii) mecanismos de avaliação e mitigação de riscos; iv) *due diligence*; v) transparência e treinamentos dos colaboradores; e vi) constante monitoramento e avaliação de eficiência do programa.

É evidente que o programa deve ser adaptado à realidade de cada empresa, mas para isso, é necessário que a Lei trate desses parâmetros de forma clara e objetiva, propiciando a melhor aplicação do instituto.

Assim, além do Decreto 8.420/2015 que trata do assunto, a Portaria da CGU n. 909/2015 e os decretos municipais que regulamentam a Lei Anticorrupção também precisavam ser analisados e interpretados. No entanto, enquanto alguns decretos limitam-se a estabelecer normas de competência, outros sequer trazem dispositivos sobre a aplicação das sanções, razão pelo presente estudo restringirá à análise do Decreto 8.420/2015.

Em capítulo próprio intitulado " Programa de Integridade" o artigo 41 do referido Decreto estabelece no que consiste o programa, definindo-o como um conjunto de mecanismos e procedimentos internos de integridade, auditoria e incentivo à denúncia de irregularidades e na aplicação efetiva de códigos de ética e de conduta, políticas e diretrizes com objetivo de detectar e sanar desvios, fraudes, irregularidades e atos ilícitos praticados contra a administração pública, nacional ou estrangeira, sempre estruturado de acordo com os riscos da atividade exercida pela pessoa jurídica, que deve constantemente aperfeiçoar o programa.

Por sua vez o artigo 42 elenca uma série de parâmetros que devem ser observados no momento da avaliação do programa, dentre os quais se destaca um dos mais importantes que diz respeito ao nível de engajamento e comprometimento da alta gestão, incluindo expressamente no dispositivo os conselheiros, diante da necessidade de apoio visível ao programa.

Assim, muito embora a comprovação da efetividade do programa seja ônus exclusivo da pessoa jurídica, que deverá apresentar às autoridades um relatório detalhado demonstrando o funcionamento do programa, com dados, estatísticas e comparativos, pelo presente estudo busca-se reforçar o envolvimento da figura do conselheiro na tentativa de mitigar ou impedir a ocorrência de atos de corrupção, permitindo ainda que este possa denunciá-lo às autoridades, sempre atentos aos princípios éticos e à transparência.

E para aplicar os conceitos dispostos no Decreto, o presente estudo fará uma breve análise dos principais elementos que compõem um programa de integridade (artigo 42).

Inicialmente, inciso I reforça que a alta gestão da pessoa jurídica deve ser um exemplo de boas condutas, reforçando a necessidade de suporte inequívoco. Isso implica dizer que além de escrever, conselheiros e administradores devem praticar no dia-a-dia sua adesão às leis e às boas regras de governança, bem como assegurar que funcionários, terceiros e fornecedores, sigam as normas.

Além disso é necessário investir na formação e no desenvolvimento de pessoas que fomentem o cumprimento das melhores práticas, bem como acompanhar os resultados das melhorias adotadas. Algumas empresas já criaram departamentos específicos para disseminar as práticas.

Outro ponto importante diz respeito à análise periódica de riscos, a fim de que possam ser tomadas medidas para mitigação. Desse modo, ainda que a empresa não tenha em seu objeto atividades que geram alto risco, é importante que a pessoa jurídica mantenha de registros das matrizes de riscos que forem assumidos, de acordo com sua estratégia.

Interessante destacar que, além de implementar políticas específicas para prevenção de fraudes, controles contábeis e relatórios que assegurem confiabilidade de informações, a pessoa jurídica tem o dever de comunicá-las de forma transparente, além de promover treinamentos para maximizar a interpretação das normas.

A existências de políticas internas não desobriga a pessoa jurídica de supervisionar a atividade de seus prestadores de serviços, fornecedores e terceiros.

Outro elemento de grande importância é a implementação de canais de denúncias de irregularidades, abertos aos funcionários e terceiros, bem como de mecanismos de proteção aos que denunciarem as práticas ilícitas.

E mesmo com todas as práticas implantadas, é prudente que a empresa monitore continuamente os resultados do programa, visando o seu constante aperfeiçoamento, de modo que os atos lesivos não ocorram.

É evidente que a adoção de um programa de *compliance* robusto demanda tempo, altos investimentos e um significativo esforço por parte das pessoas jurídicas, no entanto, os benefícios desses programas poderão ser facilmente identificados.

Quando executadas e implementadas de maneira preventiva, tais medidas são capazes de enraizar na organização um senso comum de cidadania e ética, onde se entende que aos atos lesivos à Administração Pública são também contrários ao desenvolvimento do país.

Daí a importância do aperfeiçoamento da legislação, de uma reforma política que rompa o conformismo histórico do povo brasileiro e do incentivo ao combate à corrupção por parte do Estado, maior interessado na construção de programas preventivos que envolvam a população na criação de valores cívicos.

Pela experiência internacional pode-se perceber que a Lei Anticorrupção dá especial atenção aos mecanismos de integridade das pessoas jurídicas como relevante incentivo à mitigação de penas cabíveis em abstrato, e, acima de tudo, a norma exige compromisso efetivo de seus dirigentes e colaboradores no controle preventivo sobre eventual conflito de agência que possa resultar na prática de atos contrários ao programa e à legislação em vigor.

Por fim, cabe ressaltar que os programas de *compliance* devem ser adaptados à realidade do setor empresarial, posto que cada pessoa jurídica possui uma dinâmica e procedimentos específicos. Por isso, as etapas de construção do programa devem prever e acompanhar as mudanças daquela empresa, de forma a atingir os melhores resultados possíveis.

7. Conclusões

Os recentes escândalos de corrupção e as investigações da "Operação Lava Jato", colocaram em evidência a Lei Anticorrupção, que embora recente, já desempenha relevante papel na sociedade brasileira, haja vista que outras legislações até então vigentes, a exemplo da Lei de Improbidade Administrativa (Lei n. 8.429) e Lei de Licitações e Contratos (Lei n. 8.666), apesar dos esforços, não estabeleciam sanções pecuniárias eficazes à pessoa jurídica.

Ao ser promulgada, a Lei 12.846/2013 foi batizada como Lei da Empresa Limpa, pois enfatiza a responsabilização administrativa e civil das pessoas jurídicas pela prática de atos contra a Administração Pública nacional e estrangeira, passando a ser um importante instrumento jurídico para atingir os corruptores, ou seja, aqueles que se beneficiam das práticas lesivas contra a Administração Pública.

Pelo presente estudo buscou-se demonstrar que o principal objetivo da nova legislação vai além da responsabilização do corruptor e corrompido, trata-se de uma mudança cultural das empresas, pois um ambiente não corrompido gera concorrência sadia e premia os que estão tecnicamente mais preparados para produzir em maior escala.

Como medida de combate um dos grandes males da sociedade, a Lei Anticorrupção inovou ao trazer previsão de dois tipos de responsabilidade: a responsabilidade objetiva para as pessoas jurídicas e a responsabilidade subjetiva para as pessoas naturais.

Ao afastar a responsabilidade subjetiva da pessoa jurídica, o legislador buscou uma manter uma certa relação de subjetividade entre a responsabilidade da empresa e as condutas de seus colaboradores. Por outro lado, na medida em que a lei estabelece que os bens pessoais dos dirigentes, leia-se sócios e conselheiros, poderão ser alcançados pelo instituto da Desconsideração da Personalidade Jurídica, é evidente que a intenção do legislador alterará a relação dos dirigentes com seus funcionários.

As altas sanções pecuniárias e a responsabilização da pessoa jurídica certamente pesarão significativamente na tomada de decisão pelo administrador corrupto, haja vista que aos prejuízos corporativos não poderão sobrepor os interesses individuais.

Por isso, a importância da participação dos Conselheiros independentes na implantação de programas efetivos de *compliance* que visem oferecer maior segurança aos acionistas, investidores e funcionários, posto que na medida em que a pessoa jurídica é responsável pelos atos ilícitos de seus funcionários, esta assume eventuais prejuízos que possam ser causados por seus membros em função de suas atribuições na empresa,

Nesse sentido, merece destaque a inovação do novel diploma no tocante aos Acordos de Leniência. Além de especificar a competência para celebrar o acordo, a lei estabelece que a cooperação da pessoa jurídica na investigação e apuração do ato ilícito poderá gerar consideráveis incentivos aos que decidirem pela celebração dos referidos acordos, como a redução de 2/3 (dois terços) do valor das multas, a manutenção das atividades e a possibilidade de receber incentivos fiscais.

Assim, é inegável que a adoção por parte dos Conselheiros de políticas de comunicação e transparência constituem uma importante ferramenta para que a pessoa jurídica investigada demonstre que tomou todas as providências para evitar o dano à Administração Pública, muito embora tais condutas não tenham o condão de isentar a responsabilização dos infratores.

A vista do exposto, pode-se concluir que essa mudança cultural reforça a essência da Governança Corporativa e do *compliance*, e com isso espera-se uma importante reflexão da alta gestão das pessoas jurídicas sobre sua importância, não somente como medida para atenuar as sanções, mas como uma ferramenta de fortalecimento da economia país, rumo ao desenvolvimento da competitividade no mercado internacional, reduzindo o Risco- Brasil, que freia a obtenção de investimentos estrangeiros.

Resta aos membros do Conselho de Administração trilhar um caminho de atuação dinâmica voltado para a avaliação e monitoramento dos negócios da pessoa jurídica, garantido sempre a transparência e o acesso à informação por parte dos investidores, autoridades e da sociedade, haja vista as inúmeras vantagens que a sociedade gozará quando utilizar os ditames da Governança e do *Compliance.*

Enfim, além de preencher um vazio que existia em nosso ordenamento jurídico, a Lei Anticorrupção será responsável pela mudança de comportamento inédita em nossa sociedade, que vai muito da responsabilização dos infratores, promovendo uma verdadeira união entre os entes do setor privado e do setor público.

Referências

ANDRADE, Adriana; ROSSETTI, José Paschoal. **Governança corporativa:** fundamentos, desenvolvimento e tendências. São Paulo: Atlas, 2004. 412 p.

AYRES, Carlos Henrique da Silva. Programas de *compliance* no âmbito da Lei n.° 12.846/2013: importância e principais elementos. **Revista do Advogado**. Ano XXXIV, n. 125. 2014. 130 p

BERTONCINI. Mateus Eduardo Siqueira Nunes (org). **Lei Anticorrupção:** comentários à Lei 12.846/2013. Coordenação Eduardo Cambi, Fábio André Guaragni. 1ª ed. São Paulo: Almedina, 2014. 288 p.

BOTTINI, Pierpaolo Cruz. TAMASAUSKAS, Igor Sant'Anna. A controversa responsabilidade objetiva na Lei n. 12.846/2013. **Revista do Advogado**. Ano XXXIV, n. 125. São Paulo: 2014.

CANDELORO, Ana Paula P.; DE RIZZO, Maria Balbina Martins; PINHO, Vinícius. ***Compliance* 360°:** riscos, estratégias, conflitos e vaidades no mundo corporativo. São Paulo: Trevisan, 2012. 454 p.

CARVALHO, José Murilo de. O Mau ladrão: basta de corrupção. In: FIGUEIREDO, Luciano (org). **História do Brasil para ocupados**: os mais importantes historiadores apresentam de um jeito original os episódios decisivos e os personagens fascinantes que fizeram nosso pais. 1ª ed. Rio de Janeiro: Casa da Palavra, 2013.p. 263-264.

CARVALHOSA, Modesto. **Considerações sobre a lei anticorrupção das pessoas jurídicas:** Lei 12.846/2013. São Paulo, SP: Revista dos Tribunais, 2015. 431 p.

COIMBRA, Marcelo A. MANZI, Vanessa A. **Manual de *Compliance***: preservando a boa governança e integridade das organizações. São Paulo: Atlas, 2010. 145 p.

CUNHA, Rodrigo Ferraz Pimenta da. **Estrutura de interesses nas sociedades anônimas:** hierarquia e conflitos. São Paulo: Quartier Latin, 2007. 351 p.

FILGUEIRAS, Fernando. **A tolerância à corrupção no Brasil**: uma antinomia entre normas morais e prática social. Opinião Pública, Campinas, v.15, n.2, nov. 2009. Disponível em: <http:// http://www.scielo.br/scielo.php?script=sci_arttext&pid=S0104-62762009000200005&lng=pt&nrm=iso&tlng=pt. Acesso em: 15 maio 2016.

INSTITUTO BRASILEIRO DE GOVERNANÇA CORPORATIVA (IBGC). Publicação em Foco 2013, n. 66. Edição de agosto/setembro/outubro.

________. Código de Melhores Práticas de Governança Corporativa. 4ª ed. 2009. Disponível em http://www.ibgc.org.br/userfiles/files/Codigo_Final_4a_Edicao.pdf > Acesso em 23 de maio de 2015.

________. Caderno de Boas Práticas de Governança Corporativa para Empresas de Capital Fechado. Um guia para Sociedades Limitadas e Sociedade por Ações Fechadas. 2014. Disponível em: http://www.ibgc.org.br/userfiles/2014/files/Arquivos_Site/Caderno_12.PDF. Acesso em 24 de maio de 2015.

HILB, Martin. **A nova governança corporativa:** ferramentas bem-sucedidas para conselho de administração. São Paulo: Saint Paul, 2009. 219 p.

IOKOI, Pedro Ivo Gricoli. O novo modelo de combate à corrupção. **Revista do Advogado**. Ano XXXIV, n. 125. São Paulo: 2014. 130 p.

JÚNIOR, Belisário dos Santos. PARDINI. ISABELLA LEAL. Lei Anticorrupção gera Incertezas, mas Consolida a Necessidade do *Compliance*. São Paulo: Março de 2014. Disponível em <http://interessenacional.uol.com.br/index.php/edicoes-revista/lei-anticorrupcao-gera-incertezas-mas-consolida-a-necessidade-do-compliance/>. Acesso em 23 de maio de 2015.

MACHADO, Leonardo Ruiz Machado. LEITE, Kátia da Guia. A responsabilidade dos sócios, administradores e conselheiros perante a Lei Anticorrupção. **Revista do Advogado**. Ano XXXIV, n. 125. São Paulo: 2014.

MARINELA, Fernanda. PAIVA, Fernando. RAMALHO, Tatiany. **Lei Anticorrupção**: Lei. 12.846, de 01 de agosto de 2013. São Paulo: Saraiva, 2015. 239 p.

MARTINS, Fran. **Curso de Direito Comercial**. 37ª Edição. Rio de Janeiro: Forense, 2014. 453 p.

MARTINEZ, Ana Paula. Desafios do acordo de leniência da Lei n. 12.846/2013. Revista do Advogado. Ano XXXIV, n. 125. São Paulo: 2014.

NASCIMENTO, Melillo Dinis (organizador). Lei Anticorrupção Empresarial – Aspectos Críticos à Lei n. 12.846/2013. Editora Fórum. São Paulo: 2014.

PETRELLUZZI, M.V., Rizek J., & Naman, R. Lei anticorrupção, origens, comentários e análise da legislação correlata. São Paulo: Saraiva 2014. 112 p.

POZZO, Antonio Araldo Ferraz Dal. POZZO, Augusto Neves Dal. POZZO, Beatriz Neves Dal. FACCHINATTO, Renan Marcondes. **Lei Anticorrupção:** Apontamentos sobre a Lei nº 12.846/2013.2ª edição, São Paulo, Editora Contracorrente, 2015. 240 p.

PEREIRA. Caio Mário da Silva. **Instituições de direito civil**, 20. ed. Rio de Janeiro, Forense, 2003. 395 p.

SILVEIRA. Alexandre Di Miceli. **Governança Corporativa no Brasil e no Mundo**. Rio de Janeiro: Elsevier, 2010. 147 p.

TOLEDO. Paulo Fernando Campos Salles de. **O Conselho de Administração na Sociedade Anônima:** estrutura, funções e poderes, responsabilidade dos administradores. São Paulo: Atlas, 1999. 123 p.

A Governança Corporativa e *Compliance* e sua Importância na Evolução das *Startups*

Gustavo Padilha Addor

1. Introdução

Se antes vivíamos em uma sociedade em que estar empregado era considerado por muitos (se não, a grande maioria das pessoas) como algo excelente e isso ser efetivamente a conquista do objetivo de vida, não há como negar que hoje uma fatia significante das pessoas está farta de serem simplesmente empregadas de alguém, de trabalhar para outras pessoas e de ver os lucros e frutos de seu trabalho serem auferidos por terceiros.

A idealização de ter um negócio próprio passou a ser algo comum nos dias atuais: a ideia de que todo o esforço depreendido durante os dias (e, às vezes, noites, finais de semana e feriados), todo o suor aplicado ao trabalho realizado e todos os bônus desse esforço (muitas vezes excessivo) serem da própria pessoa, e não de seus chefes e/ou donos das empresas em que trabalham, levaram ao um novo nível de consciência da população. Com isso, o desejo de ser empregado passa a ser o desejo de ser um empregador, termo usado aqui no sentido amplo da palavra, não necessariamente estamos falando de efetivamente empregar novas pessoas, mas sim o de controlar o próprio *business*. E neste novo mundo em que vivemos temos a figura das startups.

Muitos destes novos empreendedores vislumbram ter aquela ideia que vai mudar a vida não só da pessoa como também a de muitas outras que seriam beneficiadas por esta. Em determinadas situações, nem se espera tal impacto, a simples prestação de um serviço necessário para pessoas, tanto físicas quanto jurídicas, também motiva estes empreendedores a sair da sua zona de conforto e arriscar neste caminho do próprio negócio. Muitos visualizam somente o sucesso, muitos conseguem visualizar um eventual fracasso, alguns conseguem visualizar ambos os cenários, mas poucos conseguem visualizar o caminho que deve ser seguido, a estrutura que um negócio próprio exige, as formalidades a serem cumpridas, o alinhamento dos objetivos pretendidos e como se chegar até eles.

Ter um negócio próprio exige muito mais do que uma ideia[1] e forma de implementação, exige uma análise de diversos aspectos, tanto jurídicos quanto comerciais, bem como uma avaliação de riscos que deve ser minuciosa e detalhista. Porém, estes aventureiros do empreendedorismo esquecem de diversos aspectos que podem prejudicar muito o dia-a-dia e até o mesmo o desenvolvimento desta empresa, ainda que se considere um cenário em que tudo ocorreu da melhor maneira possível e que a startup evoluiu financeira e estruturalmente.

E, dentro destes aspectos, estão tanto a governança corporativa quanto o *compliance*, duas figuras extremamente relevantes e que são corriqueiramente deixadas em segundo plano por serem consideradas muitas vezes como excesso de burocracia, trava de negócios e/ou uma figura desnecessária e impeditiva para o crescimento da empresa.

O presente trabalho buscará trazer a definição do que é a governança corporativa e suas principais formas, bem como o que é o instituto do *compliance*, trazendo as fases de evolução de uma startup e a importância que estes institutos têm em tais fases evolutivas para poder demonstrar em quais momentos tais práticas devem ser adotadas, de modo a desmitificar o pensamento de que são travas para tal crescimento, ou seja, que sua implementação atrapalha o desenvolvimento da startup.

O tema será abordado sob a perspectiva dos empreendedores, visando tanto o crescimento da empresa quanto a prevenção contra eventuais problemas que possam vir a serem ocasionados pela ausência de tai regras durante essa evolução.

[1] Segundo dados do Instituto Brasileiro de Governança Corporativa (IBGC), apesar de o Brasil figurar no ranking das dez maiores economias do mundo, sistematicamente desaponta e briga pelas últimas posições quando o tema é inovação. No país, apenas 3,8% das empresas desenvolveram bens ou serviços "novos para o mercado" entre os anos de 2012 a 2014 (IBGE, 2014) – disponível em http://www.ibgc.org.br/2018/cursos/e-mail-ed3/ibgc-ed03.pdf. Acesso em 16 de abril de 2019.

Não há formas sem falhas nem formas únicas de resolver tais problemas pois estamos lidando com diversas problemáticas envolvendo tal evolução e, por consequência disso, diversos tipos de ações devem ser tomadas pelos empreendedores de modo a solucionar tais problemas. Mas a existência de práticas de governança, por exemplo, e uma implementação orgânica das mesmas podem auxiliar nesta solução, conforme dispõe o autor Alexandre da Silveira

> Centenas de estudos foram realizados nas últimas duas décadas visando analisar a relação entre a qualidade da governança e o desempenho das empresas. No geral, a maioria dos trabalhos constata uma relação positiva entre adoção de práticas recomendadas de governança e os indicadores de valor comumente empregados no mercado. [2]

Analisando ambos os institutos e as fases evolutivas das startups, buscar-se-á trazer uma visão de como eles podem, na verdade, servir como apoio ao crescimento, e não como barreira ao mesmo, como muitos desses novos empreendedores as veem ultimamente, como destaca o Instituto Brasileiro de Governança Corporativa (IBGC), principal órgão no que se referem boas práticas de governança:

> Há, inclusive, resultados empíricos no Brasil que indicam que "a qualidade das práticas de governança corporativa de uma empresa leva a um aumento econômico e significativo de seu valor de mercado ou de seu desempenho financeiro"[3]

Nesta mesma linha, o autor Júlio Santiago da Silva Filho, em seu artigo "Startups e Governança Corporativa", traz a seguinte observação sobre a necessidade de boas práticas de governança para o sucesso do empreendimento:

> Para muitos dos sócios capitalistas, tão importante quanto a possibilidade de lucro que o negócio pode gerar é a preocupação com a qualidade e

[2] SILVEIRA, Alexandre di Miceli da. *Governança Corporativa no Brasil e no Mundo: Teoria e Prática*. 2. Ed. Rio de Janeiro: Editora Elsevier, 2015, página 125.

[3] Instituto Brasileiro de Governança Corporativa (IBGC). Analises & Tendências. São Paulo, IBGC, 2018, página 20. Disponível em http://www.ibgc.org.br/2018/cursos/e-mail-ed3/ibgc-ed03.pdf. Acesso em 16 de abril de 2019.

transparência da gestão, estruturação societária e a capacidade de entregar resultados alinhados com as expectativas dos investidores. Ingredientes, estes, que compõem a base das boas práticas de Governança Corporativa [4]

O que alguns chamam de barreiras, podem ser escudos.

O que alguns chamam de problemas, podem ser soluções.

O que alguns chamam de travas, as são se forem introduzidos de forma incorreta.

E é isso que o presente trabalho visará demonstrar.

Para fins de interpretação deste estudo, todas as referências à empresa, sociedade, companhia e/ou startup devem ser entendidas como referências à startups. E, tendo em vista o fato de que o presente estudo não ter por objeto analisar as diversas formas de tipos societários existentes no direito pátrio, trataremos somente de formas de governança aplicáveis aos dois dos principais tipos societários existentes hoje no pais (de acordo com a Agencia Brasileira de Promoção de Exportação e Investimentos[5]), quais sejam, a sociedade limitada e a sociedade anônima.

2. Principais Aspectos Sobre Governança Corporativa e *Compliance*

2.1. Breve Introdução Sobre Governança Corporativa

Antes de iniciar a análise das principais formas de governança corporativa, faz-se necessário aqui trazer uma breve introdução sobre este instituto, de modo que o presente estudo possa ser desenvolvido de uma maneira organizada.

O Instituto Brasileiro de Governança Corporativa (IBGC) traz a seguinte definição do que é a governança corporativa:

> Governança corporativa é o sistema pelo qual as empresas e demais organizações são dirigidas, monitoradas e incentivadas, envolvendo os

[4] SILVA FILHO. Julio Santiago da. *Startups e Governança Corporativa*. Disponível em http://www.startupsc.com.br/startups-e-governanca-corporativa/. Acesso em 22 de agosto de 2017.

[5] APEX DO BRASIL. *Principais Tipos Societários Brasileiros*. Disponível em http://www.apexbrasil.com.br/uploads/Tipos-Societarios-por-eng.pdf.pdf. São Paulo, 2012, página 1. Acesso em 15 de abril de 2019.

relacionamentos entre sócios, conselho de administração, diretoria, órgãos de fiscalização e controle e demais partes interessadas [6]

Em outras palavras, falar em governança corporativa é falar em regramentos, diretrizes e normas que devem ser seguidas dentro de uma empresa, de modo a gerir as relações dentro de sua estrutura.

Tais regras visam a manutenção tanto de um relacionamento coeso e pacifico dentro da empresa quanto dos princípios básicos que devem gerir qualquer sociedade, quais sejam (i) *transparência* (as informações precisam ser claras e transparentes, não podem ser maquiadas e/ou negadas em virtude de uma determinação de um acionista majoritário, por exemplo, devendo a empresa deve sempre ser transparente), (ii) *equidade* (os sócios serem tratados de maneira igualitária, respeitando, obviamente, os direitos que os mesmos fazem jus de acordo com sua participação e eventuais outros pontos que devam ser respeitados, como eventuais acordos de sócios, que serão tratados no presente estudo), (iii) *prestação de contas* (os acionistas e demais partes interessadas têm o direito de saber o que está ocorrendo na empresa) e (iv) *responsabilidade corporativa* (àqueles que forem responsáveis por zelar tais valores devem fazê-lo, sendo que os interesses da empresa precisam estar sempre à frente de qualquer interesse pessoal).

Ou seja, quando falamos em boas práticas de governança corporativa, todas as partes envolvidas dentro de uma estrutura empresarial têm obrigações e deveres, como os sócios e os administradores.

Com relação aos sócios, estes devem estar atentos e monitorar o que acontece na companhia (não podem ser simples observadores), precisam buscar sempre acompanhar as movimentações e ações tomadas pela empresa e, especialmente, pelos administradores, de modo a que tenham certeza de que estão agindo em prol do interesse da sociedade (e não algum interesse particular), como pode-se observar do trecho transcrito abaixo, do autor Flavio Campestrin Bettarello:

> O referencial para tal ação é a crença de que as companhias que contam com o monitoramento eficaz dos acionistas adicionam mais valor e geram mais riqueza do que aquelas que não empregam tal recurso, pois evitam a livre ação

[6] Instituto Brasileiro de Governança Corporativa (IBGC). *Guia das Melhores Práticas de Governança para Cooperativas*. São Paulo, 2015, página 20. Disponível em http://www.ibgc.org.br/userfiles/files/2014/files/CMPGPT.pdf. Acesso em 30 de julho de 2017.

dos gestores no sentido de maximizar seus próprios interesses em detrimento dos interesses dos proprietários do capital.[7]

No que tange os administradores, estes, no exercício de sua função, devem fazê-lo de acordo com os deveres aplicáveis à mesma (diligencia[8], lealdade[9] e de informar[10]), bem como devem ser capacitados para exercer sua função e serem aptos a exercê-la de acordo com sua importância em prol da sociedade, como dispõe o autor Modesto Carvalhosa:

> Não basta, em nosso direito, por sua inquestionável feição institucional, que o administrador atue como homem ativo e probo na condução de seus próprios negócios. São insuficientes os atributos de diligencia, honestidade e boa vontade para qualificar as pessoas como administradores. É necessário que se acrescente a competência profissional especifica, traduzida por escolaridade ou experiencia e, se possível, ambas. [11]

Em suma, diversos aspectos relacionados à governança corporativa que levam uma empresa a possuir uma boa pratica deste instituto e trazer consigo os benefícios a ela relacionados. Exatamente por essa diversidade, trazer uma definição única sobre o que é governança corporativa é algo complicado pois cada área de negócio demanda diferentes definições de governança e, inclusive, da aplicabilidade da mesma, mas o principal ponto é que, são estabelecidas regras que trazem estabilidade e segurança para (i) os sócios, (ii) os terceiros que fazem negócios com tal empresa e, principalmente, (iii) para possíveis investidores e órgãos reguladores (dependendo do ramo de atuação da empresa).

[7] BETTARELLO, Flavio Campestrin. Governança Corporativa: Fundamentos Jurídicos e Regulação. São Paulo. Editora Quartier Latin, 2008, página 42.

[8] Artigo 153 da LSA. *O administrador da companhia deve empregar, no exercício de suas funções, o cuidado e diligência que todo homem ativo e probo costuma empregar na administração dos seus próprios negócios.*

[9] Artigo 155 da LSA. *O administrador deve servir com lealdade à companhia e manter reserva sobre os seus negócios (...).*

[10] Artigo 157 da LSA. *O administrador de companhia aberta deve declarar, ao firmar o termo de posse, o número de ações, bônus de subscrição, opções de compra de ações e debêntures conversíveis em ações, de emissão da companhia e de sociedades controladas ou do mesmo grupo, de que seja titular (...).*

[11] CARVALHOSA, Modesto. *Comentários à Lei das Sociedades Anônimas,* 3º Volume: Artigos 138 a 205. São Paulo. Editora Saraiva, 2011, página 314.

2.2. Importância da Governança Corporativa

Dentre os benefícios que serão apresentados neste estudo, faz-se importante destacar que boas práticas de governança corporativa trazem valor para a empresa, desde que implementadas da forma correta e na medida necessária, não sendo necessariamente algo prejudicial como alguns empreendedores entendem ser e que devem sim ser objeto de discussões entre os sócios/administradores para serem utilizadas de modo que haja uma segurança entre tais personagens – sobre esta importância, o autor Eggon João da Silva dispõe o seguinte:

> A governança corporativa assegura tratamento equânime a todos os acionistas, inclusive minoritários, preferencialistas, nacionais e estrangeiros. Todos devem ter oportunidade de reparação caso venham a sofrer violação de seus diretores.[12]

Nesta mesma linha, o professor Norman de Paula Arruda Filho traz aqui uma visão muito completa sobre a governança e de sua importância para as empresas:

> Os valores da governança corporativa podem ser traduzidos em ações como aprimorar a cultura organizacional e investir na transparência da gestão, na estruturação corporativa, na capacitação e comunicação com stakeholders. Essas iniciativas, por mais que possam ser familiares às grandes organizações, são inovadoras em termos de gestão no segmento das pequenas e médias empresas e podem garantir um crescimento sustentável ao negócio.[13]

A importância não é só interna, mas também afeta o mundo exterior, pois também traz ao mercado uma imagem de seriedade, o que é algo extremamente positivo, conforme podemos ver do comentário do autor Djalma de Oliveira:

[12] SILVA, Eggon João da. Artigo *"A Defesa da Ética e Transparência"*, parte integrante da obra de VENTURA, Luciano Carvalho. Governança Corporativa – Seis Anos de Notícias. São Paulo. Saint Paul Editora, 2005, página 259.

[13] ARRUDA FILHO, Norman de Paula. *Opinião ao artigo "Governança Corporativa para todos os tamanhos", de autoria de Anna Paula Franco.* Disponível em: http://www.gazetadopovo.com.br/economia/empreender-pme/governanca-corporativa-para-todos-os-tamanhos-ec3op2vtl-vxs377wxe9rypkr2. Acesso em 20 de julho de 2017.

As consequências desta situação são as mais interessantes para as empresas, tais como fortalecimento da marca, maior direcionamento e procura de seus produtos e serviços, interesse em ser fornecedor da empresa, bem como interesse em trabalhar na empresa.[14]

De um modo geral, boas práticas de governança trazem uma segurança tanto para dentro da empresa (auxiliando as avaliações dos trabalhos sendo realizados pelos gestores) quanto para fora, melhorando, inclusive, sua imagem (empresas mais estruturadas são mais bem quistas no mercado e chamam mais a atenção de possíveis investidores).

Conforme será tratado no decorrer do presente estudo, tal implementação deve ser feita de acordo com a necessidade da empresa e deve-se levar em conta o momento evolutivo da mesma, pois, dependendo do estágio em que a empresa se encontra, um excesso de regramentos e diretrizes pode sim ter um impacto negativo em tal evolução, especialmente nos estágios iniciais, onde, muitas vezes, a velocidade na tomada de decisões e realização de negócios é fundamental, exigindo, portanto, uma informalidade (o que não acontece quando há práticas de governança corporativa devidamente implementadas).

2.3. Principais Formas de Governança Existentes no Direito Brasileiro

O presente estudo passará a tratar das principais formas de governança existentes no direito brasileiro e como cada uma delas pode auxiliar no controle e organização da empresa como um todo – as formas não serão tratadas de maneira extensiva, pois, como mencionado anteriormente, diferentes tipos de empresa podem trazer diferentes formas de governança, bem como determinadas formas podem ou não ser aplicadas, sendo que serão estudadas aquelas mais comumente utilizadas e que tem um impacto maior quando devidamente implementadas.

Importante aqui mencionar que existem outras formas de governança além das que serão analisadas, como o conselho fiscal, os conselhos

[14] OLIVEIRA, Djalma de Pinho Rebouças de. *Governança Corporativa na Pratica: Integrando Acionistas*, Conselho de Administração e Diretoria Executiva na Geração de Resultados. São Paulo. Editora Atlas, 2006, página 24.

executivos, dentre outros; no entanto, por possuírem um caráter mais fiscalizador e não tanto administrativo, não serão tratados no presente estudo.

2.3.1. Assembleia ou Reunião de Sócios

Esta é a primeira e mais básica forma de governança, a assembleia de acionistas ou reunião dos sócios, que, como o próprio nome já diz, refere-se à reunião dos acionistas / sócios para discutir diversos assuntos de interesse da empresa, da administração e/ou outros assuntos de interesses sociais (exclusão de um dos sócios, por exemplo). Traz-se aqui uma definição de assembleia, mas que também é aplicável a reunião, dos autores Marcelo Bertoldi e Marcia Carla Ribeiro, a qual segue abaixo:

> A assembleia-geral é o órgão deliberativo de mais alto grau na sociedade anônima, cabendo a ela deliberar sobre todos os assuntos da companhia, desde os mais corriqueiros até aqueles de maior relevância. [15]

A principal distinção entras estas duas nomenclaturas (trazida no artigo 1.072, parágrafo 1º, do Código Civil Brasileiro[16], diz respeito à quantidade de sócios, pois, quando uma empresa possui menos de 10 (dez) sócios, há uma reunião. Se a possui 10 (dez) ou mais sócios (seja ela limitada ou anônima), há uma assembleia, sendo que, para esta, existe ainda um maior formalismo do que a reunião em si, conforme afirma o autor Gladston Mamede:

> (...). A diferença entre a reunião e a assembleia está no formalismo desta última, que é presidida e secretariada por sócios escolhidos entre os presentes antes da instalação, com trabalhos e deliberações lavrados em ata no livro de atas da assembleia, com assinatura dos membros da mesa e por sócios participantes da reunião (...).[17]

[15] BERTODI. Marcelo M. e RIBEIRO, Marcia Carla Pereira. *Curso Avançado de Direito Comercial.* São Paulo. Editora Revista dos Tribunais, 2011, página 309.

[16] *Art. 1.072. As deliberações dos sócios, obedecido o disposto no art. 1.010, serão tomadas em reunião ou em assembléia, conforme previsto no contrato social, devendo ser convocadas pelos administradores nos casos previstos em lei ou no contrato.*
§ 1o A deliberação em assembléia será obrigatória se o número dos sócios for superior a dez.

[17] MAMEDE. Gladston. *Manual de Direito Empresarial.* São Paulo. Editora Atlas, 2013, páginas 105 e 106.

Por mais que existam distinções, na pratica, trata-se de uma mesma forma de governança, qual seja, a deliberação entre os sócios.

Tanto a lei quanto o contrato social ou estatuto social[18] trazem as matérias sujeitas à aprovação por assembleia, ou seja, matérias que devem ser deliberadas e aprovadas (conforme o caso) pelos sócios e que impactam a empresa como um todo. No entanto, é órgão que, por serem os donos efetivos da sociedade, tem o maior interesse nos resultados .

Os sócios devem ter conhecimento do que será tratado na assembleia / reunião, das decisões que estão sujeitas à sua alçada e, mais importante, como eles podem e devem ter um controle sobre o que está acontecendo e, principalmente, se os administradores estão cumprindo com suas funções, tanto que os autores Adriana Andrade e José Paschoal Rossetti trazem a alta importância deste órgão e como os administradores devem ser à ela subordinados, conforme abaixo:

> A subordinação dos órgãos da administração à Assembleia Geral se dá na medida em que esta pode, a qualquer tempo, destituir, imotivadamente, os seus integrantes.[19]

Assim sendo, o conhecimento dos sócios sobre a importância desse instituto é de extrema relevância para que estes possam usar, de maneira efetiva, todos os poderes e prerrogativas do órgão, de modo a exercer sua função de maneira mais objetiva e completa, bem como se utilizar da reunião / assembleia como meio de gerência e controle das ações da empresa e de seus administradores.

2.3.2. Acordo de Acionistas/Sócios

Se na assembleia tem-se um controle dos sócios quanto às atividades da empresa em si, o acordo de acionistas/sócios é próximo passo no que

[18] A principal diferença entre estes dois documentos é a de que o estatuto social é o documento utilizado por sociedades em ações, cooperativas e entidades sem fins lucrativos e o contrato social é o documento utilizado pelos demais tipos de sociedades, trata-se do documento constitutivo da entidade e que traz as principais informações (capital social, endereço da sede, dentre outros) e regramentos (forma de representação, por exemplo) aplicáveis à referida empresa.

[19] ANDRADE, Adriana e ROSSETTI, José Paschoal. *Governança Corporativa: fundamentos, desenvolvimento e tendências*. São Paulo. Editora Atlas, 2007, página 249.

se refere à relação entre os mesmos, pois, aqui, lida-se com a relação e interação entre estes, o que cada um pode ou não fazer, como lidar em determinadas situações, quóruns mínimos para aprovação de determinadas matérias, forma de eleição dos administradores, procedimento para venda de participação (seja através de direito de preferência, opção de compra e/ou venda, dentre outros), além de outros assuntos de interesse dos próprios acionistas.

Trata-se do "primeiro" pacto em que os sócios, que rege as relações internas, estabelecendo regras que devem ser seguidas (inclusive a nível de assembleia / reunião) para que os atos tenham a devida eficácia e validade. Nesta linha, o autor Nelson Eizirik também traz a seguinte definição deste instituto, conforme abaixo:

> O acordo de acionistas constitui um contrato celebrado entre acionistas de determinada companhia visando à composição de seus interesses individuais e ao estabelecimento de normas de atuação na sociedade, harmonizando seus interesses próprios ao interesse social.[20]

O mais interessante da definição do autor é que começa a ser tratados interesses próprios dos sócios, e não mais do interesse social, estabelecendo-se um paralelo e uma contrapartida entre o interesse pessoal do acionista / sócio, a relação deles com a empresa em si e entre eles mesmos.

O acordo visa estabelecer formas de controle, de modo a que os sócios / acionistas tenham uma proteção intrínseca no que se refere os demais acionistas / sócios, uma vez que a empresa em si tem limitações (tanto legais quanto administrativas) para tratar destes interesses pessoais; assim sendo, cabe a eles mesmos lidar com esses temas através do acordo.

Mesmo em se tratando de um instituto de governança, trata-se de um contrato particular, regido pelas normas de direito civil aplicáveis, e que trazem o acordo firmado entre duas ou mais partes para a gestão dos negócios sociais, tanto que a empresa não é parte desse acordo, ou seja, ela não tem obrigações diretas dentro desse instrumento, figurando somente como interveniente e tendo como única responsabilidade gerir os deveres e obrigações para os próprios acionistas / sócios.

[20] EIZIRIK, Nelson. *A Lei das S/A Comentada*. Volume I – Arts. 1º a 120. São Paulo. Editora Quartier Latin, 2011, página 703.

A importância deste instituto recai exatamente nessa relação mais direta e contratual entre os sócios, mas que tem um impacto e eficácia para a empresa em si, pois neste acordo estarão estabelecidas regras que devem obrigatoriamente ser seguidas no âmbito social, podendo, inclusive, gerar a anulação de atos que forem praticados em desacordo estes regramentos, o que demonstra a sua força dentro da relação empresarial –o autor Nelson Eizirik trata dessa possibilidade, conforme abaixo:

> Os signatários do acordo também podem, ficando caracterizado erro, fraude ou qualquer outro vicio na reunião prévia, buscar a anulação da deliberação adotada. [21]

Analisando do ponto de vista prático e falando especificamente sobre a finalidade e efeitos de tal forma de governança, dentre os tipos de acordos existentes no Brasil, será analisada as três formas trazidas pelo autor Modesto Carvalhosa[22]. O primeiro deles é o chamado acordo de defesa, qual seja, aquele utilizado para coibir o abuso de poder pelo sócio majoritário contra o sócio minoritário (um exemplo prático é o de estabelecer a necessidade do voto deste sócio minoritário para aprovação de um aumento de capital, ato este usado muitas vezes pelo acionista majoritário com maior poderio financeiro para diluir o acionista minoritário, que, em diversos casos, não tem condições financeiras de exercer sua preferência e, portanto, acaba sendo diluído).

Um segundo é o acordo de bloqueio, que trata basicamente de formas para saída de um acionista e/ou venda de sua participação (estabelecendo regramentos para tal saída, como direito de preferência e/ou direito de primeira oferta, coibindo e limitando, assim, a venda de participação direta para um terceiro).

O terceiro tipo é o acordo de mando, onde são estabelecidas as regras para a realização efetiva do controle dentro da companhia (como quantidade de cadeiras que cada acionista / sócio dentro da diretoria, alterações estatutárias, políticas de dividendos, estabelecimento de planos de

[21] EIZIRIK, Nelson. Op. cit., página 709.

[22] CARVALHOSA, Modesto. *Comentários à Lei das Sociedades Anônimas*, 2º Volume: Artigos 75 a 137. São Paulo. Editora Saraiva, 1997, página 469.

negócios, vetos, dentre tantos outros temas que podem ser tratados neste tipo de acordo).

No que se refere à aplicação das regras previstas em um acordo, a mesma é realizada pelos órgãos e administradores da empresa, os quais têm a função de fazer valer tanto o previsto nos documentos societários quanto nos respectivos acordos de acionistas, zelando pelo seu cumprimento – para matérias envolvendo compra e venda de participação, preferência para adquiri-la, exercício de direito de voto ou poder de controle, o acordo deve estar arquivado na sede da empresa para ter validade, conforme previsão contida no artigo 118 da Lei 6.404/76[23]. Sobre este controle e aplicação das regras previstas no acordo, o autor Calixto Salomão dispõe o seguinte:

> (...). Exatamente porque integrante da estrutura societária, o cumprimento do acordo de acionistas incumbe a seus órgãos. A sociedade não é mero oficial de registro de pactos de natureza não societária. Seus órgãos e administradores devem zelar pelo cumprimento do acordo, como o fazem pelo estatuto, inclusive deixando de aceitar votos contrários a suas disposições. Desse modo, o pacto sobre preferência ou compra e venda de ações é relevante para a sociedade (devendo ser nela registrado), pois a ela incumbe cumpri-lo. Do mesmo modo, o acordo de voto é relevante não só para a sociedade, mas também para os adquirentes, que poderão por ele obrigar-se. [24]

Ou seja, o acordo pode trazer diversos direitos e proteções para os acionistas / sócios, de modo a se evitar prejuízos que, em não se tendo tal instrumento, seriam mais difíceis de serem evitados.

Importante frisar que o pacto entre os sócios possui limitações no que cerne o nível de impacto que este pode ter dentro de uma companhia, como dispõe o referido autor:

> Aqui, portanto, da teoria dos pactos parassociais, é possível retirar a primeira conclusão útil para a analise dos acordos de acionistas. De sua característica parassocial decorre a impossibilidade destes modificarem a relação

[23] Artigo 118 da LSA. *Os acordos de acionistas, sobre a companhia e venda de suas ações, preferência para adquiri-las, exercício do direito de voto, ou do poder de controle deverão ser observadas pela companhia quando arquivados na sua sede.*

[24] SALOMÃO FILHO. Calixto. *O Novo Direito Societário.* São Paulo. Editora Malheiros, 2011, página 137.

social. Podem apenas modificar as relações entre as partes, em certos casos com força vinculante para a sociedade.[25]

Obviamente, há também a impossibilidade de ferir quaisquer leis e regramentos aplicáveis, mas que, respeitando-se essas limitações, a sua existência e devida aplicação traz uma segurança aos próprios acionistas /sócios de modo a que seus interesses sejam respeitados dentro da esfera corporativa, destacando aqui a relevância e importância deste instituto dentro das práticas de governança corporativa.

Frisa-se, no entanto, que não é a pura existência do acordo em si que protege os acionistas, mas sim as matérias que estão presentes no mesmo, as quais devem ser discutidas e acordadas entre as partes, devendo cada uma buscar proteger seus interesses e inserir obrigações, direitos e condições que tragam a proteção desejada. Acima de tudo, importante destacar também a efetividade da aplicação dessas regras pelos órgãos responsáveis, motivo este que o acordo deve ser muito bem negociado e redigido, bem como os acionistas / sócios devem "vigiar" os órgãos para que regras estabelecidas em tal documento sejam devidamente respeitadas.

A presença de um acordo forte e havendo um devido zelo e aplicação dos regramentos ali estabelecidos traz diversos benefícios para os acionistas / sócios, mas também para a própria empresa, pois traz regras mais precisas de como determinadas matérias serão tratadas e resolvidas no seu dia-a-dia.

2.3.3. Diretoria

O presente item irá tratar de uma forma que é "exclusiva" das sociedades anônimas.

Salienta-se aqui que as sociedades limitadas possuem sim diretores (que, em grande parte dos casos, são denominados administradores), mas sua função é muito mais ampla do que a das sociedades anônimas, pois eles são administradores da empresa em si, o que não ocorre, de uma maneira geral, nas sociedades anônimas (onde eles normalmente têm uma função mais representativa, que toma as ações pela empresa, e não tão administrativa quanto nas sociedades limitadas).

[25] SALOMÃO FILHO. Calixto. Op, cit., página 127.

Tanto que o autor Alexandre Duarte traz a seguinte definição sobre o papel da diretoria nas sociedades limitadas:

> Na sociedade limitada, o que a legislação anterior identificava como gerência, e que hoje melhor se define como diretoria, é o órgão responsável pelos destinos da empresa, tendo como atribuições no âmbito da empresa, administrar efetivamente a sociedade. No meio externo a diretoria representa a empresa, manifestando a vontade da pessoa jurídica sociedades limitadas, os diretores.[26]

Em suma, o nível de poder da diretoria nas sociedades limitadas é muito mais amplo e abrangente, por mais que ainda tenha a força representativa que também possui nas sociedades anônimas. E, tendo em vista o foco do presente trabalho e com vistas a facilitar a análise das formas de governança, este item trará a diretoria como órgão de cunho mais representativo (que também tem força administrativa, porém limitada) da empresa.

Falando sobre a diretoria no sentido mencionado acima, cabe aqui trazer a definição que o autor Waldo Fazio Junior traz sobre este órgão:

> A Diretoria é o órgão, ao mesmo tempo, executivo e representativo, eleito pelo Conselho de Administração ou, se este não existir, pela Assembleia Geral.[27]

Ou seja, a diretoria tem um papel muito mais executivo e representativo do que efetivamente controlador e administrador, a sua função é muito mais de representação da empresa do que efetivamente a realização de um controle interno. Por mais que os diretores tenham sim uma importância, no que se refere à realização da governança em si, sua atuação é limitada, conforme pode-se depreender da definição de diretoria trazida pelo autor Alexandre da Silveira:

[26] DUARTE, Alexandre Uriel Ortega. *Administração da Sociedade Limitada*. Responsabilidade dos Administradores. Deliberações dos Sócios. Disponível em: http://www.administradores.com.br/artigos/economia-e-financas/administracao-da-sociedade-limitada-responsabilidade-dos-administradores-deliberacoes-dos-socios/34188/. Acesso em 11 de setembro de 2017.

[27] FAZZIO JUNIOR. Waldo. *Manual de Direito Comercial*. São Paulo. Editora Atlas, 2008, página 227.

> A Diretoria tem como missão comandar as operações diárias da empresa visando assegurar sua perenidade e alcançar seus objetivos estratégicos, definidos pelo conselho de administração. Cabe a ela representar a sociedade, zelar por seus valores e promover o objeto social dentro das regras estabelecidas pelo estatuto e políticas internas. [28]

Ou seja, sua atuação é decorrente de diretrizes definidas pelo conselho de administração (ou acionistas, em caso de ausência deste órgão), não possuindo, portanto, uma autonomia efetiva nem uma função administrativa de fato.

No que se refere à estrutura e forma de eleição deste órgão, a diretoria é composta por 2 (dois) ou mais diretores, eleitos e destituíveis a qualquer tempo pelo conselho de administração, ou, se inexistente, pela assembleia-geral[29]. Um ponto de extrema importância aqui é que, tendo em vista o caráter representativo desse órgão, os membros da diretoria devem, obrigatoriamente, residir no país[30], sendo que o mandato de cada diretor não pode ultrapassar 3 (anos), sendo permitida, no entanto, a reeleição[31].

Aqui verifica-se algo interessante e que não existe nas outras formas mencionadas anteriormente: a entrada de não sócios[32]. Se, na assembleia / reunião e acordo de acionistas / sócios, trata-se exclusivamente de atos envolvendo os sócios, neste caso surge a possibilidade de pessoas que não possuem qualquer participação na empresa de participar da estrutura empresarial, trazendo uma visão muitas vezes mais completa do que um sócio, exatamente por estar de fora da composição acionaria, e, por muitas vezes, tendo uma visão mais imparcial da empresa como um todo.

No início das empresas, uma vez que os institutos de governança corporativa devem ser implementadas de maneira orgânica e natural durante os estágios de desenvolvimento da sociedade em si, é extremamente comum

[28] DA SILVEIRA. Alexandre di Miceli. Op, cit., página 158.

[29] Artigo 142, *caput*, LSA.

[30] Artigo 146, *caput*, LSA.

[31] Artigo 143, inciso III, LSA.

[32] Cf. Código Civil Brasileiro (Lei n 10.406, de 10 de janeiro de 2002 – "CC") e LSA, a função de diretor de uma empresa pode ser realizada tanto pelos próprios sócios quanto por não-sócios, devendo, para esta segunda possibilidade, ser respeitada as regras para eleição para cada tipo societário (para as sociedades limitadas, é necessária a unanimidade de sócios e, para as sociedades anônimas, que seja eleito pelo conselho de administração ou pela assembleia, em caso de inexistência de conselho)

que os próprios acionistas exerçam essa função, por quererem estar mais conectados com tudo que ocorre nos negócios, sendo até importante essa prática, pois dá uma maior visibilidade ao acionista do que a empresa faz, negócios sendo realizados pela mesma e, especialmente, principais pontos de atenção. Porém, em determinado momento, fica difícil separar a função de diretor da posição de sócio, principalmente pelo fato do diretor ter responsabilidades e deveres para com a empresa como um todo. O próprio IBGC traz em seu manual que "os administradores possuem deveres fiduciários com relação à empresa"[33] e não com um determinado acionista, devendo ser respeitados, conforme previamente mencionado neste estudo.

Assim sendo, em determinado momento, surge a figura do não-sócio para exercer o cargo de diretor, trazendo uma profissionalização da gestão, especialmente no fato de que, agora, uma vez que tal pessoa não detém participação acionária, em teoria, trará uma visão mais profissional e independente pois não teria um interesse direto em tomar determinada atitude, mas sim de fazer o que é necessário para beneficiar a própria empresa.

No caso, principalmente em empresas mais desenvolvidas, determinados diretores podem ser eleitos por sócios (ou grupos de sócios) diferentes, ou seja, um determinado diretor é eleito por um sócio (ou grupo) específico. Mas, mesmos nestes casos, o que deve ser observado sempre é o interesse social, e não de quem os colocou no cargo (existe sim uma obrigação intrínseca de defender os interesses destes, mas nunca em detrimento do interesse da empresa). O autor Gladston Mamede traz uma observação importante exatamente sobre este ponto:

> (...). Mesmo que o administrador seja eleito por um grupo ou classe de acionistas, ele tem, para com a companhia, os mesmos deveres que os demais, não podendo, ainda que para defesa do interesse dos que o elegeram, faltar a esses deveres.[34]

Não obstante o fato da presença de uma pessoa de fora do quadro societário, outra parte importante da profissionalização da gestão é a de que, dentro deste instituto, existe a possibilidade de haver diretorias especializadas para cada ramo, ao invés de uma diretoria generalista. Ou seja, ter

[33] IBGC. Op, cit. Pagina 70.
[34] MAMEDE. Gladston. Op, cit. Página 171.

diretores especializados para cada área, como por exemplos, um diretor financeiro, um diretor de tecnologia, um diretor de operações, dentre outros, que irão tratar especificamente dos temas relacionas à cada área, trazendo seu conhecimento técnico especifico para auxilio, desenvolvimento e crescimento das mesmas. Essa estrutura descentralizada e especializada possibilita uma dinâmica ainda mais profissional dos negócios e uma maior evolução das áreas de negócio.

Em suma, por mais que tenha um papel administrativo limitado, a diretoria possui uma importância dentro da estrutura organizacional, especialmente no que se refere às diretorias especializadas, exercendo um papel muito relevante dentro de boas práticas de governança corporativa, especialmente quando ainda não há um conselho de administração (que será tratado no próximo item do presente estudo) dentro da estrutura, uma vez que, para companhias fechadas, tal órgão não é obrigatório)

2.3.4. Conselho de Administração

Dentre todas as formas analisadas, o conselho de administração é considerado pelo IBGC como o mais relevante e importante dispositivo de governança, conforme podemos ver do trecho destacado abaixo:

> O conselho de administração é o órgão colegiado encarregado do processo de decisão de uma organização em relação ao seu direcionamento estratégico. Ele exerce o papel de guardião dos princípios, valores, objeto social e sistema de governança da organização, sendo seu principal componente[35]

Antes de analisar do órgão em si, importante aqui mencionar que, tendo em vista o objeto do presente estudo, qual seja, a implementação de práticas de governança corporativa durante a evolução da startup, este órgão é aplicável majoritariamente para sociedades anônimas, já que sua eficácia em sociedades limitadas em desenvolvimento (foco do presente trabalho) é questionável, , conforme trazido pela autora Tatiana Peres:

[35] IBGC. Op, cit. Pagina 39.

> O conselho de administração, a bem da verdade, só se justifica em sociedades limitadas mais sofisticadas, de porte significativo, pois nessas sociedades pode ser importante criar competências intermediárias entre os sócios e os executivos que ocupam os cargos administrativos[36]

Por mais que não exista uma vedação legal para uma sociedade limitada ter um conselho, por estarmos tratando de empresas em estágios iniciais evolutivos e não sociedades mais sofisticadas (como mencionado pela autora Tatiana Peres), implementar este instituto pode trazer dificuldades na sua evolução, o que vai totalmente de encontro com o objeto do presente estudo – assim sendo, em se tratando de sociedades limitadas, este instituto acaba não sendo aplicável neste momento.

Trata-se do órgão máximo de administração (considerando que o mesmo já tenha sido criado dentro da estrutura empresarial) pois, nele é que recai a verdadeira obrigação no que se refere à organização e estruturação de uma boa pratica de governança, como é possível depreender da análise feita pelo autor Djalma de Oliveira, a qual segue transcrita abaixo:

> As empresas devem entender que a otimizada estruturação organizacional da Governança Corporativa e do Conselho de Administração representa o melhor cartão de visita das empresas, inclusive pela maior credibilidade junto aos diversos públicos envolvidos, tais como acionistas, clientes, mercado em geral, fornecedores, funcionários, governo e comunidade.[37]

Ou seja, não há que se falar de uma boa pratica de governança sem a existência de um conselho de administração – para as empresas em que não existe o conselho, seu papel é desempenhado pela própria assembleia de acionistas e/ou pela diretoria, recaindo sobre estes órgãos os direitos e deveres que serão aqui mencionados, o que traz uma relevância e importância enorme ao conselho, pois sua atuação têm papel fundamental na administração da companhia, evitando, por exemplo, conflito de interesses, como nos traz o autor Alexandre da Silveira:

[36] PERES, Tatiana Bonatti. Temas Relevantes de Direito Empresarial. Rio de Janeiro. Editora Lumen Juris, 2014, página 155.

[37] OLIVEIRA, Djalma de Pinho Rebouças de. Op. cit, página 40.

> Nas empresas com base acionária mais ampla e acionistas distantes do dia a dia, o conselho desempenha importância adicional ao monitorar a gestão e mitigar as inevitáveis situações envolvendo conflitos de interesses. Por sua vez, nas empresas com elevada concentração acionária, o conselho deve fazer prevalecer o interesse da companhia e de todos os acionistas, e não apenas aquele de seu acionista majoritário ou bloco de controle.[38]

Nesta mesma linha, o autor Herbert Steinberg menciona o seguinte sobre a importância deste órgão:

> Por pressão do mercado ou dos acionistas, os executivos normalmente dedicam a maior parte do seu tempo a ações de curto prazo, uma fatia para assuntos sem relevância e pouco ou quase nada para o longo prazo. E a perenidade da empresa não está ligada aos resultados de curto prazo, que regem a economia mundial, mas àquilo que ela valerá no futuro. Cabe ao conselho o papel de garantir a perpetuidade da empresa.[39]

Ou seja, constituir esse órgão não deve ser tratado como algo meramente auxiliar, mas como extremamente benéfico para a empresa em si.

Sobre esta forma de governança, cabe aqui trazer a definição trazida pelo autor Modesto Carvalhosa, que dispõe o seguinte:

> O Conselho de Administração é um órgão coletivo da administração da companhia, sem personalidade jurídica, cujos membros não podem decidir a não ser reunidos. Qualquer deliberação tomada sem respeitar o processo deliberativo colegiado será nula. Tem, no entanto, seus membros poder individual de diligencia junto aos seus diretores, visando a instruir as deliberações do Conselho, como reiterado. [40]

Aqui o autor traz duas características importantíssimas sobre esta forma de governança, quais sejam, (i) o fato de ser um órgão colegiado, cujas decisões devem ser tomadas sempre nesta forma e (ii) os conselheiros, de maneira individual, podem e devem fazer um controle sobre os atos

[38] SILVEIRA, Alexandre di Miceli da. Op. cit, página 147.

[39] STEINBERG, Herbert. A dimensão humana da governança corporativa: pessoas criam as melhores e piores práticas. São Paulo. Editora Gente, 2011, página 90.

[40] CARVALHOSA, Modesto. Op, cit, página 107.

praticados pelos diretores. Especificamente com relação ao ponto descrito no item (ii) acima, vislumbra-se aqui um importante aspecto sobre a importância do conselho de administração na governança corporativa – por mais que seja um órgão deliberativo, os seus membros possuem uma função administrativa e reguladora, inclusive com relação aos diretores pois estes, como dito no item anterior, devem seguir o estabelecido pelo conselho para a tomada de ações.

Não só por este motivo, a importância do conselho é muito mais ampla e estratégica pois, ao ser criada, acaba por absorver muitas das competências[41] que antes pertenciam à própria assembleia geral, ou seja, passa a substituir os próprios acionistas na tomada de decisões e gerenciamento da empresa, o que faz dele, portanto, um órgão de administração mas também de gerência, como trata o autor Nelson Eizirik:

> Conforme vem sendo reconhecido, o conselho de administração é o principal componente do sistema de "governança corporativa", uma vez que constitui o elo de ligação entre os acionistas e a gestão profissional da companhia, orientando e supervisionando a atuação desta última. Sua missão principal é a de proteger e valorizar a sociedade, enquanto organização, otimizar o retorno do investimento no longo prazo e buscar o equilíbrio entre todas as partes nos negócios locais. [42]

Em se criando um conselho, este órgão passa a deter o caráter administrativo antes detido pelos sócios/acionistas, através da assembleia geral, exercendo tal função. Ou seja, ele passa a ser o órgão administrativo e controlador máximo dentro da estrutura empresarial.

Falando sobre a estrutura e forma de eleição do conselho de administração, ele deve ser composto de no mínimo 3 (três) membros (é recomendável que se estabeleça um número ímpar de conselheiros pois, em se tratando de um órgão colegiado, é importante a existência de uma maioria na tomada de decisões, o que pode não ocorrer quando lidamos com números pares), eleitos pela assembleia e por ela destituíveis a qualquer tempo[43], sendo que o prazo do mandato de cada diretor não pode

[41] As competências do conselho de administração estão descritas no artigo 142 da LSA.

[42] EIZIRIK, Nelson. *A Lei das S/A Comentada*. Volume II – Arts. 121 a 188. São Paulo. Editora Quartier Latin, 2011, página 265.

[43] Artigo 140, caput, LSA.

ultrapassar 3 (anos), sendo permitida a a reeleição[44], devendo também sempre ser respeitadas as condições de eleição estabelecidas em acordos de acionistas, se aplicável.

Destaca-se aqui uma outra distinção em relação à diretoria: não existe a necessidade dos conselheiros residirem no país – neste caso, a posse do conselheiro residente ou domiciliado no exterior fica condicionada à constituição de representante residente no país, com poderes para receber citação em ações contra ele propostas com base na legislação societária, mediante procuração com prazo de validade que deverá estender-se por, no mínimo, 3 (três) anos após o término do prazo de gestão do conselheiro[45]. No que se refere às atribuições, as mesmas estão definidas em lei (artigo 142 da LSA), mas podem também ser trazidas pelo estatuto social e/ou acordo de acionistas, conforme aplicável.

No que se refere aos tipos de conselheiros existentes, o IBGC estatui que existem três tipos[46]: (i) *internos* (conselheiros que ocupam posição de diretores ou que são empregados da organização); (ii) *externos* (conselheiros sem vínculo atual comercial, empregatício ou de direção com a organização, mas que não são independentes, tais como ex-diretores e ex-empregados, advogados e consultores que prestam serviços à empresa, sócios ou empregados do grupo controlador, de controladas ou de companhias do mesmo grupo econômico e seus parentes próximos e gestores de fundos com participação relevante); e (iii) *independentes* (conselheiros externos que não possuem relações familiares, de negócio, ou de qualquer outro tipo com sócios com participação relevante, grupos controladores, executivos, prestadores de serviços ou entidades sem fins lucrativos que influenciem ou possam influenciar, de forma significativa, seus julgamentos, opiniões, decisões ou comprometer suas ações no melhor interesse da organização).

Dentre os tipos trazidos pelo IBGC, no que se refere à uma boa pratica de governança corporativa, o conselheiro independente tende a ser a figura de maior importância pois é aquele que possui o menor vínculo com a empresa e que, em teoria, tem maior autonomia para realizar os atos somente em prol do bem social, e não visando beneficiar pessoas específicas

[44] Artigo 140, inciso III, LSA.

[45] Artigo 146, § 2º, LSA.

[46] IBGC. Op, cit., página 45.

dentro da estrutura. Traz-se aqui a análise do autor Alexandre da Silveira, que dispõe o seguinte sobre o conselheiro independente:

> Por não estarem, em tese, sujeitos a conflitos de interesses substanciais, os conselheiros independentes são considerados os mais bem posicionados para tomar decisões imparciais visando o melhor interesse de longo prazo da companhia. Como resultado, a figura do "conselheiro independente" se tornou peça fundamental do movimento da governança corporativa, e todos os códigos de boas práticas recomendam uma substancial proporção de independentes nos conselhos (idealmente compondo a maioria do órgão)[47]

No cenário atual e em se analisando a grande maioria das empresas, conselhos de administrações compostos somente por conselheiros independentes extremamente improváveis, até mesmo pelo fato de não ser possível separar e/ou simplesmente ignorar o fato de que os sócios/acionistas buscam efetivamente proteger seus interesses. Mas, ao se falar de governança corporativa, a presença destes tipos de conselheiros traz tanto uma segurança interna (especialmente para acionistas minoritários) quanto externa (pois mostra ao mercado a preocupação da empresa em agir da forma mais correta possível).

Existem diversas outras formas que, alinhadas com o próprio conselho de administração, trazem uma administração ainda mais profissional, como por exemplo os comitês de conselho (composto obrigatoriamente por conselheiros, mas que podem contar com convidados que não o sejam, que faz recomendações e emite opiniões sobre diversos assuntos, incluindo, sem limitação, temas cuja competência é do próprio conselho, como as demonstrações financeiras por exemplo). No entanto, a existência de um conselho de administração competente e eficaz tem se mostrado de grande importância na execução de uma boa pratica de governança.

De uma maneira geral, o estudo até o presente momento buscou mostrar as principais formas de governança corporativa existentes em nosso direito pátrio, indo desde as que envolvem diretamente os acionistas / sócios (como as assembleias / reuniões e acordos de acionistas) como as que envolvem a administração do negocio em si (diretoria e conselho de administração) – conforme mencionado anteriormente, existem outras

[47] DA SILVEIRA. Alexandre di Miceli. Op, cit., página 152.

formas de governança, como o conselho fiscal, mas as estudadas nos subcapítulos anteriores têm um papel mais relevante no que tange a adoção de boas práticas de governança corporativa dentro de uma estrutura empresarial.

No entanto, ao passo que uma empresa se desenvolve, além de se preocupar com a organização interna (papel fundamental da governança, por mais que ela sim acabe tendo também um papel externo, especialmente por mostrar ao mercado uma maior seriedade da entidade), e, com o crescimento da empresa (faturamento, importância comercial, número de funcionários), os controles (tanto com relação à observância de regras internas quanto também de leis, normas e regramentos impostos pela legislação pátria e, se aplicável, órgãos reguladores), tendem a se tornar mais difíceis, complexos e que exigem uma ação ainda maior da empresa em si.

Neste cenário, surge a necessidade de se ter uma área especifica para tratar destes temas, cuidar para que sejam seguidas tais regras – a área de *compliance*, que será tratada no item a seguir.

2.4. Área de Compliance e sua Implementação

Antes de discorrer sobre a área de *compliance*, faz-se necessário definir o que é este instituto. Para tanto, é trazida a seguinte definição:

> *Comply*, em inglês, significa "agir em sintonia com as regras", o que já explica um pouquinho do termo. *Compliance*, em termos didáticos, significa estar absolutamente em linha com normas, controles internos e externos, além de todas as políticas e diretrizes estabelecidas para o seu negócio. É a atividade de assegurar que a empresa está cumprindo à risca todas as imposições dos órgãos de regulamentação, dentro de todos os padrões exigidos de seu segmento. E isso vale para as esferas trabalhista, fiscal, contábil, financeira, ambiental, jurídica, previdenciária, ética, etc.[48]

Em linhas gerais, o termo *compliance*, como se pode ver da definição trazida acima, é a observância e respeito a determinadas regras estabelecidas dentro de um ambiente de modo a que se evitem riscos inerentes à

[48] Endeavor do Brasil. *Prevenindo com o* Compliance *para não remediar com o caixa*. Disponível em: https://endeavor.org.br/*compliance*/. Acesso em 26 de agosto de 2017.

realização dos negócios. Não se tratam especificamente de normas internas, mas também de normativos legais, administrativos e demais regulamentações aplicáveis aos negócios da empresa e que devem ser respeitados.

É um instituto mais abrangente do que a governança corporativa, pois ela traz aqui um controle muito maior sobre os negócios e ações da empresa tanto interna (conjuntamente com a governança) quanto externa, pois analisa também as implicações que as leis e regulamentos tem sobre os atos, demonstrando as atitudes que devem ser tomadas.

Passando para a análise do *compliance* em si, surgem aqui alguns pontos bem interessantes e pertinentes, que serão tratados a seguir.

O primeiro deles é com relação aos benefícios trazidos. Muitas vezes os sócios e administradores enxergam o *compliance* como algo prejudicial, pois traz, até mesmo pela sua natureza, diversas limitações à realização dos negócios. No entanto, acabam por não enxergar um dos pontos mais relevantes e importantes deste instituto, pois ele limita a responsabilização dos mesmos, conforme pode-se observar do apontamento feito pelos autores Marcelo Coimbra e Vanessa Manzi:

> O *compliance* preserva a responsabilidade civil e criminal de proprietários, conselheiros e executivos, pois reduz e previne erros de administração. No que se refere à prevenção de ocorrência de fraudes, principalmente por meio da criação de uma cultura de *compliance* que atinja todos os colaboradores, os benefícios são mais perceptíveis, visto que conselheiros e executivos podem ser indiciados criminalmente se um de seus colaboradores adota conduta fraudulenta, mesmo sem seu conhecimento.[49]

Ou seja, tratar uma área de *compliance* como algo prejudicial acaba indo de encontro com o seu propósito, já que ela busca exatamente beneficiar tanto a empresa quanto os próprios sócios e administradores, limitando, inclusive, eventuais responsabilizações dos mesmos tendo em vista o fato da existência de um controle das ações da empresa pela área de *compliance*.

O segundo questionamento é de como implementar uma área de *compliance* dentro de uma empresa. Tendo em vista a existência de diversas travas culturais, a melhor forma de se ter uma área efetiva e que realmente

[49] COIMBRA, Marcelo de Aguiar e MANZI, Vanessa Alessi. *Manual de* Compliance: *preservando a boa governança e integridade das organizações*. São Paulo. Editora Atlas, 2010, página 7.

atinja seus objetivos é ter o *buy-in* dos administradores e da alta cúpula da empresa, ou seja, que eles vejam os benefícios que a mesma pode trazer e que façam questão da sua implementação.

Nesta linha, importante aqui trazer a opinião de dois grandes órgãos existentes hoje no Brasil, a Associação Brasileira de Bancos Internacionais (ABBI) e a Federação Brasileira de Bancos (FEBRABAN), sobre essa necessidade:

> Para que a "Função de *Compliance*" seja eficaz, é necessário o comprometimento da Alta Administração e que esta faça parte da cultura organizacional, contando com o comprometimento de todos os funcionários. Todos são responsáveis por *compliance*. Um Programa de *Compliance* eficaz pode não ser o suficiente para tornar uma empresa à prova de crises. Mas certamente aprimorará o sistema de controles internos e permitirá uma gestão de riscos mais eficiente. [50]

Em suma, o exposto acima traz a necessidade das pessoas que estão nos mais altos cargos de gerência e administração tenham a visão de sua importância e, principalmente, visualizem os benefícios trazidos por este instituto, ter somente pessoas da baixa cúpula ou até mesmo terceiros trazendo essa filosofia e sugerirem a implementação de regras de *compliance* sem ter o apoio da alta gerência acaba, por muitas vezes, impossibilitando a sua implementação, pois comprometimento daquelas pessoas é essencial e, sem ele, dificilmente será possível estruturar um programa de *compliance* que seja efetivo.

O terceiro ponto, uma das dúvidas mais pertinentes relacionados a este instituto, é a de como estruturar uma área e programa de *compliance* efetivos. Importante aqui mencionar que não existe uma forma única pois, da mesma forma que acontece com a governança corporativa, cada empresa tem peculiaridades que devem ser consideradas na hora de se estruturar a área e os programas de *compliance*.

E é este o principal aspecto, o programa a ser adotado deve trazer as especificações e condições que sejam viáveis e que façam sentido para a empresa em si e, especialmente, para os negócios que ela realiza. O simples

[50] Associação Brasileira de Bancos Internacionais (ABBI) e a Federação Brasileira de Bancos (FEBRABAN). Função do *Compliance*. 2009. Pagina 6. Disponível em: http://www.abbi.com.br/download/funcaode*compliance*_09.pdf. Acesso em 24 de agosto de 2017.

estabelecimento de regras e diretrizes de *compliance* gerais retira a sua eficácia, devem ser analisadas as peculiaridades do negócio para que o programa de *compliance* tenha um propósito e esteja de acordo com o que a empresa precisa em termos de *compliance*, como dispõe os autores Marcelo Coimbra e Vanessa Manzi:

> O programa de *compliance* deve ser estruturado de acordo com a realidade particular da organização, as suas circunstancias específicas, a sua cultura, o seu tamanho, o seu setor de atuação, o tipo de atividade por ela desenvolvido e o local de sua operação. [51]

De maneira geral, as regras a serem aplicadas devem ser individualizadas de modo a que estejam de acordo com a realidade da própria empresa. Um exemplo mais atual é a nova Lei Geral de Proteção de Dados (Lei 13.709, de 14 de agosto de 2018, a qual entrará em vigor, a princípio, em 2020) , que trará mudanças extremamente significantes para o mercado como um todo e cujo respeito pode também ser considerado como um dever da área de *compliance*. Mas, considerando as diversas naturezas mercadológicas existentes hoje no país, uma análise detalhada e especifica é essencial para que sejam adotadas as medidas necessárias para o cumprimento da nova legislação, medidas paliativas generalistas tendem a não ter o devido impacto para a empresa e, consequentemente, acabam sendo, de certo modo, vazias de eficácia e não cumprem com o seu objetivo principal.

Sobre a organização em si, existem hoje diversas formas de estruturação, porém segundo os autores Marcelo Coimbra e Vanessa Manzi, algumas são mais eficazes e trazem uma maior visibilidade e poder para a área de *compliance*[52]: (i) como parte do departamento de gestão de riscos (comumente aplicada em empresas que atuam em setores regulamentados, na qual a análise de riscos é feita conjuntamente entre este departamento e a área de *compliance*); (ii) conjuntamente com o diretor geral/presidente (aplicável especialmente em empresas que atuam em setores regulamentados mais rígidos e na qual o gestor da área de *compliance* tem uma maior autoridade e liberdade de gestão); (iii) dentro do departamento jurídico (aqui existe uma internalização de tal área e atuação conjunta com a área

[51] COIMBRA, Marcelo de Aguiar e MANZI, Vanessa Alessi. Op, cit, página 20.

[52] Cf. COIMBRA, Marcelo de Aguiar e MANZI, Vanessa Alessi. Op, cit, página 23.

jurídica da empresa, mas que pode trazer uma limitação pois, normalmente, não há tanta interação com o diretor geral/presidente); e (iv) de maneira descentralizada (onde cada área de negócio é responsável por seguir as regras de *compliance*, o que enfraquece ainda mais a aplicação e imposição de normas de *compliance*).

Por último, o quarto ponto traz a questão sobre como fazer o programa de *compliance* ter a efetividade esperada e necessária. Existem diversas situações que podem ser consideradas e que poderiam ser analisadas de maneira extensa, mas, de uma maneira geral, pode-se dizer que devem ser respeitados os seguintes requisitos[53]: (i) padrões de conduta e política e procedimento escritos (através, por exemplo, da elaboração de políticas de combate à anticorrupção[54] e/ou lavagem de dinheiro[55]), (ii) designação de um *compliance* Officer e/ou um comitê de *Compliance*; (iii) educação e treinamento para fornecer conhecimento das normas de *compliance* de forma efetiva; (iv) canal de comunicação anônima de eventuais problemas de *compliance*; (v) monitoramento proativo de processos específicos e documentados para fins de *compliance* e ajuda na redução de problemas identificados; (vi) comunicação efetiva; (vii) ações disciplinares (punições para quem descumprir com as regras) e (viii) ações corretivas (formas de ajustar condutas de modo a que sejam respeitadas as regras).

Não só os requisitos em si, mas incluem-se também como formas de trazer uma eficácia para tal programa (a) o comprometimento com essa implementação, (b) um monitoramento sobre o desempenho do mesmo e (c) uma "vontade" da empresa de sempre buscar melhorar tal programa, de modo a que ele sempre possa estar de acordo com que está ocorrendo

[53] COIMBRA, Marcelo de Aguiar e MANZI, Vanessa Alessi. Op, cit, página 54.

[54] Conforme trazido pelos autores Francisco Schertel Mendes e Vinicius Marques de Carvalho, em seu livro "Compliance: concorrência e combate à corrupção" (páginas 28 e 29) a aprovação da Lei 12.846/2013 (Lei Anticorrupção), provocou uma revolução dentro do Brasil no que se refere os programas de *compliance*, uma vez que, por mais que já existissem tais programas dentro de empresas brasileiras, o *endurecimento* no combate a corrupção acabou levando o governo a tomar novas medidas para trazer uma maior relevância para o tema, como a necessidade de avaliação dos programas pela administração (trazido pelo Decreto 8.420/2015)

[55] Crimes estes tipificados pela Lei 9.613, de 3 de março de 1998, sendo que, conforme trazido pela autora Vanessa Alessi Manzi, em seu livro "Compliance no Brasil – Consolidação e perspectivas", a prevenção da lavagem de dinheiro pode ser responsabilidade ou da própria área de compliance quando por uma área independente, mas que possua o mesmo nível de reporte de compliance, trazendo, portanto, a importância destas praticas dentro da estrutura empresarial

no dia a dia corporativo (tanto no plano interno quanto externo), (d) auditoria periódicas para ter a certeza de que todos os elementos e obrigações previstas no programa estão sendo efetivamente cumpridos, bem como para avaliar mudanças, adaptações e correções que devem ser realizadas no programa.

3. Fases Evolutivas das *Startups* e Aplicabilidade da Governança Corporativa e *Compliance*

3.1. Definição de *Startup*

Antes de falar sobre as fases evolutivas e a aplicabilidade da governança corporativa e de regras de *compliance* em tais fases, faz-se necessário aqui trazer uma breve introdução sobre a definição de startup, um conceito relativamente novo no direito brasileiro e mundial e que hoje é tão utilizado. Esse conceito surgiu nos Estados Unidos, e passou a ter uma importância muito grande nos anos 90, especificamente na região do Vale do Silício, onde empresas passaram a obter financiamentos expressivos apresentando projetos que traziam uma lucratividade e sustentabilidade excepcional, sendo, primordialmente, do ramo da tecnologia – esse fenômeno ficou conhecido como a bolha da internet.

Este conceito surgiu no Brasil somente nos anos 2000, mas que somente passou a ser efetivamente difundido por volta de 2010. Porém, como podemos ver do mercado nacional atualmente, ele passou a ter uma importância extremamente relevante no país e no mercado nacional, o que levou ao "*boom*" de surgimento dessas novas empresas.[56]

Falando de uma maneira geral e sem ater a discussões filosóficas e doutrinarias sobre o termo, nas palavras do autor Marcelo Toledo, "uma startup é uma empresa recém-criada, de qualquer ramo ou área"[57]. Ou seja, startup é, antes de tudo, uma empresa nova, criada para um proposito específico, que pode ser de qualquer área de negócio.

[56] SIGNIFICADOS BR. *Significado de Startup*. Disponível em https://www.significadosbr.com.br/startup. Acesso em 8 de abril de 2019.

[57] TOLEDO, Marcelo. *Startups: o que é uma startup?*. Disponível em http://marcelotoledo.com/startups-o-que-e-uma-startup/. Acesso em 28 de agosto de 2017.

No entanto tratar uma startup como uma simples empresa nova acaba sendo muito simplista e até mesmo equivocado pois o termo perderia totalmente seu caráter inovador (já que sempre foram criadas empresas e a simples adoção de um novo termo para estas ficaria sem sentido) – por este motivo, aqui trazemos uma definição do Steve Blank, que demonstra bem essa particularidade das startups comparando com demais empresas novas:

> A startup é uma organização formada que busca um modelo de negócios repetitivo e escalável. [58]

Nesta mesma linha tem-se também outro aspecto importantíssimo de diferenciação:

> O quadro geral de empresas neste modelo prevê que a maioria delas já seja fundada com uma boa perspectiva de gerar receita. Isso faz com que seja mais fácil atrair investidores para colocar dinheiro na companhia e fazer com que ela cresça ainda mais rapidamente, tendo em vista que o dinheiro será somado a um trabalho diferenciado, capaz de solucionar problemas e facilitar a vida de muitas pessoas. [59]

Ou seja, a análise do que é uma startup vai muito além da sua simples criação, há de se analisar o propósito para qual foi criada, o plano de evolução, o modelo de negócios, possibilidade de rentabilização, apresentação de um trabalho inovador, perspectivas de crescimento, dentre outros pontos, para que uma empresa possa efetivamente ser considerada uma startup.

No que se refere a criação da startup no sentido burocrático da palavra, dentre todas as formas de empresa hoje existentes no direito brasileiro, em sua maioria, os novos empreendedores acabam por optar entre duas (i) a de microempreemprendor individual (MEI), figura trazida pela Lei

[58] *"a startup is an organization formed to search for a repeatable and. scalable business model"*. "Texto traduzido" (BLANK, Steve. *What's A Startup? First Principle*s. 2010, Disponível em https://steveblank.com/2010/01/25/whats-a-startup-first-principles/. Acesso em 02 de setembro de 2017. Tradução nossa)

[59] BRASIL ECONOMICO. *Muito recente no País, já que os primeiros cases surgiram no Brasil só em 2011, o setor de startup tem despontado no Brasil e atraí investidores.* 2016. Disponível em http://economia.ig.com.br/2016-06-30/startup-conceito.html. Acesso em 25 de julho de 2017.

Complementar nº 128, de 19 de dezembro de 2008, na qual temos uma única pessoa como sócio e que traz uma estrutura extremamente simples para quem deseja abrir um negócio (tanto que possui, inclusive, limitações no que se refere ao faturamento máximo e existência de funcionários) e (ii) a de sociedade limitada. Estamos falando sobre formatos mais utilizados pelos novos empreendedores, mas não existe qualquer proibição para que os mesmos optem por outras formas societárias (como sociedade simples, sociedade anônima, dentre outras); porém, tendo em vista que, no começo de qualquer negócio, a facilidade e "ausência" de obrigações e burocracias é algo extremamente útil e importante, estes empreendedores acabam optando por escolher entre uma dessas duas formas já que, até mesmo no que se refere à processos burocráticos perante juntas comerciais e demais órgãos, são as que menos trazem obrigações neste sentido e, por este motivo, acabam sendo escolhidas para "iniciar" a startup.

Para o presente estudo e até mesmo em se analisando o conceito de startup mencionado acima, a startup será considerada como sendo criada na forma de sociedade limitada, podendo ser até uma microempresa e/ou empresa de pequeno porte (o que não altera o seu formato de sociedade limitada, já que a questão de ser uma microempresa e/ou empresa de pequeno porte está ligada à questão de faturamento, e não do tipo societário).

Feita essa breve introdução sobre o conceito de startup, serão analisadas as suas fases evolutivas, do começo, sua evolução até sua transformação em uma empresa de fato –a evolução pode ser vista de formas diferentes; então é possível que existam outras definições sobre o que seriam estas fases evolutivas e/ou trazendo mais ou menos fases dos que as que serão analisadas.

3.2. Fase 1: Crescimento Inicial

O começo da empresa em si, aonde pessoas se unem por um proposito especifico, deixando de ser simplesmente pessoas físicas distintas para se tornar uma única pessoa jurídica, geralmente trazendo seus respectivos expertises e experiências para dentro da entidade de modo a que seja desenvolvida a ideia e objeto para qual a empresa foi constituída.

Neste estágio, a informalidade é a palavra-chave. Por mais que pareça algo estranho em um primeiro momento, a empresa encontra-se em um estágio muito inicial para se estabelecer processos e formalidades, que, em sua grande maioria, não possuem nem mesmo funcionários, sendo que todo o trabalho é desenvolvido pelos próprios sócios fundadores.

Trata-se de uma fase muito mais reativa do que ativa, ou seja, mesmo a empresa devendo ter suas próprias diretrizes, para não perder oportunidades, estas acabam sendo moldadas de acordo com o mercado (buscando não perder sua natureza), ideias iniciais acabam sendo modificadas, formas de realização de negócios são adaptadas e até mesmo os planos de desenvolvimento sofrem alterações, de modo a que tenha participação ativa no mercado e que consiga realizar negócios de maneira mais impactante.

3.2.1. Eventuais Problemas

Neste estágio, os trabalhos acabam sendo executados pelos próprios sócios e aqui começam a surgir os chamados problemas de relacionamento. Não só por desentendimentos e/ou discussões, que não necessariamente são prejudiciais para a empresa, mas sim pela necessidade dos sócios em realizar trabalhos por vezes maçantes, porém essenciais e necessários para o dia a dia da corporação. Tendo em vista essa informalidade, o controle sobre os trabalhos tende a ser extremamente limitado e, em muitas vezes, inexistente, havendo, em determinados casos, trabalhos que deveriam estar sendo realizados por determinado sócio e que não estão sendo e/ou estão sendo feitos incorretamente, prejudicando o andamento dos negócios. Aqui, a ineficácia e/ou ausência de controles dificulta a visualização prévia de tal problemática, sendo que, em algumas situações, só é conhecida no momento em que a remediação é difícil, custosa ou até mesmo inviável, gerando perda de oportunidades.

As jornadas de trabalho são mais extensas (até mesmo pela ausência de uma estrutura corporativa), que são realizadas pelos fundadores, aqueles que tem maior interesse no crescimento da entidade e que são os mais beneficiados pelos resultados obtidos por esta, o que faz essas jornadas serem mais aceitáveis, por mais que os resultados, em sua grande maioria, não apareçam de maneira tão rápida.

Trata-se de um momento crucial e que, muitas vezes em razão dessa dificuldade, acaba fazendo com que muitos dos sócios fundadores optem por deixar o negócio ou até mesmo todos optem por encerrar a empresa em razão das mesmas, mas que, infelizmente, fazem parte do início de qualquer empreendimento. Alguns buscam também auxilio em incubadoras e/ou aceleradoras (empresas criadas para ajudar empreendedores em estágios iniciais do negócio e na estruturação do mesmo), mas que não necessariamente trazem resultado, tendo em vista a sua estrutura ainda precária e que muitas vezes os próprios fundadores acabam por desacreditar que a empresa criada terá um futuro.

3.2.2. Formas de Governança Aplicáveis

No que se refere às formas de governança aplicáveis neste estágio, é trazido um ponto que vai inclusive de encontro com o objeto do presente estudo: as formas tendem a ser e acabando sendo a mais simples possíveis e sua aplicação deve ser extremamente limitada, o que faz sentido neste estágio evolutivo. Explica-se.

Toda e qualquer sociedade limitada, por lei, deve ter assembleia / reunião de sócios e administradores (que, na grande maioria das vezes, são os próprios sócios), ou seja, estas duas formas de governança acabam, naturalmente, existindo dentro da empresa. Mas a efetividade delas é (e deve ser) restrita, por ser uma fase muito embrionária da entidade, em que agilidade em se tomar decisões e realizar negócios mostra-se ser muito mais importante para o desenvolvimento do que efetivamente o controle e organização de tais atos, já que a existência de travas e controles muito rígidos podem ter um efeito reverso, tendendo a prejudicar e muito o desenvolvimento da mesma e não auxiliá-lo.

No entanto, uma vez que tais formas de governança existem dentro da estrutura, é importante que elas sejam utilizadas da melhor forma possível, especialmente no que se refere às assembleias / reuniões de sócios, para que se possa ter um maior conhecimento das atividades sendo realizadas pelos mesmos, detectando eventuais falhas em sua realização antes de haver algum impacto mais significante para a empresa. Até mesmo no que se refere aos atos praticados pela empresa, tais assembleias / reuniões têm extrema importância pois acabam servindo para que sejam alinhados discursos, formalizados objetivos, discutidas estratégias, dentre outros tantos assuntos que os sócios devem se preocupar e que, em tendo-se este fórum, podem ser tratados de maneira mais uniforme, trazendo a agilidade supramencionada e tão importante nesta fase.

Com relação aos administradores, até mesmo por estes serem, na grande maioria das vezes, os próprios sócios, sua funcionalidade acaba sendo estritamente representativa, já que estes realizam o controle e gestão a nível de assembleia / reunião. No entanto, são personagens que irão representar a empresa fora do âmbito corporativo, aqueles que assinarão documentos, formalizarão as decisões tomadas internamente, dentre tantas outras atividades. Por este motivo, uma escolha criteriosa das pessoas para exercício dessa função é muito recomendável, escolher dentre os sócios aquele(s) que possui(em) uma maior visibilidade no mercado e experiencia pode ser decisiva para o sucesso da instituição, o que traz, portanto, uma relativa importância para esta forma de governança, inclusive neste estágio.

3.4. Fase 2: Direcionamento do Crescimento

Passado o estágio inicial, a empresa começa a tomar forma, passando a ter um valor, uma posição no mercado, passando também faturamento e lucro. Aqui há uma mudança das necessidades corporativas, pois a informalidade começa a ter uma presença menor (por mais que ainda exista) em virtude de ter um peso negativo muito grande, principalmente para os olhos externos, gerando uma desconfiança que tende a prejudicar o desenvolvimento dos negócios. Neste ponto, começa-se a ver o nascimento de uma estrutura organizacional mais robusta, trazida não só pelo interesse dos sócios, mas também pela necessidade que a evolução dos negócios exige, como funcionários e prestadores de serviço, que acaba por descentralizar o trabalho que antes ficava somente a cargo dos sócios, iniciando, portanto, a delegação e gestão dos mesmos.

Não só isso, surge a figura dos parceiros comerciais mais intrínsecos e presentes no dia a dia, que acabam tendo um papel muito importante nessa evolução, muitas vezes por trazer uma notoriedade e divulgação da empresa para o mercado (e também renda), e a busca e/ou surgimento de interessados não só em fazer negócios com a empresa, e sim participar delas – os investidores.

Dentre todas as formas de investidores existentes, neste estágio evolutivo, uma das mais comuns (especialmente quando falamos de startups) são os investidores anjos.

Sobre estes tipos de investidores, menciona-se a definição trazida pela Anjos do Brasil, que dispõe o seguinte:

> O Investimento Anjo é o investimento efetuado por pessoas físicas com seu capital próprio* em empresas nascentes com alto potencial de crescimento (as *startups*) apresentando as seguintes características:
>
> 1. É efetuado por profissionais (empresários, executivos e profissionais liberais) experientes, que agregam valor para o empreendedor com seus conhecimentos, experiência e rede de relacionamentos além dos recursos financeiros, por isto é conhecido como *smart-money*.
> 2. Tem normalmente uma participação minoritária no negócio.
> 3. Não tem posição executiva na empresa, mas apóiam (**sic**) o empreendedor atuando como um mentor/conselheiro.[60]

Um aspecto importante de ser mencionado é que os investidores-anjo trazem não só dinheiro, mas também seu *know-how* e sua rede de relacionamentos para dentro da entidade, o que traz uma alavancagem extremamente relevante. Importante aqui destacar que a Lei Complementar 155/2016 trouxe um importante ponto no que se referem os investidores anjos em relação à microempresas e empresas de pequeno porte – o fato de que o mesmo não se torna acionista da empresa, sendo que a realização do aporte de capital traz a tal investidor somente benefícios financeiros, sendo remunerado proporcionalmente aos seus aportes, em conformidade com o contrato de participação que será firmado com a empresa.

Tal inovação legislativa trouxe um benefício para a empresa, pois origina a possibilidade de receber aportes financeiros sem que seja necessária a cessão de qualquer participação acionária, devendo somente repassar os rendimentos devidos, conforme pode-se depreender do trecho destacado abaixo, tirado de um artigo presente no site da organização Endeavor do Brasil

> Dessa forma, a Lei Complementar 155/2016 contribui para que empreendedor e investidor-anjo possam exercer cada um o seu respectivo papel. Na verdade, a principal beneficiária dessa novidade é a startup, que se vê protegida de interferências externas e, ao mesmo tempo, torna-se um ambiente mais seguro para os investimentos.[61]

[60] ANJOS DO BRASIL. *O que é um investidor-anjo*. Disponível em http://www.anjosdobrasil.net/o-que-eacute-um-investidor-anjo.html. Acesso em 2 de setembro de 2017

[61] ENDEAVOR DO BRASIL. *Nova Lei de Investimento-Anjo: o que ela pode fazer pela sua empresa*. Disponível em https://endeavor.org.br/dinheiro/

Aqui tem-se o início da importância da implementação de práticas de governança corporativa – uma vez que, de acordo com a referida legislação, o investidor anjo não terá qualquer tipo de controle acionário e/ou diretivo na empresa, muitos destes acabam buscando, além de boas oportunidades de negócio, empresas com uma organização mais definida para realizar seus aportes (por mais que não tenham responsabilização por eventuais dividas por exemplo) uma vez que não terão qualquer controle sobre os negócios sociais, e sim direitos aos rendimentos decorrentes de seu investimento.

Ou seja, nesta fase, além de outras pessoas na estrutura interna da empresa, há a entrada de novos agentes ao negócio, como parceiros comerciais e eventuais investidores, como os investidores-anjos, que, por terem essa característica, não possuem atuação dentro da empresa, como também investidores institucionais, que não têm essa limitação e que acabam adquirindo, juntamente com o aporte financeiro, participação acionária e gerência sobre o negócio, ponto crucial para o desenvolvimento de uma startup mas que demanda uma nova preocupação e que deve ser tratada com a devida importância.

3.2.1. Eventuais Problemas

Uma das principais problemáticas existentes nesta fase é a que podemos chamar de crise de autonomia, pois não temos mais uma empresa cujas atividades e negócios são realizados e desenvolvidos unicamente pelos seus sócios-fundadores, aqui há a entrada de novas pessoas à estrutura organizacional (funcionários e prestadores) e comercial (parceiros e investidores), sendo que as obrigações dos sócios começam a deixar de ser ativas para serem mais delegativas e diretivas. Por mais que possa não parecer um problema, deixar de ser a parte ativa do negócio e iniciar a delegar trabalhos e gerir pessoas já mostrou-se ser tão quanto ou até mais difícil do que efetivamente realizar os trabalhos, especialmente quando se lida com pessoas que, em alguns casos, possuem um conhecimento técnico e mercadológico maiores do que os próprios gestores, o que pode gerar um desconforto e, muitas vezes, um descontentamento daqueles que são, nesta fase, a parte ativa da estrutura e acabam entrando em um limbo entre

nova-lei-de-investimento-anjo-o-que-ela-pode-fazer-pela-sua-empresa/. Acesso em 2 de setembro de 2018.

obedecer as ordens vindas dos seus gestores ou tomar a iniciativa tendo em vista seu maior conhecimento sobre o negócio e/ou mercado.

Surge também agora a necessidade de lidar parceiros comerciais e investidores, que, até mesmo pelos investimentos financeiro e operacional realizados, passam também a ter uma gerência sobre a empresa em si (relembrando aqui que não se enquadram nessa hipótese investidores-anjo). Passada a fase eufórica em que se comemora a chegada de capital, há agora um terceiro como sócio nesta estrutura, que passa a ditar também o andamento do dia a dia, inclusive, se necessário, contrariando os desejos dos sócios fundadores.

Saber lidar com essa situação e até mesmo definir como será feita essa gestão conjunta é extremamente complexo e que, em muitos casos, acaba gerando discussões tanto entre os fundadores quanto entre estes e o eventual investidor.

3.2.2. Formas de Governança Aplicáveis

Tendo em vista os problemas supramencionados, a necessidade de regras de governança corporativa mais eficazes para facilitar a gestão dentro dessa nova estrutura organizacional começa a ganhar uma importância maior para a empresa como um todo.

Antes de tratar das formas de governança *per se*, importante aqui falar de um tema prático e que, nesta fase, acaba sendo necessário para que a estrutura possa evoluir, inclusive no que se refere à entrada de investimento: a transformação do tipo societário de limitada para sociedade anônima[62]. Nesta fase, a empresa passa a necessitar de uma estrutura organizacional mais complexa e completa para que os negócios possam evoluir de maneira mais orgânica, incluindo, sem limitação, no que se refere à entrada dos investidores, tanto com relação à apresentação da empresa para o investidor quanto a proteção que os fundadores terão com essa entrada.

Assim sendo, a manutenção da empresa como sociedade limitada acaba não sendo recomendável, levando aqui à necessidade de se implementar a supramencionada transformação. Neste ponto, a autora Maria Helena

[62] As formalidades para transformação da sociedade limitada em sociedade anônima estão previstas nos artigos 1.113 e seguintes do CC.

Damasceno traz o seguinte pensamento sobre a transformação da sociedade:

> A mudança do tipo societário é um processo prático que atende à evolução da sociedade, uma vez que possibilita a passagem de uma forma para outra sem interrupção da vida social.[63]

Ou seja, em determinado estágio evolutivo, tanto a doutrina quanto o próprio mercado trazem a importância da empresa, transformar-se em uma sociedade anônima.

No que se refere às formalidades dessa transformação, em linhas gerais, deve-se apresentar na junta comercial pertinente, a ata de reunião de sócios deliberando a aprovação da transformação (deve ser aprovada por unanimidade dos sócios, salvo se previsto diferentemente no contrato social), na qual também devem-se se respeitar os preceitos aplicáveis à sociedade que se deseja transformar (neste caso, sociedade anônima), trazendo o estatuto social, como será a conversão das participações, boletins de subscrição das ações, eleição de diretoria, dentre outros pontos necessários para a constituição de qualquer sociedade anônima, conforme Lei das Sociedades Anônimas – Lei 6.404, de 15 de dezembro de 1976 ("**LSA**"). Com isto, a empresa deixa a sua estrutura mais simples para adotar uma estrutura mais complexa, com mais obrigações, mas que trazem consigo uma maior gama de possibilidades.

Voltando agora a falar das formas de governança (considerando já a transformação da empresa em uma sociedade anônima), primeiramente importante estabelecer que, agora, a assembleia de acionistas passa a ter um peso decisório muito mais importante pois, considerando a realização de aporte de um investidor institucional, agora temos um novo sócio, qual seja, o investidor. Assim sendo, atos e decisões tomadas em assembleia tendem a ser mais complicadas, o que traz uma necessidade das mesmas serem devidamente discutidas de modo a que estas sejam tomadas da melhor maneira para empresa, mas também sem prejuízo dos sócios, especialmente os fundadores, que acabam perdendo seu poder decisório quando

[63] MEGALE, Maria Helena Damasceno e Silva. Artigo "*Transformação, fusão e cisão de sociedades*", parte integrante da Revista da Faculdade de Direito da Universidade Federal de Minas Gerais. Minas Gerais, Vol. 27, Número 22, 1979.

da entrada de um investidor; portanto, este instituto passa a ter um papel crucial neste estágio de desenvolvimento da empresa.

No que se refere à diretoria, até mesmo pelo aumento da complexidade da estrutura e, consequentemente, dos negócios como um todo, a criação de diretorias especializadas e voltadas para áreas especificas acaba tendo um papel muito importante no desenvolvimento empresarial. Nesta fase, os diretores passam a ter uma gerência e controle maior sobre o negócio, deixando de ser meramente representantes. Para tanto, ter diretorias específicas (ao invés de uma geral) traz uma facilidade maior, pois possibilita um maior controle sobre cada área da estrutura empresarial. Em outras palavras, ao invés de simplesmente diretores, ter um diretor presidente (que fica responsável por gerenciar a empresa como um todo), um diretor financeiro, um diretor de operações, um diretor de tecnologia, e assim por diante, tende a trazer um impacto positivo na gerencia dos negócios, levando em conta que serão diretores que efetivamente entendam da área da qual estão responsáveis (evitando inclusive o problema de autonomia mencionado na fase anterior). Ou seja, o papel da diretoria ganha importância e auxilia mais efetivamente o desenvolvimento dos negócios (neste momento, ainda é bem comum a manutenção de sócios como diretores, cada um cuidando da área de sua especialidade).

Este é um dos pontos mais relevantes para esta fase, a necessidade de elaboração de um acordo de acionistas. Agora temos um novo sócio, externo e que traz consigo o capital necessário para o desenvolvimento de qualquer empresa, mas que também traz exigências para o dia-a-dia da empresa, bem como de ter participação no seu gerenciamento. Assim sendo, a definição de maneira clara e precisa das atribuições, direitos e deveres de cada parte é extremamente importante, criando, portanto, a necessidade de se ter um acordo de acionistas, prevenindo, assim, os abusos de direito, especialmente, no que se refere o investidor. Não só isso, com a evolução da empresa, entreveros entre os próprios fundadores começam a surgir, especialmente quando a diferença de participações no quadro societário passa a ser maior. A implementação de um acordo de acionistas tem papel essencial neste ponto para que não fiquem pontas soltas, bem como para estruturar a forma de gestão da empresa de maneira clara para não haver discussões e/ou problemas futuros ou, caso ocorram (uma vez que é improvável não existirem), as diretrizes que permearão e definirão como tais entreveros devem ser solucionados.

Em resumo, ter um acordo de acionistas, seja ele de controle, de defesa e/ou de bloqueio, conforme o caso, tem papel fundamental para uma gestão mais coesa, evitando grandes distorções e abusos de poderes daqueles que possuem uma maior participação e/ou um maior poder de gestão.

3.4. Fase 3: Descentralização de Atividades

Nesta fase, já existe uma empresa mais formada, com uma estrutura mais completa, mas que também traz uma maior complexidade nas relações, tanto entre os sócios e gestores quanto entre estes com àqueles que estão sob sua gestão. Neste ponto, há uma descentralização ainda maior dos afazeres corporativos pois aqueles que antes faziam uma gestão mais direta, passam a ter outras responsabilidades e focos (relacionamento com parceiros, tanto existentes quanto novos, apresentação da empresa para o mercado, dentre outros). Assim sendo, surge a figura dos gerentes, pessoas que não tem um cargo na alta administração, mas que são por esses escolhidos para, como o próprio nome diz, gerir as áreas de negócio de maneira mais direta.

Nesta fase, os diretores e acionistas, por mais que ainda tenham poderes decisórios, passam a fazer um controle mais indireto, através dos gerentes, que fornecem informações, relatórios e demais documentos requisitados para demonstrar a situação e andamento dos negócios. A condução direta pelos altos gestores passa ser realizada em caráter de exceção, geralmente para resolver algum problema pontual e/ou quando a empresa lida com situações e/ou negócios mais complexos, estando mais focados no mundo exterior do que efetivamente na condução dos negócios, pois o interesse agora é expandir os horizontes da sociedade, tentar entrar em novos mercados, buscar novas áreas de atuação, deixando a gestão interna a cargo destes gerentes – cabe aqui salientar que os gerentes tem sim uma autonomia (pois, caso contrário, sua função seria extremamente restrita) porém eles ainda respondem para à alta cúpula, tendo, portanto, uma autonomia limitada.

Tem-se, portanto, um afastamento (natural e necessário) dos fundadores dos negócios do dia a dia, passando estes a tratar de outros assuntos e, até mesmo, serem mais "ausentes" dentro da empresa.

3.2.1. Eventuais Problemas

Uma vez que agora a gerência da empresa está mais dispersa, observa-se uma crise de controle, pois agora a empresa passa a ter muitas pessoas com cargo gerencial e que, em muitas situações, não estão totalmente alinhadas.

Enquanto a empresa tinha poucas pessoas exercendo essa função, a conversação e alinhamento era facilitado. Porém, nesta fase, há a alta administração e também os gerentes de cada área, sendo que cada um, em diversas situações, possuem subgerente e até mesmo auxiliares.

Tendo em vista a existência de tantas pessoas, a comunicação acaba sendo prejudicada pois é ilusório imaginar que estas estarão sempre totalmente alinhadas com relação à estratégia que entendem ser aplicáveis à companhia, bem como em relação aos próprios atos dos demais gestores.

Além disso, com o crescimento de demandas, começa a surgir a necessidade de novas áreas de conhecimento técnico que os sócios mesmo podem não possuir e que, por este motivo, traz a necessidade de se buscar no mercado pessoas com tal conhecimento.

Essa descentralização acaba ocasionando uma perda de controle da alta gestão e sua voz e poder acabam se perdendo no meio de tantos novos personagens e demandas, o que causa essa crise de autonomia dentro da estrutura organizacional.

3.2.2. Formas de Governança a serem Adotadas

Neste ponto, passa a existir um verdadeiro caos dentro da estrutura empresarial, fazendo com que os diretores e acionistas corram o risco, inclusive, de perder o controle diretivo da empresa. Neste ponto, duas soluções têm se mostrado muito eficazes para resolver esta problemática: (i) a profissionalização da diretoria e (ii) a criação do conselho de administração.

No que se refere à profissionalização da diretoria, tendo em vista essas novas demandas e a necessidade de pessoas com conhecimento técnico para geri-las, a manutenção de um sócio que eventualmente não tenha o devido conhecimento torna-se algo extremamente prejudicial. Portanto, surge a importância da incorporação de pessoas que possuem tal conhecimento para a alta gestão, colocando-os como diretores responsáveis pelas respectivas áreas, substituindo, neste caso, os sócios. Assim sendo, a substituição de determinados sócios nos cargos de diretoria por pessoas mais capacitadas para gerir as áreas de negócio tende a ser uma solução acertada.

Em relação a criação do conselho, tal ato traz uma nova gerência para a companhia, tendo em vista a maior abrangência e poderio deste órgão no que se refere a organização interna da empresa. Nas palavras do autor Alexandre da Silveira, "cabe ao conselho fazer uma leitura correta do ambiente externo e pensar no longo prazo da organização"[64]. É órgão máximo de administração e que traz consigo diversas formas e institutos que visam tirar a empresa desse caos criado pelo desenvolvimento e complexidade da estrutura e dos negócios.

Dentre todas as atribuições, tanto estabelecidas em lei quanto no estatuto e acordo de acionistas, a criação do conselho traz um benefício ainda mais relevante e importante – ele pega para si a função administrativa da sociedade que recaia sobre os diretores (em menor escala) e nos acionistas, trazendo uma forma mais eficaz de se realizar tal função. Não só para fins internos, mas também para trazer a visão do todo e como determinadas ações podem impactar a companhia.

Mesmo que não diretamente, o conselho traz diversas formas de se resolver essa problemática, como por exemplo comitês, órgãos que fazem parte da estrutura do conselho de administração, mas tem uma atuação um pouco mais direta, pois tem um contato mais intrínseco com os gestores, conforme lição do autor Djalma de Oliveira, que dispõe o seguinte:

> Considera-se, modernamente, que o elemento mais útil para esse fim é o comitê, uma vez que nele podem ser igualmente representadas todas as unidades organizacionais interessadas em um mesmo aspecto de trabalho ou num mesmo problema, propiciando, assim, soluções que harmonizem todos os pontos de vista, conhecimentos e expectativas dos executivos e profissionais das empresas.[65]

Ou seja, neste ponto, a empresa necessita de um órgão diretivo mais presente e eficiente, função essa que o conselho de administração passa a ter quando criado. Levando em conta o fato do surgimento dos diretores com mais expertise nas áreas de negócio, pode-se até ter conselheiros internos (conforme definição trazida previamente neste estudo), mas a importância da criação deste órgão diretivo já se mostrou ser extremamente relevante na prevenção de diversos malefícios e no controle deste caos organizacional.

[64] SILVEIRA, Alexandre di Miceli da. Op. cit, página 147.

[65] OLIVEIRA, Djalma de Pinho Rebouças de. Op, cit, página 55.

3.5. Fase 4: Coordenação e Controle das Atividades

A empresa já apresenta uma estrutura mais solida e definida, considerando que foram tomadas as medidas previamente indicadas neste estudo, já existe uma diretoria especializada e um conselho de administração formado e gerindo as atividades e negócios. Tem-se também mais pessoas no processo decisório e nas tarefas do dia a dia, como funcionários realizando os trabalhos, gerentes realizando um gerenciamento das atividades e uma alta cúpula trabalhando mais em aspectos externos de modo a desenvolver ainda mais os negócios da companhia. Em muitas vezes, há também a ver o surgimento de filiais, criadas para descentralizar os negócios e expandir o alcance da empresa em mais territórios.

Neste estágio, a "burocracia" está mais presente, decisões não são tomadas de maneira unilateral e/ou sem que sejam cuidadosamente analisadas e revisadas, e investimentos são feitos de maneira cuidadosa, não tendo mais aquela facilidade e informalidade que antes era adotada para a tomada de tais decisões. No entanto, ainda é possível verificar uma certa informalidade pois, por mais que exista agora o conselho, o mesmo ainda é, em grande parte das vezes, formado por acionistas e/ou pessoas próximas aos mesmos, o que acaba trazendo essa informalidade ao órgão na tomada de decisões – na questão do controle, os conselheiros têm deveres fiduciários para com a empresa, então essa informalidade é diminuta e limitada, mas que ainda persiste.

A empresa necessita uma maior sofisticação e um maior controle das atitudes a serem tomadas, mas que exige uma estrutura mais robusta para isso.

3.4.1. Eventuais Problemas

Como mencionado no item anterior, as decisões devem ser tomadas de maneira pensada pois o impacto que as mesmas têm tanto internamente quanto externamente (para o mercado e até no que se refere à imagem da empresa) são muito significantes e podem prejudicar (e muito) o andamento dos negócios e da empresa como um todo. No entanto, a "informalidade" no que se refere ao conselho de administração acaba dificultando essa profissionalização que é tão necessária neste estágio.

Mais do que isso, até mesmo por existirem sócios e/ou pessoas à eles relacionadas (em grande parte das vezes, sócios majoritários e que acabam, por este motivo, controlando o conselho) ocupando a cadeira de conselheiros, muitas vezes as decisões acabam sendo travadas, as vezes por desencontro de interesses, desconhecimento técnico e/ou até mesmo por estarmos tratando de pessoas com um interesse muito intrínseco no negócio tomando as rédeas da situação (a criação do conselho tem o objetivo exatamente oposto à esse, de tirar das mãos dos sócios a administração da empresa e passar para os conselheiros de modo a que haja essa distinção entre interesse e gestão). Além disso, não ter pessoas mais competentes para tratar desta administração traz inclusive uma insegurança para aqueles que ocupam posições mais baixas dentro da estrutura organizacional, o que acaba por trazer, inclusive conflitos, as vezes manejados através de comitês, mas as vezes não, especialmente pela ausência de uma gestão mais firme e eficaz.

No que se refere a empresa como um todo, existe, neste momento, uma estrutura muito maior e complexa, mas cuja tomada de decisões e estabelecimento de diretrizes e caminhos não deveria ser atravancada por uma inefetividade de um órgão tão importante quanto o conselho – e que, devido a sua existência e natureza, acaba limitando a autonomia dos demais órgãos.

A necessidade de um controle mais efetivo, evitando a observação de interesses pessoais em detrimento dos sociais e o travamento dos negócios *versus* a falta de profissionalização deste órgão diretivo pode ter consequências muito prejudicais para a empresa e, em casos mais extremos, podendo até ser irremediáveis, mesmo em se falando de uma fase tão evoluída da startup.

3.4.2. Formas de Governança Aplicáveis e o Início do *Compliance*

O aspecto mais importante para esta fase acaba sendo a necessidade de uma profissionalização da gestão, não mais da diretoria (tratada na fase passada), mas sim do próprio conselho de administração. Assim sendo, uma vez que tal órgão já foi criado e encontra-se atuante, tal profissionalização depende de um processo de substituição dos próprios conselheiros internos por conselheiros externos e/ou independentes. Sobre esta necessidade, o autor Nelson Eizirik dispõe o seguinte:

Verifica-se, na pratica dos negócios, uma saudável tendência no sentido de se eleger um número cada vez maior de conselheiros externos ou independentes, reduzindo-se, consequentemente, aqueles ligados ao acionista controlador, por laços familiares, profissionais ou mesmo de amizade. Tal tendência visa à maior profissionalização do órgão, cuja atuação ganha em eficiência com conselheiros mais competentes.[66]

Ao se trazer pessoas sem um vínculo tão próximo dos sócios (especialmente os majoritários), a gestão torna-se mais fluída e eficaz, desde que sejam escolhidas pessoas capacitadas para exercer tais funções e que possuam uma experiência em realizar tal gestão. Trata-se de um dos passos mais importantes no que se refere à implementação de boas práticas de governança corporativa pois agora há uma profissionalização deste órgão tão relevante.

No que tange a escolha do tipo de conselheiro que irá substituir os conselheiros internos, com base na definição trazida pelo IBGC (trazida no presente estudo), são preferíveis conselheiros independentes do que externos pois, por mais que ambos tenham um vínculo limitado, a ausência de sujeição (em teoria) a conflitos de interesses fazem com que esse tipo de conselheiro seja mais preferível para este estágio evolutivo, pois traz a profissionalização à um nível muito maior se compararmos a uma substituição somente por conselheiros externos (aos quais este conflito ainda existe, mesmo que de maneira mais branda).

Um aspecto de extrema importância é que, tendo em vista o fato de que a criação de vínculos é algo natural e dificilmente evitável, deve-se sempre ter um controle destes conselheiros para que eles não percam essa característica, conforme disciplina o autor Alexandre da Silveira:

> Conselheiros há muito tempo no cargo, que possuam relações sociais com a liderança da empresa, ou que dependam crucialmente de redes sociais para sua sobrevivência (algo obviamente característico dos consultores profissionais), tendem a evitar conflitos com a gestão, minando sua efetividade como conselheiro independente nas situações em que algum confronto se torna necessário. É importante, portanto, avaliar periodicamente a independência dos conselheiros de forma qualitativa, de modo a sempre contar com conselheiros genuinamente – e não apenas formalmente – independentes.[67]

[66] EIZIRIK, Nelson. *A Lei das S/A Comentada*. Volume II – Arts. 121 a 188. São Paulo. Editora Quartier Latin, 2011, página 269.

[67] SILVEIRA, Alexandre di Miceli da. Op. cit, página 150.

Em suma, a simples substituição por conselheiros externos e independentes não é suficiente, a existência de uma avaliação periódica tem um papel fundamental para que não haja uma descaracterização dessa independência de tais conselheiros, especialmente os independentes.

No que se refere ao *compliance*, por mais que ele não seja estritamente necessário neste ponto, até mesmo pelo estágio de sofisticação em que a empresa se encontra, o inicio da implementação de tais práticas é recomendável, sendo interessante que a alta cúpula e os demais administradores comecem a se preocupar com este instituto, mesmo que de maneira mais teórica, pois a empresa encontra-se em um ponto muito delicado de sua evolução. Assim sendo, o inicio de discussões internas sobre o estabelecimento de políticas de boas práticas, processos de aprovação de determinados atos (especialmente aqueles envolvendo órgãos públicos), dentre outras formas, tende a ter um aspecto muito benéfico para a empresa, uma vez que trará às pessoas da empresa (tanto funcionários quanto sócios e administradores) uma primeira convivência com tais regramentos, de modo a que, quando tais políticas forem efetivamente ser implementadas, já exista essa cultura dentro da estrutura corporativa e organizacional, facilitando, portanto, tal implementação.

3.6. Fase 5: Crescimento Final

Esta é a fase final de desenvolvimento (final no sentido de governança pois uma boa empresa nunca para de crescer). Levando em conta todos os aspectos discutidos anteriormente, é possível considerar que aqui já existe uma estrutura formada, com divisões estabelecidas de modo a gerir a empresa de modo natural e continuo, conferencias entre gerentes-chaves, sob a tutela das diretorias especializadas e do conselho (através de seus comitês), acontecem de modo mais frequente e são focadas em resolver problemas ao invés de criá-los. Há também um maior foco na rápida solução dos mesmos através de ações de times de trabalho ao invés de áreas tentando resolvê-los de maneira separada e distinta.

Até mesmo pela grande complexidade desta estrutura e do crescimento substancial do número de pessoas trabalhando dentro da empresa, começam a surgir aqui também os investimentos em programas e sistemas de controle de modo a que toda essa uniformidade seja controlada e, mais importante, mantida. Ou seja, há uma estrutura montada, mas que, tendo em vista sua complexidade e necessidades, acaba sendo dispendiosa.

E por este motivo, nesta fase também é que se começa a busca por mais parceiros de capital, que possuam recursos (neste ponto primordialmente financeiros) para manter a estrutura de pé, suprir os gastos necessários para tanto e, especialmente, para trazer a startup para outro patamar, o de uma sociedade devidamente formada.

Neste ponto entram os fundos de investimento, ventures capital e demais investidores de maior porte, aqueles que entrarão com um grande volume de capital para que a empresa prolifere e aumente de tamanho e importância (feito através de investimento diretos, rounds de investimento e/ou demais formas que podem ser utilizadas para a realização do mesmo). Não só no que se refere ao dinheiro por si só, mas com a entrada de um ente tão significante, demais *players* do mercado como um todo passam a tratar a empresa de outra forma, a posição no mercado passa à um outro patamar, seus produtos passam a ter destaque dentro dos comércios, seu nome comercial passa a ter uma grande notoriedade. Ou seja, pode-se considerar esta como a fase final da evolução da startup, uma vez que temos já (i) uma base de governança bem montada, (ii) órgãos de administração eficazes e profissionais e que, para dar este passo final, (iii) a busca por um maior volume de capital.

3.6.1. A Importância da Governança com Relação ao Investimento

Falando especificamente sobre essa "ultima" fase evolutiva, qual seja, o recebimento deste investimento, os investidores buscam, acima de tudo, o retorno financeiro, fazer com que o dinheiro investido renda mais do que se este tivesse sido utilizado em outras frentes (produtos bancários por exemplo). Mas não só isso, o investidor também analisa diversos outros fatores, sendo que, dentre deles, está o risco envolvendo tal investimento. E exatamente por terem estes interesses que ter uma empresa já estruturada, com uma governança devidamente estabelecida, acaba sendo um ótimo atrativo para os investidores, uma vez que os mesmos terão a segurança de que o dinheiro não será dispendido de maneira aleatória, bem como a expectativa de retorno, mesmo que não financeiro, acaba sendo maior em empresas mais bem estruturadas, uma vez que o risco de eventuais problemas acaba sendo menor do que em empresas em que tal estruturação não existe.

Nesta linha, o autor Alexandre da Silveira traz a seguinte análise:

> Para começar, a governança corporativa muitas vezes é interpretada pelos investidores como uma espécie de fator de risco que indica a probabilidade de perda ou de expropriação do capital investido. Esse fator de risco tende a se reduzir na medida em que a organização adota práticas de governança adequadas. Em outras palavras, há menor chance de surpresas negativas devido à implantação de controles internos eficientes, conselhos ativos e independentes, medidas de transparência, etc.[68]

O autor ainda, no mesmo estudo, complementa tal análise com a seguinte reflexão:

> Na verdade, a governança deveria ocasionar uma expectativa menor de bom resultado das ações (todos os demais fatores mantidos constantes), em razão da confiança de seus investidores. A companhia presentaria um valor relativo maior, algo que seria observado por múltiplos de mercado superiores – como o índice preço-lucro –, na comparação com seus pares.[69]

Importante aqui frisar que existem vários outros pontos analisados por qualquer investidor antes da formalização de um investimento (a empresa possuir produtos de qualidade, uma alta curva de crescimento e uma boa rentabilidade são de suma importância no processo decisório de qualquer investidor, por exemplo), mas, tendo em vista o fato do alto volume de capital que é geralmente é investido nesta fase, ao se demonstrar que o dinheiro não será levianamente utilizado (o que poderia ocorrer dentro de uma empresa menos estruturada) e que as atividades da empresa sempre têm um foco e uma gerência realizada por pessoas qualificadas, é possível afirmar, com um certo grau de certeza, de que tal fato trará uma segurança muito grande para esses possíveis investidores e que, em muitos casos, servem como um incentivo para efetivamente investirem no empreendimento, ou seja, demonstrar esse profissionalismo de gestão acaba trazendo

[68] SILVEIRA, Alexandre Di Miceli da. Artigo *"A complexa relação entre a governança corporativa e o retorno acionário"*. Revista Capital Aberto. São Paulo. 2014, página 55.

[69] SILVEIRA, Alexandre Di Miceli da. Op. cit, página 55.

não só um benefício interno, mas até mesmo uma vantagem competitiva (no que se refere o recebimento de capital) com relação à outras que eventualmente possuam produtos com capacidades similares, mas cuja estruturas são mais frágeis e, portanto, mais suscetíveis a erros e prejuízos para tais investidores.

Tratar a governança corporativa como algo de pouca importância para a entrada de investimento pode, inclusive, significar a perda de uma oportunidade.

Não obstante esta vantagem competitiva, as formas de governança corporativa aqui estudadas também são muito importantes, inclusive para a proteção dos sócios fundadores, pois, se forem adotadas de maneira organizada e orgânica, existem diversas travas e proteções para que, na entrada de um possível investidor, os fundadores não sejam simplesmente descartados – tem-se uma diretoria muito bem organizada e estruturada cuidando das diversas áreas de negócio e que poderão avaliar os aspectos mais comerciais e técnicos de tal entrada, há um conselho de administração profissional que analisará todos os aspectos da entrada do investimento, não só a questão financeira. Ou seja, existe uma estrutura corporativa efetiva, que vai analisar todos os pontos referentes a este novo investidor e que vai, em teoria, tomar todas as medidas para que a sua entrada seja feita do melhor modo possível, tanto para a companhia quanto para os fundadores, diretores, demais administradores, parceiros, funcionários e demais pessoas envolvidas na estrutura da empresa.

O autor Alexandre da Silveira traz outra importante análise de tal importância, conforme transcrito abaixo:

> A implantação de um modelo efetivo de governança também gera maior confiança perante os stakeholders, os públicos que apostaram suas "fichas" na empresa. Logo, as organizações percebidas como bem governadas tendem a se tornar mais atraentes para os investidores – tanto credores quanto acionais. (...). Esse é o racional por trás do chamado "benefício externo" da governança corporativa.[70]

Inclusive há a possibilidade de se implementar também um conselho fiscal, mas em se tendo as demais formas devida e corretamente implementadas,

[70] SILVEIRA, Alexandre di Miceli da. Op. cit, página 7.

podemos dizer que a empresa, mesmo sem este outro órgão, tem uma segurança muito significativa para receber este(s) investimento(s) e dar este próximo passo, qual seja, tornar-se uma sociedade de fato.

3.6.2. O Programa de *Compliance*

Neste estágio, as regras de *compliance* passam a ter extrema importância dentro da estrutura, uma vez que agora existe efetivamente uma empresa formada, com negócios relevantes, maior participação e importância no mercado, relacionamentos mais intrínsecos e uma estrutura organizacional mais complexa. Neste cenário, a implementação de programas de *compliance* passa a ter uma necessidade maior pois, quanto maior a empresa, maior o número de pessoas e, com isso, maior a necessidade de controle sobre as atividades.

Aqui o programa de *compliance* entra como mais uma forma de administração dos atos praticados pela empresa como um todo. Por este motivo, ganha uma significativa importância para evitar eventuais deslizes que podem, por vezes fazer com que tudo o que foi montado desde o início da startup desmorone. Além disso, em se visualizando um objetivo ainda maior (a realização de um IPO, por exemplo), em que a existência de tal programa não é só recomendável, mas sim obrigatória para as bolsas de valores de maior importância no mundo atual, a existência de um programa de *compliance* efetivo a partir deste momento acaba sendo um facilitador se a empresa decidir a dar este próximo passo. Mas, mesmo sem ter este objetivo, o programa em si já acaba sendo necessário para evitar atos que possam prejudicar o andamento dos negócios.

Importante salientar que é extremamente importante a existência, assim como na governança corporativa, depende também da efetividade da mesma, trazendo aqui também a necessidade das regras estarem efetivamente sendo cumpridas pela empresa como um todo, especialmente aqueles que ocupam cargos na alta gestão, a existência de um diretor de *compliance* (preferencialmente com vasta experiência nesta área) que consiga impor o cumprimento de tais regras, bem como políticas definidas de conhecimento de todas as pessoas da estrutura empresarial e também parceiros, dependendo do caso. Além disso, a existência de formas de controle internas também é algo extremamente relevante para que se possa considerar um programa de *compliance* como efetivo.

De maneira geral, não é a simples existência de regras de *compliance*, mas a sua eficácia que traz a empresa o status de possuidora deste tipo de programa e, com isso, possa sonhar em fazer voos mais altos, como abrir capital, independentemente do fato de já existirem institutos de governança corporativa efetivos dentro da empresa. O autor Alexandre da Silveira traz o seguinte pensamento sobre a importância de tais regras:

> Apesar de constituir um grande desafio, a construção de um sistema eficaz de *compliance* deve ser vista como uma oportunidade da organização assegurar um padrão de excelência operacional, diminuir o risco de problemas reputacionais, mitigar passivos legais e promover seus valores.[71]

Regras de *compliance* servem para proteger os acionistas e administradores da empresa, e, por mais que se trate, como mencionado pelo autor Alexandre da Silveira, de um grande desafio para a empresa, os seus frutos são diversos e trazem uma segurança sem precedentes para a estrutura empresarial, bem como todas as pessoas nela envolvidas.

4. Considerações Finais

Conforme mencionado anteriormente no presente estudo, existem diversas formas para que uma empresa (e os sócios em si) exerçam e apliquem boas práticas de governança corporativa. Porém, no que tange o desenvolvimento de startups, os institutos aqui analisados tendem a ser mais impactantes neste processo de evolução.

Com relação aos sócios em si e sua relação interempresarial, os mesmos têm diversas formas de ter um controle sobre a situação e sobre o que ocorre na empresa (através das assembleias / reuniões), bem como o de buscar a proteção de seus interesses (acordo de acionistas / sócios), porém, ao tratar tais formas de maneira informal e não dar a devida importância às mesmas, pode-se ficar diante de situações em que os sócios acabam à mercê das atividades desenvolvidas e, especificamente com relação aos sócios minoritários, ao interesse dos sócios majoritários, fatos estes que

[71] SILVEIRA, Alexandre di Miceli da. Op. cit, página 178.

poderiam ser evitados com a existência de boas práticas de governança corporativa aqui abordadas.

No que se refere aos administradores (aqui incluídos diretores, administradores em si e conselheiros), importante que, além dos aspectos aqui discorridos, a eleição deles não é livre (pois existem diversos requisitos legais para que uma pessoa possa ser eleita para integrar a administração de uma empresa) e todos eles tem uma responsabilidade para com a mesma, o que traz uma importância ainda maior para a existência de controles e supervisão dos sócios sobre estes administradores, de modo que sejam seguidos os preceitos e deveres à eles aplicáveis. De maneira geral, não é a simples existência destas formas que traz uma boa governança, mas a existência correta e eficaz que faz existir essa boa pratica.

No que se refere ao *compliance*, trata-se de um instituto que já demonstrou ser, na prática, de extrema importância para a empresa em si e também trazer benefícios para as pessoas envolvidas na administração e para os próprios sócios, mas que demanda uma implementação correta e com a devida eficácia para que atinja este objetivo, pois o simples fato de possuir um programa de *compliance* não efetivo pode, inclusive, mascarar (ou seja, atitudes que tem a "aprovação" pelo *compliance* mas unicamente pelo fato de tal programa não ser efetivo) determinadas atitudes que estão sendo tomadas no âmbito empresarial que podem trazer diversos prejuízos para a empresa, seus sócios e/ou seus administradores, já que ele lida, dentre outros assuntos, com políticas anticorrupção, prevenção à lavagem de dinheiro, conflito de interesses, proteção de dados, pontos estes que são tão importantes no cenário atual.

É muito importante que os empreendedores, ao invés de tratar tais institutos como algo prejudicial (que irá atravancar e/ou atrapalhar o desenvolvimento da empresa), estudem a fundo o tema e também percebam que, conforme discorrido aqui, uma implementação natural e continua de boas práticas de governança corporativa e *compliance* não prejudica, e sim auxilia no crescimento de uma startup no decorrer de suas fases evolutivas.

Porém, isso não significa que todas o fazem, o que se deve depreender do trabalho é que para cada fase evolutiva, determinadas praticas são sim necessárias e auxiliam o desenvolvimento, bem como evitam diversos problemas que podem vir a surgir durante o mesmo, bem como, dependendo do estágio de evolução, ter muitos regramentos pode prejudicar a empresa – por este motivo, a necessidade de alinhar não só a necessidade de tais práticas, mas também qual o nível destas dentro da estrutura para não atravancar o negócio e o crescimento da startup.

Importante também que seja observada as peculiaridades do negócio em si, pois, dependendo do ramo em que a empresa atua (setores regulados, por exemplo), determinadas práticas de governança e/ou *compliance* podem ser necessárias até mesmo em fases mais embrionárias pois a atuação em tal setor exige uma obediência e cumprimento integral dos regramentos legais e regulatórios aplicáveis, trazendo, por muitas vezes, a necessidade de haver controle e gerência sobre os negócios desde o início da empresa, exigindo, portanto, a implementação de tais práticas logo nas primeiras fases evolutivas da startup.

Visou-se demonstrar no presente trabalho o quão importante são tais institutos, especialmente no que tange a entrada de investimento (que é uma parte importantíssima dentro dos estágios de evolução das startups, sendo esta, em grande parte das vezes, o que faz a startup evoluir para uma empresa de fato).

Levando em consideração a crise política e financeira atual de nosso país e do mundo, é importante analisar e buscar mitigar os riscos envolvidos em se abrir um negócio, já que estamos falando não só em dinheiro despendido (e que, muitas vezes, não é recuperado), mas também em tempo, em uma escolha que irá tirar a pessoa do mercado de trabalho, que está cada vez mais concorrido e, na grande maioria das vezes, estagnado, congelado para contratações, o que pode significar em um eventual desemprego em caso de insucesso em seu empreendimento, dentre outros fatores que demonstram a importância de saber o que se está fazendo para prevenir danos que as vezes são irreparáveis.

Por isso a relevância da aplicabilidade de tais institutos no desenvolvimento da empresa, quais regras devem ser tomadas (ou não ser tomadas, dependendo do caso) em cada fase, como implementar, de maneira efetiva, as práticas de governança corporativa e *compliance* de modo a auxiliar (e não travar) o crescimento e desenvolvimento da startup, até o momento em que a mesma passará a ser uma empresa de fato (momento este que as referidas práticas são ainda mais importantes), e não mais uma startup.

Visualizar essa importância e trazer tais institutos de maneira orgânica, organizada e natural para dentro da estrutura corporativa traz sim diversos benefícios para a estrutura em si como também para os próprios empreendedores, observando-se, também, as peculiaridades e individualidades da empresa e do negócio desenvolvido pela mesma.

Assim sendo, não obstante a importância da ideia em si, enxergar a governança corporativa e o *compliance* com outros olhos também faz parte do processo de se obter o sucesso desejado no empreendimento.

Referências

ÁLVARES, Elismar; GIACOMETTI, Celso; GUSSO, Eduardo. *Governança corporativa: um modelo brasileiro.* Rio de Janeiro: Elsevier, 2008

ANDRADE, Adriana; ROSSETTI, José Paschoal. *Governança corporativa: fundamentos, desenvolvimento e tendências.* São Paulo: Atlas, 2004

ASSI, Marcos. *Gestão de* compliance *e seus desafios – Como implementar controles internos, superar dificuldades e manter a eficiência dos negócios.* São Paulo: Editora Saint Paul, 2013

BERTODI. Marcelo M. e RIBEIRO, Marcia Carla Pereira. *Curso Avançado de Direito Comercial.* São Paulo. Editora Revista dos Tribunais, 2011

BETTARELLO, Flávio Campestrin. *Governança corporativa: fundamentos jurídicos e regulação.* São Paulo: Editora Quartier Latin do Brasil, 2008

BORGES, Luiz Ferreira Xavier e SERRÃO, Carlos Fernando de Barros. Artigo *"Aspectos de Governança Corporativa Moderna no Brasil"*, parte integrante da BANCO NACIONAL DE DESENVOLVIMENTO ECONÔMICO E SOCIAL. REVISTA DO BNDES – Semestral. Continuação de Revista do BNDE. ISSN. Rio de Janeiro, Vol. 12, Número 24, BNDES, 2005

CANDELORO, Ana Paula P.; BENEVIDES, Marilza M. (Coord.). *Governança corporativa em foco: inovações e tendências para a sustentabilidade das organizações.* São Paulo: Editora Saint Paul, 2014

CANDELORO, Ana Paula P.; DE RIZZO, Maria Balbina Martins; PINHO, Vinícius. Compliance *360°: riscos, estratégias, conflitos e vaidades no mundo corporativo.* São Paulo: Editora Trevisan, 2012

CARVALHAL-DA-SILVA, André Luiz; LEAL, Ricardo Pereira Câmara. *Corporate governance index, firm valuation and performance in Brazil.* Revista Brasileira de Finanças, v.3, n.1, p.1-18, 2005

CARVALHOSA, Modesto. *Comentários à Lei das Sociedades Anônimas,* 2º Volume: Artigos 75 a 137. São Paulo. Editora Saraiva, 1997

CARVALHOSA, Modesto. *Comentários à Lei das Sociedades Anônimas,* 3º Volume: Artigos 138 a 205. São Paulo. Editora Saraiva, 2011

COELHO, Fabio Ulhôa. *Manual de Direito Comercial: Direito de Empresa.* São Paulo: Revista dos Tribunais, 2015

COIMBRA, Marcelo de Aguiar e MANZI, Vanessa Alessi. *Manual de Compliance: preservando a boa governança e integridade das organizações.* São Paulo. Editora Atlas, 2010

COVAC, José Roberto; SILVA, Daniel Cavalcante. Compliance – *Como Boa Prática de Gestão No Ensino Superior Privado.* São Paulo: Saraiva, 2015

EIZIRIK, Nelson. *A Lei das S/A Comentada.* Volume I – Arts. 1º a 120. São Paulo. Editora Quartier Latin, 2011

EIZIRIK, Nelson. *A Lei das S/A Comentada.* Volume II – Arts. 121 a 188. São Paulo. Editora Quartier Latin, 2011

FAZZIO JUNIOR. Waldo. *Manual de Direito Comercial.* São Paulo. Editora Atlas, 2008

FONTES FILHO, Joaquim Rubens; LEAL, Ricardo Pereira Câmara (Coord.). *O futuro da governança corporativa: desafios e novas fronteiras.* São Paulo: Editora Saint Paul, 2013

INSTITUTO BRASILEIRO DE GOVERNANÇA CORPORATIVA (IBGC). *Guia das Melhores Práticas de Governança para Cooperativas.* São Paulo, IBGC, 2015

INSTITUTO BRASILEIRO DE GOVERNANÇA CORPORATIVA (IBGC). *O futuro da Governança Corporativa – Desafios e novas fronteiras.* São Paulo: Editora Saint Paul, 2013

JUDICE, Pimenta Júdice; NYBO, Erik Fontenele Nybo (Coord.). *Direito das Startups.* São Paulo: Jurua Editoria, 2016

LODI, João Bosco. *Governança corporativa: o governo da empresa e o conselho de administração.* Rio de Janeiro: Editora Campus, 2000

LOPES, Alexsandro Broedel. *A teoria dos contratos, governança corporativa e contabilidade.* In: IUDÍCIBUS, Sérgio de (Coord.). *Teoria avançada da contabilidade.* São Paulo: Atlas, 2004

MACHADO FILHO, Cláudio Pinheiro. *Responsabilidade social e governança: o debate e as implicações: responsabilidade social, instituições, governança e reputação.* São Paulo: Cengage Learning, 2006

MAMEDE. Gladston. *Manual de Direito Empresarial.* São Paulo: Editora Atlas, 2013

MANZI, Vanessa Alessi. Compliance *no Brasil: consolidação e perspectivas.* São Paulo: Editora Saint Paul, 2008

MEGALE, Maria Helena Damasceno e Silva. Artigo "*Transformação, fusão e cisão de sociedades*", parte integrante da Revista da Faculdade de Direito da Universidade Federal de Minas Gerais. Minas Gerais, Vol. 27, Número 22, 1979

MENDES, Francisco Schertel e CARVALHO, Vinicius Marques de. *Compliance: concorrência e combate à corrupção.* São Paulo: Trevisan Editora, 2007

OLIVEIRA, Djalma de Pinho Rebouças de. *Governança Corporativa na Pratica: Integrando Acionistas, Conselho de Administração e Diretoria Executiva na Geração de Resultados.* São Paulo: Editora Atlas, 2006

PERES, Tatiana Bonatti. Temas Relevantes de Direito Empresarial. Rio de Janeiro. Editora Lumen Juris, 2014

RIBEIRO, Aline; GÊNOVA, Claudia Regina de; ALCÂNTARA, Eunice. *Manual de compliance: preservando a boa governança e a integridade das organizações.* São Paulo: Editora Atlas, 2010

VERGUEIRO, Carlos Eduardo. *Acordos de acionistas e a governança das companhias.* São Paulo: Editora Quartier Latin do Brasil, 2010

SAAD-DINIZ, Eduardo; ADACHI, Pedro Podboi; DOMINGUES, Juliana Oliveira (organizadores). *Tendências em governança corporativa e compliance.* São Paulo, Liber Ars, 2016

SALOMÃO FILHO. Calixto. *O Novo Direito Societário.* São Paulo. Editora Malheiros, 2011

SARCEDO, Leandro. *Compliance e responsabilidade penal da pessoa jurídica: construção de um novo modelo de imputação baseado na culpabilidade corporativa.* São Paulo, Liber Ars, 2016

SILVA, Eggon João da. Artigo "*A Defesa da Ética e Transparência*", parte integrante da obra de VENTURA, Luciano Carvalho. *Governança Corporativa – Seis Anos de Notícias.* São Paulo. Saint Paul Editora, 2005

SILVA FILHA, Cândido Ferreira da; BENEDICTO, Gideon Carvalho de; CALIL, José Francisco. Ética, responsabilidade social e governança corporativa. Campinas: Editora Alínea, 2008

SILVEIRA, Alexandre Di Miceli da. Artigo "*A complexa relação entre a governança corporativa e o retorno acionário*". Revista Capital Aberto. São Paulo. 2014

SILVEIRA, Alexandre di Miceli da. *Da Governança Corporativa e Estrutura de Propriedade.* São Paulo: Saint Paul, 2006

SILVEIRA, Alexandre di Miceli da. *Governança Corporativa: Desempenho e Valor da Empresa no Brasil.* São Paulo: Editora Saint Paul, 2005

SILVEIRA, Alexandre di Miceli da. *Governança Corporativa no Brasil e no Mundo: Teoria e Prática.* Rio de Janeiro: Editora Elsevier, 2015

STEINBERG, Herbert. *A dimensão humana da Governança Corporativa: pessoas criam as melhores e piores práticas.* São Paulo. Gente, 2003

Artigos retirados da Internet

APEX DO BRASIL. *Principais Tipos Societários Brasileiros.* Disponível em http://www.apexbrasil.com.br/uploads/Tipos-Societarios-por-eng.pdf.pdf. Acesso em 15 de abril de 2019

ARRUDA FILHO, Norman de Paula. *Opinião ao artigo "Governança Corporativa para todos os tamanhos"*, de autoria de Anna Paula Franco. Disponível em: http://www.gazetadopovo.com.br/economia/empreender-pme/governanca-corporativa-para-todos-os-tamanhos-ec3op2vtlvxs377wxe9rypkr2. Acesso em 16 de julho de 2017

ASSOCIAÇÃO BRASILEIRA DE BANCOS INTERNACIONAIS (ABBI) E A FEDERAÇÃO BRASILEIRA DE BANCOS (FEBRABAN). *Função do Compliance.* Disponível em: http://www.abbi.com.br/download/funcaode*compliance*_09.pdf. Acesso em 24 de agosto de 2017

BLANK, Steve. *What's A Startup? First Principles.* 2010, Disponível em https://steveblank.com/2010/01/25/whats-a-startup-first-principles/. Acesso em 02 de setembro de 2017

BRANDÃO. Carlos Eduardo Lessa. *Sustentabilidade é parte importante da governança corporativa e dos resultados.* Disponível em: http://www.amcham.com.br/sustentabilidade/noticias/sustentabilidade-e-parte-importante-da-governanca-corporativa-e-dos-resultados. Acesso em 5 de maio de 2017

BRASIL ECONOMICO. *Muito recente no País, já que os primeiros cases surgiram no Brasil só em 2011, o setor de startup tem despontado no Brasil e atraí investidores.* 2016. Disponível em http://economia.ig.com.br/2016-06-30/startup-conceito.html. Acesso em 25 de julho de 2017

DUARTE, Alexandre Uriel Ortega. *Administração da Sociedade Limitada. Responsabilidade dos Administradores. Deliberações dos Sócios.* Disponível em: http://www.administradores.com.br/artigos/economia-e-financas/administracao-da-sociedade-limitada-responsabilidade-dos-administradores-deliberacoes-dos-socios/34188/. Acesso em 11 de setembro de 2017.

ENDEAVOUR DO BRASIL. *Prevenindo com o Compliance para não remediar com o caixa.* Disponível em: https://endeavor.org.br/*compliance/*. Acesso em 26 de agosto de 2017

Instituto Brasileiro de Governança Corporativa (IBGC). *Analises & Tendências.* São Paulo, IBGC, 2018, página 20. Disponível em http://www.ibgc.org.br/2018/cursos/e-mail-ed3/ibgc-ed03.pdf. São Paulo, 2018, pagina 6. Acesso em 16 de abril de 2019

Instituto Brasileiro de Governança Corporativa (IBGC). *Guia das Melhores Práticas de Governança para Cooperativas.* São Paulo, 2015, página 20. Disponível em http://www.ibgc.org.br/userfiles/files/2014/files/CMPGPT.pdf. Acesso em 30 de julho de 2017

FUKAYAMA, Marcel. *A Governança Corporativa na gestão de startups.* Disponível em:http://www.administradores.com.br/noticias/empreendedorismo/a-governanca-corporativa--na-gestao-de-startups/114275/ . Acesso em 10 de agosto de 2017

PEREIRA, Leonardo. *Falta de governança é causa de grandes problemas que chegam à CVM, diz Pereira. Entrevista publicada em 11 de junho de 2015.* O Povo Online. Disponível em: http://www.opovo.com.br/app/economia/ae/2015/06/11/noticiaseconomiaae,3452171/falta--de-governanca-e-causa-de-grandes-problemas-que-chegam-a-cvm-diz-pereira.shtml. Acesso em 29 de julho de 2017

TRAPP, Hugo Leonardo do Amaral Ferreira. *Compliance Na Lei Anticorrupção: Uma Análise Da Aplicação Prática Do Art. 7º, VIII, Da Lei 12.846/2013.* Disponível em: http://boletimjuridico.com/doutrina/texto.asp?id=3969. Acesso em 28 de novembro de 2016

TOLEDO, Marcelo. *Startups: o que é uma startup?.* Disponível em http://marcelotoledo.com/startups-o-que-e-uma-startup/. Acesso em 28 de agosto de 2017

SIGNIFICADOS BR. *Significado de Startup.* Disponível em https://www.significadosbr.com.br/startup. Acesso em 8 de abril de 2019

SILVA FILHO. Julio Santiago da. *Startups e Governança Corporativa.* Disponível em http://www.startupsc.com.br/startups-e-governanca-corporativa/. Acesso em 25 de abril de 2017

SINDICATO DO COMÉRCIO ATACADISTA DE DROGAS, MEDICAMENTOS, CORRELATOS, PERFUMARIAS, COSMÉTICOS E ARTIGOS DE TOUCADOR NO ESTADO DE SÃO PAULO. *A importância do compliance na estrutura de uma empresa.* Disponível em http://www.sincamesp.com.br/DL/Comunicados/2013/A-importancia--do-*compliance*-na-estrutura-de-uma-empresa.pdf. Acesso em 3 de março de 2017

Legislação

BRASIL. *Lei nº 6404, de 15 de dezembro de 1976.* Dispõe sobre as Sociedades por Ações. Palácio do Planalto Presidência da República, Brasília, DF, 15 dez. 1976. Disponível em: < http://www.planalto.gov.br/ccivil_03/leis/L6404consol.htm>. Acesso em 13 de abril de 2019.

BRASIL. *Lei n°10.406, de 10 de janeiro de 2002.* Institui o Código Civil. Palácio do Planalto Presidência da República, Brasília, DF, 10 jan. 2002. Disponível em: http://www.planalto.gov.br/ccivil_03/leis/2002/L10406.htm. Acesso em 13 de abril de 2019.

BRASIL. LGPD

O Dano Moral Decorrente de Atos Ilícitos Previstos na Lei Anticorrupção: O Dever de Boa-Fé do Contrato entre Empresas

Marina Foltran Nicolosi

1. Introdução

A Lei da Empresa Limpa nº 12.846, mais conhecida como Lei Anticorrupção ou LAC, como será referida aqui, foi promulgada em 1º de agosto de 2.013 e trouxe inovações ao ordenamento jurídico brasileiro no sentido de atingir a pessoa jurídica que se beneficie de vantagens indevidas junto à Administração Pública, nacional ou estrangeira. Anteriormente, a responsabilidade por tais atos – quando apurada – recaía somente sobre a pessoa física praticante do ilícito (responsabilidade subjetiva).

Como dito na exposição de motivos do Projeto de Lei, na toada de importantes jurisdições internacionais (especialmente a dos Estados Unidos e do Reino Unido), o combate à corrupção entre empresas e agentes públicos tornou-se um compromisso salutar ainda precário no Brasil:

> 2. O anteprojeto [da LAC] tem por objetivo suprir uma lacuna existente no sistema jurídico pátrio no que tange à responsabilização de pessoas jurídicas pela prática de atos ilícitos contra a Administração Pública, em especial por atos de corrupção e fraude em licitações e contratos administrativos. (...)
>
> 4. As lacunas aqui referidas são as pertinentes à ausência de meios específicos para atingir o patrimônio das pessoas jurídicas e obter efetivo ressarcimento dos prejuízos causados por atos que beneficiam ou interessam, direta ou indiretamente, a pessoa jurídica. Mostra-se também necessário ampliar as

condutas puníveis, inclusive para atender aos compromissos internacionais assumidos pelo Brasil no combate à corrupção.

5. Disposição salutar e inovadora é a da responsabilização objetiva da pessoa jurídica. Isso afasta a discussão sobre a culpa do agente na prática da infração. A pessoa jurídica será responsabilizada uma vez comprovados o fato, o resultado e o nexo causal entre eles. Evita-se, assim, a dificuldade probatória de elementos subjetivos, como a vontade de causar um dano, muito comum na sistemática geral e subjetiva de responsabilização de pessoas naturais.[1]

O Projeto de Lei nº 6.826/10 esteve em discussão na Câmara dos Deputados por três anos, até que escândalos de corrupção passaram a assolar a política e o mercado brasileiros, exigindo uma resposta às manifestações populares que faiscavam. A sanção presidencial veio em 1º de agosto de 2013, com cento e oitenta dias para entrar em vigor – coincidentemente o prazo para atendimento do compromisso assumido internacionalmente pelo Brasil para a edição de uma legislação que impusesse penalidades à corrupção empresarial.

Com isso, aliada a outras leis nacionais que preveem a repressão a vantagens indevidas, tais como o Código Penal, a Lei de Lavagem de Dinheiro (9.613/98), a Lei de Licitações (8.666/93), a Lei de Improbidade (8.429/92) e a Lei do CADE (12.529/11), a LAC abriu uma frente importante no combate corrupção: *as empresas*.

Ao dispor de atos ilícitos praticados somente perante a Administração Pública (excetuando a corrupção privada, como consta na legislação anticorrupção do Reino Unido – o United Kingdom Bribery Act), na prática a LAC transferiu mais uma responsabilidade pública às empresas, de forma a puni-las por não evitarem atos de corrupção *latu sensu* para (ou mesmo partidos de) agentes públicos.

Críticas à parte, vemos este tipo de transferência de responsabilidade do setor público para o setor privado com bons olhos, pois termina por impactar o mercado e consequentemente a economia.

A LAC é, portanto, a primeira lei do Brasil que estabelece a responsabilidade objetiva da pessoa jurídica (sem necessidade de prova do *animus*

[1] BRASIL. *Exposição de motivos EMI nº 00011 2009*. Controladoria Geral da União / Ministério da Justiça / Advocacia Geral da União, Brasília, DF, 23 out. 2009. Disponível em <http://www.camara.gov.br/sileg/integras/1084183.pdf>. Acesso em: 21 jun. 2017

dolandi) no escopo da busca por vantagens indevidas, ainda que não tenha efetivamente participado do acerto ilícito com o agente público.

Para tanto, o Decreto nº 8.420, de 18 de março de 2015, que regulamenta a LAC, estabelece os procedimentos e exigências para a apuração, agravamento ou atenuação das responsabilidades da LAC. Com isso, estes diplomas legislativos fixam regramentos que afetam diretamente a forma com que as empresas operam e firmam seus negócios jurídicos.

No âmbito empresarial, todas as relações atinentes à pessoa jurídica são essencialmente contratadas. Neste trabalho, analisaremos os institutos do negócio jurídico a partir da essência do contrato, para que possamos delimitar quais consequências podem ensejar o direito a indenização por dano moral à parte inocente de uma relação contratual afligida por um ato punível previsto na LAC.

Partindo de uma hipótese que elucide a situação, tenhamos em mente um contrato plenamente existente, válido e eficaz sob o qual, entretanto, uma das partes tenha subsidiariamente praticado um ato ilícito estabelecido na LAC, por exemplo, o cliente (empresa privada) de um prestador de serviços de manutenção de equipamentos (também empresa privada).

Suponha-se que este cliente é um licitante vencedor de vários contratos com a Administração Pública, inclusive durante a vigência da LAC, mas que infelizmente, conforme apurado pelas autoridades, manteve a prática de dar vantagens indevidas a agentes da Administração Pública responsáveis pela licitação, de maneira a praticamente se perpetuar vencedor. Apenas para facilitar a referência, diremos que o ato ilícito seria corrupção.

Paralelamente, no mesmo exemplo, considere-se que o prestador contratado, integrante da cadeia de fornecimento do referido contrato deste cliente é reconhecidamente idôneo no mercado, tendo intensificado as regras de compliance anticorrupção de seu programa de integridade após a entrada em vigor da LAC. Esta empresa contratada, assim, não praticou nenhum ato ilícito no âmbito do contrato com o cliente, o qual segue adimplido.

Ocorre que, com as apurações de corrupção praticadas por este cliente, que é uma grande empresa no Brasil, inevitavelmente se constituiu um escândalo midiático que levou a empresa prestadora de serviços à exposição de seu nome, marcas e imagem carregadas em conjunto com a conduta corrupta do cliente, uma vez que os seus serviços eram essenciais no âmbito da execução do contrato administrativo.

À parte dos eventuais prejuízos decorrentes da perda de outros contratos pelo prestador de serviços ou mesmo do encerramento do contrato com o cliente, que teve o contrato com a Administração Pública suspenso, o prestador de serviços pretende a indenização pelo cliente pelos danos morais incorridos pelo ato ilícito de dar vantagem indevida a agente público, previsto na LAC.

Considerando a juventude da LAC para o Brasil e as dificuldades de proteção da honra da pessoa jurídica somente recentemente estabilizadas no ordenamentos jurídico, pretendemos nas páginas seguintes discorrer, não sobre os danos patrimoniais que uma situação de corrupção no âmbito da LAC podem gerar, mas exclusivamente sobre os inevitáveis danos morais que as empresas podem vir a sofrer.

O contexto social que vivemos hoje de alastramento das notícias em poucos minutos pelo mundo aliado à ânsia pela extirpação da corrupção da sociedade implica que as empresas necessitam de contratos e relações negociais extremamente bem preparadas, seguras e sérias para evitar e se defender da exposição e questionamento de suas condutas. Entretanto, esta situação também pode ser inevitável ao mínimo sinal de vantagem indevida, relacionamento não confiável etc., de maneira que o ordenamento jurídico deve prever também a reparação do dano à moralidade das empresas inocentes, o que se pretende arguir aqui.

2. Função Social do Contrato

O contrato é a concretização de um negócio jurídico no contexto em que está inserido. Para tanto, três requisitos devem ser observados: existência, validade e eficácia.

O requisito da existência, como o próprio nome, permite que o contrato se torne essencial, ou seja, constitua sua essência. Assim, a existência mínima do contrato se dá por meio da forma, objeto, partes e sua declaração de vontade.

Destes se desmembra o requisito de validade, pelo qual a forma deve ser aquela legalmente prescrita; o objeto ser lícito e possível; as partes estejam dotadas de capacidade jurídica e legitimidade; e por fim a declaração de vontade seja espontânea e livre.

Por fim, o negócio jurídico que atenda aos requisitos de existência e validade não será eficaz se não produzir efeitos no plano jurídico.

Assim, considera-se que no caso exemplificado, teríamos a nulidade absoluta do contrato administrativo, vez que os motivos do negócio jurídico, comum a ambas as partes, é ilícito, além de objetivar fraudar a Lei de Licitações (art. 166, III e VI, CC). Guardemos este ponto para discussão à frente.

Antes do estabelecimento dos requisitos do contrato, há princípios inerentes a este tipo de negócio jurídico, sem o que são abertas possibilidades de discussão.

O primeiro deles é o atingimento da função social do contrato, um princípio defendido não-expressamente pela LAC, mas em sua essência de defesa da moralidade e condenação da vantagem indevida.

A função social do contrato é razão da existência deste negócio jurídico. Trata-se de um dos limitadores da validade do contrato, como bem lembra o professor Fabio Ulhoa, numa das passagens das regras transitórias do parágrafo único do artigo 2.035 que prevê a nulidade do contrato que não atinja a sua função social ao contrariar norma de ordem pública.[2]

A função social do contrato pretende favorecer interesses além dos contratantes, tal qual o faz a LAC, ambos relativizando os instrumentos contratuais. Assim, o contrato cujo escopo prejudique ou comprometa interesses coletivos ou de uma certa categoria – os interesses metaindividuais, nas palavras de Ulhoa[3] – é o típico documento jurídico sem função social, portanto nulo de pleno direito.

O artigo 421 do Código Civil é taxativo ao estabelecer os limites à autonomia da vontade: "a liberdade de contratar será exercida em razão e nos limites da função social do contrato".[4]

Para tanto, a função social traz consigo diversos valores. Primeiramente o valor econômico do contrato, que valida a circulação de riquezas, mesmo em se tratando de contrato gratuito. A função social permite a revelação

[2] COELHO, Fábio Ulhoa. *Curso de direito civil: contratos*, volume 3. 8ª ed., ver. atual. e ampl. São Paulo: Editora Revista dos Tribunais, 2016. p. 49

[3] COELHO, Fábio Ulhoa. *Curso de direito civil: contratos*, volume 3. 8ª ed., ver. atual. e ampl. São Paulo: Editora Revista dos Tribunais, 2016. p. 49

[4] BRASIL. *Lei nº 10.406, de 10 de janeiro de 2002*. Institui o Código Civil. Casa Civil. Presidência da República, Brasília, DF, 10 jan. 2002. Disponível em <http://www.planalto.gov.br/ccivil_03/leis/2002/L10406compilada.htm>. Acesso em: 17 jun. 2017

do ente participante como sujeito de direito. Há o valor social que nada mais representa do que uma pacificação das relações. Por fim, a função social é um retrato da Lei, então também do Direito, atribuindo o valor jurídico aos contratos.

Em suma, a função social do contrato traduz a sua utilidade concreta no mundo econômico, social e jurídico.

São inúmeros os exemplos que podemos pensar de contratos cujas cláusulas podem facilmente afetar interesses públicos, difusos ou coletivos, que não poderiam ser negociados entre as partes, como elenca o mestre:

> O dano ambiental, a publicidade enganosa e a sutil forma de impor degradação ao imóvel tombado são efeitos dos contratos que violam o meio ambiente, os direitos dos consumidores e o patrimônio histórico. Desatende-se, nesses casos, à função social exigida dos negócios contratuais.[5]

A atividade econômica que é movimentada pelos infinitos contratos que se celebram e se encerram rotineiramente no mundo em algum momento sempre será impactada por condições e acordos que se destacariam da função social contratual, não fossem as resoluções de conflito negociais que temos hoje.

Evidente, portanto, que o descumprimento das cláusulas de função social do contrato implica na nulidade do negócio jurídico, sem prejuízo algum para a indenização dos danos causados pelos contratantes.

> No desrespeito à cláusula geral da função social, contudo, a nulidade é imposta pela lei, sem prejuízo da obrigação de indenizar, para que a ofensa à norma de ordem pública seja reprimida por completo. Atente-se para a extensão da consequência legal: se o contrato não atende a sua função social, é nulo; desse modo, o contratante inadimplente não pode ser judicialmente compelido pelo outro a cumprir as obrigações assumidas.[6]

A seriedade das relações contratuais é o ímpeto maior da função social, uma vez que a incompatibilidade do contrato com o instituto o faz morrer em seu nascimento, com a respectiva nulidade. Assim ocorre em nosso

[5] Ibid. p. 49/50

[6] COELHO, Fábio Ulhoa. *Curso de direito civil: contratos,* volume 3. 8ª ed., ver. atual. e ampl. São Paulo: Editora Revista dos Tribunais, 2016. p. 50

exemplo, pois o contrato administrativo possui vício de validade por decorrer de ato ilícito previsto na LAC, cuja conduta indevida contamina a imagem e reputação de todos os envolvidos, inclusive do prestador de serviços.

Vale refletir a situação sob a ótica de que o contrato não é um átomo inerente aos seus signatários, mas sim uma molécula inserida na sociedade, portanto, não-exclusivo das partes e sujeito aos demais átomos e moléculas.

Em nossa opinião, a LAC é essencialmente protetiva do princípio da função social, como nos deparamos na exposição de motivos do projeto de lei que logo no início trata dos valores abarcados pela função social:

> 3. Sabe-se que a corrupção é um dos grandes males que afetam a sociedade. São notórios os custos políticos, sociais e econômicos que acarreta. Ela compromete a legitimidade política, enfraquece as instituições democráticas e os valores morais da sociedade, além de gerar um ambiente de insegurança no mercado econômico, comprometendo o crescimento econômico e afugentando novos investimentos. O controle da corrupção assume, portanto, papel fundamental no fortalecimento das instituições democráticas e na viabilização do crescimento econômico do país.[7]

Se corrobora, portanto, que os atos praticados no âmbito de contratos fundados ou que objetivem vantagens indevidas à (ou da) Administração Pública carecem em absoluto de função social.

Analisemos, então, sob a ótica de outro princípio-mor do Direito Civil e, portanto, dos contratos. A boa-fé.

3. Boa-Fé Contratual

Os princípios que embasam a relação contratual são (i) a autonomia da vontade, (ii) *pacta sunt servanda*, (iii) relatividade das obrigações, (iv) boa-fé e (v) função social. O primeiro assegura a liberdade de convencionar das partes conforme o seu interesse, trazendo aos contratos a retratação do que é juridicamente autorizado e criando regras, alterando e pondo fim às relações contratuais. O princípio em latim limita o princípio anterior para

[7] BRASIL. *Exposição de motivos EMI nº 00011 2009*. Controladoria Geral da União / Ministério da Justiça / Advocacia Geral da União, Brasília, DF, 23 out. 2009. Disponível em <http://www.camara.gov.br/sileg/integras/1084183.pdf>. Acesso em: 21 jun. 2017

dar seriedade ao contrato obrigando as partes ao que foi convencionado. A relatividade das obrigações insere o contrato no mundo do negócio jurídico para limitá-lo a cumprir o que foi livremente convencionado, desde que não se prejudiquem outros. É o que comumente nos referimos com a expressão "o direito de um vai até o limite onde está estabelecido o direito de outrem". A boa-fé, como o próprio nome, demanda aos contratantes o dever de honestidade e lealdade. A função social, quinto princípio dos contratos, exige a razão de existir da relação contratual, uma vez que a sociedade sofrerá reflexos de cada contrato pactuado, devendo estar com ela alinhado.

Sempre que nos referimos à boa-fé e à função social devemos analisa-las no momento e local em que o fato se insere, pois o contexto da sociedade e o padrão de conduta do homem médio se altera.

Assim, a ética, o conceito de vantagem indevida, a efetividade dos programas de integridade exigidos pela LAC sofrem de momento e lugar quando os analisamos.

A boa-fé exige não somente seriedade no trato, mas respeito mútuo na negociação, execução, término e mesmo após o encerramento do contrato. Nas palavras de Fábio Ulhoa, "se as ações ou omissões de um sujeito denunciam ou sugerem desrespeito aos direitos do outro contratante, considera-se que ele descumpriu o dever geral de boa-fé objetiva.[8]

Assim, o dever de boa-fé é unânime e equilibrado. Independe do momento contratual e deve ser sempre preservado, em prol da expectativa da outra parte. Por isso, então, que a falta de boa-fé do contratante é um descumprimento da lei, o que significa um ato ilícito.

Como se sabe, incorrer em ato ilícito é sofrer as consequências de indenizar aqueles prejudicados por tal ato, não implicando, necessariamente, na extinção do vínculo contratual.

> Quer dizer, se não houver expressa previsão contratual prevendo a resolução do contrato, a ausência de boa-fé de um contratante não implica a desconstituição do vínculo. Na lei, não é prevista a revisão ou extinção do contrato pela desobediência do dever geral de boa-fé, mas apenas a responsabilidade civil subjetiva do contratante de má-fé (CC, arts. 186, 422 e 927 combinados)."[9]

[8] COELHO, Fábio Ulhoa. *Curso de direito civil: contratos*, volume 3. 8ª ed., ver. atual. e ampl. São Paulo: Editora Revista dos Tribunais, 2016. p. 46/47

[9] COELHO, Fábio Ulhoa. *Curso de direito civil: contratos*, volume 3. 8ª ed., ver. atual. e ampl. São Paulo: Editora Revista dos Tribunais, 2016. p. 47

Como bem pontua o professor Fábio Ulhoa ao analisar o artigo 422 do Código Civil ("os contratantes são obrigados a guardar, assim na conclusão do contrato, como em sua execução, os princípios de probidade e boa-fé"), pela subjetividade e necessidade de aplicação ao caso prático das noções de boa-fé impostas propositadamente pela lei (uma vez que se alteram para o "homem-médio" com o passar do tempo e da sociedade), o magistrado – e não somente a letra do contrato – sempre poderá rever o âmbito do atingimento ou não da boa-fé pela conduta posta *sub judice*.[10]

Já dizia o professor Ulhoa, muito antes da LAC:

> No dispositivo legal em que se abriga a cláusula geral da boa-fé objetiva, impõe-se aos contratantes também a obrigação de probidade (Código Civil, art. 422). Probidade significa honestidade, retidão de caráter, senso de justiça. Como se nota, a probidade é virtude já compreendida pela boa-fé objetiva. O contratante probo respeita os direitos da outra parte; se os desrespeita, falta-lhe honestidade.[11]

Para discutir um contrato e o relacionamento entre as partes sob a ótica da LAC é essencial se orientar pelo princípio da boa-fé, pilar do nosso Direito.

Esta terminologia se origina do latim *fides*, referindo-se à felicidade, lealdade, confiança, que, em suma, se traduz nos dias de hoje como a ética de não prejudicar os demais.

Pode-se dizer que a boa-fé é o padrão que limita a liberdade de todos os integrantes da sociedade nas diversas relações de contrato que se concretizam dia a dia.

Simplificadamente, a boa-fé nada mais é que a boa crença no outro, a confiança depositada na contraparte, que reflete o comportamento jurídico de cada um pelo bem de se viver em sociedade, ou seja, de se executar os contratos. De outro ponto de vista, a boa-fé reflete a responsabilidade de uma parte contratual confiar que a contraparte seguirá a expectativa normativa das obrigações futuras estabelecidas em contrato. Carlyle Popp, entretanto, adverte que a parte contratante tenha minimamente

[10] Ibid. p. 47

[11] Ibid. p. 48

diligenciado sua pressuposição, antes de legitimar a confiança depositada no outro.[12]

Mais profundamente, verifica-se aí intenção do legislador da LAC ao levar em consideração, para a aplicação das sanções, "a existência de mecanismos e procedimentos internos de integridade, auditoria e incentivo à denúncia de irregularidades (...) no âmbito da pessoa jurídica" (artigo 7º, VIII, LAC)

Com isso, a LAC exige o mínimo de diligência em contratos antes de simplesmente as partes confiarem entre si para a consecução do objeto contratual.

Para esta aferição, a boa-fé deve ser apurada objetivamente quanto à conduta suficientemente manifestada pela contraparte para que lhe fosse depositada a confiança, e subjetivamente quanto a se efetivamente a parte confiou naquela conduta. É este o ponto central da situação hipotética aqui discutida: ao dar seguimento ao seu contrato com o cliente, o prestador de serviços – que diligenciou antes da contratação – confiou na conduta de seu cliente, que manteve a conduta esperada na negociação, apesar dos atos ilícitos obscuramente praticados junto à Administração Pública, os quais não poderiam ser de conhecimento do mais diligente fornecedor.

Por isso a aplicação do princípio da boa-fé não pode estar desatrelada das análises de atos ilícitos previstos na LAC. A boa-fé transmite a devida segurança jurídica aos contratos e a mínima seriedade aos contratantes, para que a relação contratual não se torne burocrática e até impeditiva, na medida dos tantos procedimentos – não estabelecidos, apesar de exigidos – pela LAC e seus instrumentos vinculados.

Diz-se generalizadamente que os contratos são feitos para serem lidos somente nos momentos de litígio quando não há mais relação contratual, o que implica que nesta hora a boa-fé é posta à prova para que as partes não tomem atitudes que frustrem a expectativa e confiança postas uma na outra no início do relacionamento, quando se pressupuseram a retidão e o caráter das partes.

Importante ressaltar que nosso exemplo hipotético abarca tanto o conceito de boa-fé objetiva quanto da boa-fé subjetiva, apesar desta se aplicar normalmente no âmbito dos Direitos Reais. O professor Fábio Ulhoa explica tais conceitos:

[12] POPP, Carlyle, *Responsabilidade civil pré-negocial: o rompimento das tratativas*. 1ª ed. Curitiba: Juruá, 2001. p. 118

> No Brasil, preferiu-se adjetivar o conceito [de boa-fé], distinguindo entre boa-fé subjetiva e objetiva. A boa-fé subjetiva corresponde à virtude de dizer o que acredita e acreditar no que diz. Tem relevância para o direito das coisas, na qualificação da posse, mas não é operacionalizável no direito dos contratos. Já a boa-fé objetiva é representada por condutas do contratante que demonstram seu respeito aos direitos da outra parte (Marques, 1992:105/107).[13]

Os institutos da LAC impuseram aos contratantes o dever de se certificar da idoneidade das situações contratuais que serão constituídas com base nos pressupostos fáticos do caso prático medidos pelos procedimentos de compliance pré, iter e pós contrato firmado, por isso é possível afirmar que a boa-fé subjetiva passa a ser considerada para fins dos contratos verificados sob a LAC, e não somente no Direito das Coisas. Paralelamente, a boa-fé objetiva é intrínseca ao direito contratual como dito por Ulhoa, pois analisa as atitudes e condutas do agente na execução da obrigação.

Assim, tanto a boa-fé objetiva quanto subjetiva exigem o elemento confiança, exigindo-se também, sob a ótica da LAC aplicável aos contratos, o dever de conduta das partes, seja pela diligência sobre o contrato e a contraparte, seja pela conduta idônea esperada pela lei.

Não é preciso lembrar que o nosso Código Civil felizmente impõe a boa-fé como cláusula geral em seu artigo 422 ("os contratantes são obrigados a guardar, assim na conclusão do contrato, como em sua execução, os princípios de probidade e boa-fé[14]), permitindo que ela ilumine amplamente todas as relações jurídicas. No âmbito da LAC, apesar de não haver menção nenhuma à boa-fé ou não do agente, é inerente à contraposição da vantagem indevida ali prevista o conceito de boa-fé.

As possibilidades de verificação da boa-fé no Direito são infinitas, posto que se aborda um princípio. Por isso, a boa-fé funciona de várias maneiras, de um lado como forma de interpretar negócios jurídicos, especialmente quando seu detalhamento deixa dúvidas, lacunas ou inconsistências, mas de um outro lado bastante amplo quando implica em outras obrigações de

[13] COELHO, Fábio Ulhoa. *Curso de direito civil: contratos*, volume 3. 8ª ed., ver. atual. e ampl. São Paulo: Editora Revista dos Tribunais, 2016. p. 46

[14] BRASIL. *Lei nº 10.406, de 10 de janeiro de 2002*. Institui o Código Civil. Casa Civil. Presidência da República, Brasília, DF, 10 jan. 2002. Disponível em <http://www.planalto.gov.br/ccivil_03/leis/2002/L10406compilada.htm>. Acesso em: 20 jun. 2017

segundo plano ao contrato, com os deveres de colaboração, conhecimento, informação, confidencialidade, cuidado, prestação de contas, entre outros.

Aqui reside a responsabilidade subsidiária do cliente de nosso exemplo perante o prestador de serviços. Dizemos subsidiária no sentido de que o cliente é responsável perante sua contratante Administração Pública no contrato principal, mas também perante o prestador de serviços no contrato secundário, sem o qual o contrato principal não se executaria.

Para este último contrato, o cliente tem deveres de colaboração, conhecimento, informação, confidencialidade, cuidado para com seu contratado, que são inerentes à boa-fé e que foram desrespeitados.

Acrescente-se a isso a proibição do *venire contra factum proprium* do negócio jurídico, que afasta condutas contraditórias, exigindo a lealdade nos relacionamentos contratuais e o dever de cooperação das partes, objetivando o cumprimento pleno e sério do contrato.

Assim, como seria possível que o cliente do exemplo possuísse boa-fé no contrato com o prestador de serviços, mas má-fé no contrato administrativo? Trata-se de comportamentos inconsistentes, que terminam por viciar a relação contratual e vitimar o prestador de serviços que confiou na conduta do cliente para com ele.

No momento em que a lealdade e confiança são quebradas pela conduta da contraparte, nasce o dever de indenizar.

A boa-fé é um primado da sociedade que impõe expressas limitações à autonomia da vontade, fazendo com que tais conceitos em conjunto tutelem a conduta individual de cada parte, limitada ao direito da contraparte, o que permite o equilíbrio do negócio jurídico.

Vera Jacob Fradera possui um ponto de vista que bem pontua a responsabilidade que limita a autonomia da vontade:

> [A autonomia da vontade] é utilizada voluntariamente nas relações, quanto à confiança, elemento relevante na segurança do tráfico jurídico, carrega, inserida em seu bojo, uma ideia de responsabilidade pessoal, cujas consequências jurídicas decorrem "ex lege" e não "ex voluntate".[15]

[15] FRADERA, Vera Jacob. *Dano pré-contratual uma análise comparativa a partir de três sistemas jurídicos, o continental europeu, o latino-americano e o americano do norte.* In: Revista de Informação Legislativa, Brasília, a.34, n.136, out./dez.1997. p. 179

Não se pode dizer, portanto, que a autonomia da vontade do prestador de serviços da hipótese deste artigo implicaria em culpa *in eligendo*, afastando a obrigação de indenizar do cliente posto que, para o exercício da sua vontade de contratar, manteve a devida diligência sobre seu contratante, crendo na conduta negocial do cliente que permitiu lealmente "elege-lo" parte de seu contrato.

Tem-se, portanto, configurados os elementos que permitem a indenização do dano: nexo causal, negociação consentida e ofensa.

A negociação do contrato ter sido feita de forma segura, sem vícios de consentimento, permite a legitimidade do contrato como obrigação das partes, inclusive com relação aos riscos inerentes ao negócio.

A relação de causalidade é a base da responsabilização na esfera civil, refletindo a conexão entre a obrigação contratual e o prejuízo da lesão.

Por fim, o prejuízo em si, que é a consequência da irresponsabilidade. No caso em pauta, temos a ofensa moral à honra da pessoa jurídica.

Nas palavras de Washington de Barros Monteiro,

> O direito de indenização surge sempre que o prejuízo resulte da atuação do agente, voluntário ou não. Quando existe intenção deliberada de ofender o direito ou se causa prejuízo, há dolo. Se não houver esse intento deliberado, mas o prejuízo venha a surgir por imprudência ou negligência. Existe culpa.[16]

Assim, a falta de função social do contrato administrativo de nosso exemplo, acrescido da inobservância do dever de boa-fé pelo cliente, ocasionando ofensa ao prestador de serviços idôneo implica em dano à sua moralidade.

4. Dano Moral à Empresa

A questão central discutida neste trabalho é o dano moral à empresa decorrente de ato ilícito de corrupção.

Vale lembrar que não estamos discutindo ainda o inadimplemento do contrato entre o prestador de serviços e o cliente, que pode sim vir a acontecer conforme será abordado à frente, mas que, em princípio, tão somente

[16] CHAVES, Antonio. *Responsabilidade pré-contratual*. 2ª ed. São Paulo: Lejus, 1997. p. 170.

pela conduta errada do cliente que trague a reputação do prestador de serviços, não exigiria a extinção contratual, posto que inexistem motivos para tanto, tais como: nulidade ou anulabilidade do contrato privado (há, sim, do contrato administrativo), que são causas extintivas concomitantes à formação do contrato; ou causas supervenientes ao contrato privado (resilição, culpa de terceiro, impossibilidade de cumprimento ou onerosidade excessiva, ou culpa). Tampouco há mora de uma parte à outra no âmbito do contrato cliente-prestador de serviços.

O que se discute neste ponto é exclusivamente a exigibilidade da indenização do dano moral sofrido pelo prestador de serviços decorrente de conduta inapropriada e legalmente repreendida performada pelo cliente por meio de ato ilícito praticado perante agente público, no âmbito da LAC.

Na história do instituto do dano moral, antes do Código Civil de 2002, ele era indenizável somente se o fato também implicasse reflexos patrimoniais. Ora, então referíamos ao dano patrimonial – não moral, entretanto, assim era o entendimento.

Vem o Superior Tribunal de Justiça brasileiro formulando a Súmula 37 e pacificando o entendimento acerca do dano moral e dano patrimonial: "são cumuláveis as indenizações por dano material e dano moral oriundos do mesmo fato.[17]

O dano moral sempre foi difícil de ser mensurado. Apesar disso, não pode ser desconsiderado, ainda mais nos dias atuais em que a exposição psicológica e reputacional das pessoas e empresas pode seguir velocidade galopante para o bem ou para o mal, este último inerente ao dano moral.

Como diria Venosa,

> Geralmente, o descumprimento de um contrato não lega a um dano moral. E o dano moral é exatamente isso, um prejuízo que não afeta o patrimônio econômico, mas afeta a mente, a reputação da vítima.[18]

[17] BRASIL. *Súmulas do Superior Tribunal de Justiça*. Superior Tribunal de Justiça, Brasília, DF, Disponível em <http://www.stj.jus.br/docs_internet/VerbetesSTJ_asc.pdf>. Acesso em: 16 jun. 2017

[18] VENOSA, Sílvio de Salvo. *Direito civil: teoria geral das obrigações e teoria geral dos contratos*. Coleção direito civil; v.2. 8ª ed. São Paulo: Atlas, 2008. p. 319

Acrescente-se à dificuldade de mensurar o dano moral a verdade de que o montante indenizado por vezes não substitui o dano sofrido.

Outra medida a ser considerada pelo julgador do dano moral é a vedação ao enriquecimento da vítima, que baliza a indenização nem tanto para beneficiar o sofredor do dano, mas o suficiente para educar e punir o seu causador.

O ato ilícito previsto na LAC, ao colidir com a moral e a legislação, importa na lesão ao interesse de outrem, no caso tanto da Administração Pública, como do prestador de serviços, além de gerar a obrigação de reparação à vítima pelo agente, como estabelecem os artigos 186 e 187 do Código Civil:

> **Art. 186.** Aquele que, por ação ou omissão voluntária, negligência ou imprudência, violar direito e causar dano a outrem, ainda que exclusivamente moral, comete ato ilícito.
> **Art. 187.** Também comete ato ilícito o titular de um direito que, ao exercê-lo, excede manifestamente os limites impostos pelo seu fim econômico ou social, pela boa-fé ou pelos bons costumes.[19]

Assim, também estabelece o artigo 927 da mesma carta com relação à responsabilidade civil:

> **Art. 927.** Aquele que, por ato ilícito (arts. 186 e 187), causar dano a outrem, fica obrigado a repará-lo.[20]

A imputação do ato ilícito ao agente exige a omissão do comportamento devido como elemento objetivo e a sua culpabilidade como elemento subjetivo.

No tocante ao elemento objetivo do ato ilícito, ou seja, a omissão do comportamento devido pelo cliente (agente) antes de 2013 – entrada em vigor da LAC – diríamos que a prestação do cliente para com o contratado seria indefinida, de maneira que o cliente só afastaria a indenização ao prestador pelo vício no contrato administrativo se demonstrasse ter cumprido o simples dever geral de diligência, o que não se verifica pelo cliente, no caso exemplificado neste trabalho.

[19] BRASIL. *Lei nº 10.406, de 10 de janeiro de 2002*. Institui o Código Civil. Casa Civil. Presidência da República, Brasília, DF, 10 jan. 2002. Disponível em <http://www.planalto.gov.br/ccivil_03/leis/2002/L10406compilada.htm>. Acesso em: 20 jun. 2017

[20] Idem.

Com a LAC, se estabelece "a responsabilização objetiva administrativa e civil de pessoas jurídicas pela prática de atos contra a Administração Pública, nacional ou estrangeira" (art. 1º da LAC). Consequentemente, sob a ótica do elemento objetivo do ato ilícito, a prestação do cliente de nossa situação hipotética se torna *definida*, perante a Administração Pública, a sociedade e o contratado, configurando-se a omissão pelo cliente do comportamento devido e verificando-se todos os seus pressupostos:

a) a possibilidade do cliente ter cumprido a obrigação de licitar corretamente, ou seja, ter concorrido lealmente e não ter dado a vantagem indevida ao agente público.
b) a ausência de causas de justificação, vez que não haveria obstáculos à participação leal do cliente na licitação que excluíssem a ilicitude e legitimassem a omissão do comportamento pelo agente em decorrência do cumprimento de um dever, do exercício de um direito ou mesmo do consentimento do lesado – que não se aplica à licitação, pois o direito ao melhor contrato é indisponível à Administração; e
c) a lesão de um direito subjetivo ou interesse legalmente tutelado, inerente ao contrato administrativo.

Assim, da leitura da Constituição Federal em conjunto com o Código Civil e a Súmula 37 do Superior Tribunal Federal, não temos dúvida quanto ao direito ao dano moral indenizado por um fato extracontratual. Vejamos:

> **Art. 5º** Todos são iguais perante a lei, sem distinção de qualquer natureza, garantindo-se aos brasileiros e aos estrangeiros residentes no País a inviolabilidade do direito à vida, à liberdade, à igualdade, à segurança e à propriedade, nos termos seguintes:
>
> **V** – é assegurado o direito de resposta, proporcional ao agravo, além da indenização por dano material, moral ou à imagem;
>
> **X** – são invioláveis a intimidade, a vida privada, a honra e a imagem das pessoas, assegurado o direito a indenização pelo dano material ou moral decorrente de sua violação;[21]

[21] BRASIL. *Constituição Federal da República Federativa do Brasil de 1988*. Casa Civil da Presidência da República, Brasília, DF, 5 out. 1988. Disponível em <http://www.planalto.gov.br/ccivil_03/constituicao/ConstituicaoCompilado.htm>. Acesso em: 16 jun. 2017.

Art. 187. Também comete ato ilícito o titular de um direito que, ao exercê-lo, excede manifestamente os limites impostos pelo seu fim econômico ou social, pela boa-fé ou pelos bons costumes.[22]

Súmula 37

São cumuláveis as indenizações por dano material e dano moral oriundos do mesmo fato.[23]

Daí depreendemos que o dano moral implica em prejuízos ao patrimônio imaterial do ofendido, não se confundindo com o dano patrimonial, como já discutido. Podemos dizer que o patrimônio imaterial não é suscetível de valoração monetária, de maneira que a indenização será fixada com base em situações similares e pela importância de cada valor moral do julgador, conforme demonstrado pelo ofendido.

Mais comumente discutimos os danos morais na esfera dos prejuízos à liberdade, à existência e vida, à integridade física, à fé, ao decoro e à honra, facilmente associáveis à pessoa física.

Entretanto, grande parte da jurisprudência com razão passou a admitir que a ofensa ao nome, à imagem, às marcas, à conduta e à reputação também são indenizáveis às pessoas jurídicas, a título de proteção de sua honra, adiante discutida.

Não poderia ser diferente, tendo em vista o número de empresas existentes hoje no mercado e a sua importância para a sociedade e à economia.

Seria impossível conceber, portanto, que numa sociedade complexa como a de hoje, fundada em tantas relações contratuais, as pessoas físicas e as empresas não esbarrassem entre si, ferindo direitos ou omitindo deveres umas para com as outras, sem que isso implicasse na responsabilização moral.

Esta problemática se insere na fundamental regulamentação legislativa que abarca a ética nas relações contratuais.

O Código Civil de 2002 traz a ética como pilar, para permitir a operabilidade dos princípios constitucionais especialmente a inviolabilidade

[22] BRASIL. *Lei nº 10.406, de 10 de janeiro de 2002.* Institui o Código Civil. Casa Civil da Presidência da República, Brasília, DF, 10 jan. 2002. Disponível em <http://www.planalto.gov.br/ccivil_03/leis/2002/L10406compilada.htm>. Acesso em: 20 jun. 2017

[23] BRASIL. *Súmulas do Superior Tribunal de Justiça.* Superior Tribunal de Justiça, Brasília, DF, Disponível em <http://www.stj.jus.br/docs_internet/VerbetesSTJ_asc.pdf>. Acesso em: 16/06/2017.

do indivíduo (em nossa opinião, da empresa como entidade inclusive). Desta forma, a boa-fé, a confiança e a seriedade das relações contratuais são positivadas, de maneira que, ainda que não escritas, são para serem respeitadas, afastando uma certa burocracia de escrita contratual, como no direito anglo-saxão, por exemplo.

Por isso, conclui Cavalieri, na interpretação da Constituição Federal, que "hoje o dano moral não mais se restringe à dor, tristeza e sofrimento, estendendo a sua tutela a todos os bens personalíssimos – os complexos de ordem ética".[24]

À conexão de Cavalieri dos direitos complexos de ordem ética como um dos bens da personalidade, podemos depreender que a LAC – eminentemente uma lei de punição à conduta não-ética – é também uma lei de proteção da personalidade da empresa, ou seja, a LAC pretende punir a empresa eminentemente buscadora de vantagens indevidas e atenuar as penalidades atinentes às empresas que efetivamente comprovaram como valor, ou seja, como ordem ética, a integridade e a boa conduta, separando a entidade jurídica da eventual situação pela qual tenha sido acusada.

Em suma, juntamente à defesa da LAC do bem personalíssimo da ética tem-se o devido direito à indenização da vítima atingida pela conduta moralmente condenável.

Pertinente, portanto, os conceitos de que a indenização por dano moral no escopo dos contratos sujeitos à LAC tem função punitiva e compensatória para a vítima do ato de oferecimento ou recebimento de vantagem indevida a um terceiro, alheio a este fato, que tenha sido prejudicado por tanto.

Podemos inclusive estabelecer um paralelo entre a função inibitória e educativa das penalidades previstas na LAC à mesma função da indenização por dano moral.

Importante esclarecer que para o dano moral não há necessidade de inadimplemento do contrato – que por si só poderia gerar perdas e danos – mas de circunstâncias em que a conduta do agente extrapola os limites do contrato e implica ofensa ao lesado, retirando-o da sua atividade normal, questionando sua conduta e retidão, sem dizer quando a honra e boa fama

[24] CAVALIERI FILHO, Sérgio. *Programa de responsabilidade civil.* 8ª ed. São Paulo: Atlas, 2008. p. 81

da empresa não são tão evidentes que acabam por, não somente ofender a sua moralidade, mas impactar a órbita de seu patrimônio.

5. Cláusula Penal e Inadimplemento Contratual

Ressalte-se que a indenização do dano moral no escopo do contrato não merece limitação pela cláusula penal ou multa, pelas razões a seguir.

A cláusula penal é um acordo facultativo secundário do contrato por meio do qual as partes anteveem o valor fixo indenizável à parte inocente, nos casos de mora ou inadimplemento:

> **Art. 409.** A cláusula penal estipulada conjuntamente com a obrigação, ou em ato posterior, pode referir-se à inexecução completa da obrigação, à de alguma cláusula especial ou simplesmente à mora.[25]

Significa dizer que a função da cláusula de multa contratual é a de prefixar os eventuais prejuízos decorrentes não adimplemento das condições contratadas.

Por meio de interpretação restritiva, alguns doutrinadores afastam a indenização por dano moral aberta quando há cláusula penal no contrato, a qual sequer permitiria a avaliação do dano moral, por estabelece-lo no montante já descrito na cláusula penal. Segundo esta corrente, o acúmulo da cláusula penal à indenização por dano moral é juridicamente impossível.

Reflitamos mais sobre a multa contratual.

Esta obrigação acessória pretende evitar o descumprimento do contrato. Sua função, portanto, tem caráter coercitivo e ressarcitório com relação ao inadimplemento contratual.

Neste diapasão, tem-se que a penalidade da multa pode ser ainda de mora ou de compensação.

A multa moratória envolve obviamente a mora, ou seja, o atraso da obrigação, quando o credor da obrigação ainda tem interesse no seu cumprimento:

[25] BRASIL. *Lei nº 10.406, de 10 de janeiro de 2002*. Institui o Código Civil. Casa Civil da Presidência da República, Brasília, DF, 10 jan. 2002. Disponível em <http://www.planalto.gov.br/ccivil_03/leis/2002/L10406compilada.htm>. Acesso em: 16 jun. 2017

> **Art. 411.** Quando se estipular a cláusula penal para o caso de mora, ou em segurança especial de outra cláusula determinada, terá o credor o arbítrio de exigir a satisfação da pena cominada, juntamente com o desempenho da obrigação principal.[26]

A multa compensatória busca a reparação do dano pelo inadimplemento da obrigação:

> **Art. 410.** Quando se estipular a cláusula penal para o caso de total inadimplemento da obrigação, esta converter-se-á em alternativa a benefício do credor.[27]

Uma vez que na hipótese apresentada não se aplicaria a cláusula penal moratória, já que a conduta é ilícita e, portanto, afasta qualquer interesse de continuidade da relação, entendemos que a cláusula penal compensatória tampouco poderia se aplicar de maneira a impedir o pedido de danos morais, os quais não podem ficar limitados.

Conforme já vimos acima, o dano moral atinge o patrimônio imaterial da empresa lesada em sua reputação, podendo impactar em diferentíssimos níveis de gravidade, que por sua vez, não tem como ser previamente entabulados no contrato. Ainda para os que não admitem o afastamento da multa compensatória, não há dúvida de que esta deve ser a decisão quando a gravidade do ato lesivo for tamanha que extrapole o valor da penalidade, como prevê nosso Código:

> **Art. 416.** Para exigir a pena convencional, não é necessário que o credor alegue prejuízo.
>
> **Parágrafo único.** Ainda que o prejuízo exceda ao previsto na cláusula penal, não pode o credor exigir indenização suplementar se assim não foi convencionado. Se o tiver sido, a pena vale como mínimo da indenização, competindo ao credor provar o prejuízo excedente.[28]

[26] BRASIL. *Lei nº 10.406, de 10 de janeiro de 2002.* Institui o Código Civil. Casa Civil da Presidência da República, Brasília, DF, 10 jan. 2002. Disponível em <http://www.planalto.gov.br/ccivil_03/leis/2002/L10406compilada.htm>. Acesso em: 16 jun. 2017

[27] Idem.

[28] Idem.

É possível ainda a renúncia à multa compensatória em favor da competente ação de reparação de danos morais.

Lembre-se que a função da cláusula penal é evitar o descumprimento da obrigação para garantir a seriedade das estipulações contratuais, e não limitar o direito de reparação de danos.

Desta forma, concluímos que não importa a origem contratual ou extracontratual da relação uma vez concretizada a situação danosa à reputação do prestador de serviços decorrente de ato ilícito praticado por seu cliente perante a Administração Pública, inexistindo óbices para a indenização pelos danos morais causados, ainda que indiretamente.

Assim, vetar o acesso à indenização moral à empresa denegrida pelo ato de outrem é inconstitucional em seu espírito.

Independentemente de nosso exemplo prático estar no âmbito ou não da Lei de Licitações, fato é que a obtenção ou o oferecimento de vantagem indevida pelo cliente a qualquer agente público, no escopo de qualquer outro contrato vinculado de qualquer forma ao contrato de prestação de serviços do fornecedor pode implicar em falta de efetividade em *compliance* por parte deste prestador de serviços. Digamos que é uma situação bastante corriqueira, se considerarmos a dificuldade do fornecedor estabelecer exigências contratuais ao seu cliente – no mais das vezes, é o contrário, quando não em abuso.

Consideremos, então, que o prestador de serviços foi cauteloso o suficiente para estabelecer cláusulas de *compliance* anticorrupção, mencionando expressamente a LAC no contrato com o cliente (o qual, lembremos, está em pleno vigor e não foi objeto de vício sob a LAC).

Independentemente, consideramos que há inadimplemento contratual por parte do cliente, primeiro pelo não atingimento da função social do contrato administrativo, o qual é nulo; segundo porque faltou boa-fé e dever de informação pelo cliente ao prestador de serviços, que é rasgado em sua reputação pela má conduta do cliente.

Desta feita, este inadimplemento contratual é dotado de tal gravidade que exaspera as perdas materiais do prestador de serviços, repercutindo na sua dignidade e retidão, configurando o dano moral.

É imprescindível esclarecer que não é o ato ilícito da LAC o fato gerador do dano moral, mas sim as consequências daquele, que, vindo à tona, abalroa toda a cadeia de valor do cliente.

Assim é que o cliente incorre em omissão perante o seu prestador de serviços, deixando de cumprir com seu dever de informação e de boa-fé e ainda de Compliance, se tal cláusula existir expressamente no contrato:

> **Art. 389.** Não cumprida a obrigação, responde o devedor por perdas e danos, mais juros e atualização monetária segundo índices oficiais regularmente estabelecidos, e honorários de advogado.[29]

Sumariamente, a infração à obrigação contratual implica no dever de reparação, em decorrência da responsabilidade civil prevista em lei:

> **Art. 927.** Aquele que, por ato ilícito (arts. 186 e 187), causar dano a outrem, fica obrigado a repará-lo.
> **Parágrafo único.** Haverá obrigação de reparar o dano, independentemente de culpa, nos casos especificados em lei, ou quando a atividade normalmente desenvolvida pelo autor do dano implicar, por sua natureza, risco para os direitos de outrem.[30]

Desde que presentes os pressupostos de ação/omissão e culpa do agente; nexo causal e dano, há responsabilidade civil e dever de reparação.

Carlos Bittar sumariza cirurgicamente o dever de reparação do dano moral de nossa hipótese exemplificada aqui:

> Qualificam-se como morais os danos em razão da esfera da subjetividade, ou do plano valorativo da pessoa na sociedade, em que repercute o fato violador, havendo-se como tais aqueles que atingem os aspectos mais íntimos da personalidade humana (o da intimidade e da consideração pessoal), ou o da própria valoração da pessoa no meio em que vive e atua (o da reputação ou da consideração social)."[31]

Não há, portanto, argumentos que eximam a reparação do dano moral mesmo se existente cláusula penal em contrato, uma vez que a indenização

[29] BRASIL. *Lei nº 10.406, de 10 de janeiro de 2002.* Institui o Código Civil. Casa Civil da Presidência da República, Brasília, DF, 10 jan. 2002. Disponível em <http://www.planalto.gov.br/ccivil_03/leis/2002/L10406compilada.htm>. Acesso em: 20 jun. 2017

[30] Idem.

[31] CAHALI, Yussef Said. *Dano Moral.* 3ª ed. rev. São Paulo: Revista dos Tribunais, 2005. p. 22

não é uma penalidade, como o é a cláusula penal. O próprio Tribunal de Justiça do Rio de Janeiro sumulou o assunto: "o simples descumprimento de dever legal ou contratual, por caracterizar mero aborrecimento, em princípio, não configura dano moral, salvo se da infração advém circunstância que atenta contra a dignidade da parte"[32].

Sidney Buarque delimita o conceito da indenização do dano moral:

> A reparação, portanto, é uma forma de defesa da personalidade, e, verificada a ofensa, submete-se ao autor da lesão aos meios a serem aplicados, objetivando tanto a satisfação dos interesses da vítima como impondo ao agente o desfalque patrimonial equivalente à dor causada.[33]

O inadimplemento contratual no mais das vezes implica em perda para uma das partes inocentes. Entretanto, em várias oportunidades poderá lesar muito mais do que o patrimônio, ofendendo gravemente a moralidade, a reputação e a honra da pessoa jurídica, justificando a correspondente indenização.

6. Honra Objetiva

O termo "corrupção" advém do latim "corruptus", que se refere ao ato de se quebrar algo em pedaços, ou seja, destruí-lo, desfazê-lo. Como todos sabem, "a corrupção é um mal social", nas palavras do historiador Leandro Karnal, que geralmente implica no desvirtuamento das ações das pessoas, podendo torna-las antiéticas e imorais.

Quando falamos de empresas, contratos e corrupção (ou qualquer outra vantagem indevida prevista na LAC), necessariamente devemos nos referir à reputação da pessoa jurídica nos ambientes em que ela atua.

Já vimos o conceito de dano moral acima, de maneira que é pacífico o entendimento jurisprudencial de que a empresa pode ser indenizada

[32] BRASIL. *Súmula da Jurisprudência Predominante do Tribunal de Justiça do Estado do Rio de Janeiro.* Banco do Conhecimento do Poder Judiciário do Estado do Rio de Janeiro, Rio de Janeiro, RJ. Disponível em <http://portaltj.tjrj.jus.br/documents/10136/18187/sumulas.pdf?=v12>. Acesso em 20 jun. 2017.

[33] BUARQUE, Sidney Hartung. *Da demanda por dano moral na inexecução das obrigações.* 2ª ed. Rio de Janeiro: Lumen Juris, 2007. p. 146

por este tipo de ofensa. Destacamos os seguintes trechos do acórdão do Tribunal de Justiça de São Paulo proferido pela Excelentíssima Desembargadora Lígia Araújo Bisogni:

> (...) não há como afastar a situação vexatória que se enfrenta quando é questionada a credibilidade de suas informações ou, ainda, se põe dúvida sobre sua idoneidade financeira.
>
> O cabimento da reparação dessa natureza para pessoas jurídica é matéria sumulada, conforme dispõe o enunciado nº 227, do Superior Tribunal de Justiça, a saber: "a pessoa jurídica pode sofrer dano moral". *Note-se que a pessoa jurídica, embora não seja titular de honra subjetiva, exclusiva do ser humano, é detentora de honra objetiva. Por essa razão, reconhece-se que faz jus à indenização por dano moral sempre que o seu bom nome, reputação ou imagem forem atingidos no meio social ou comercial por algum ato ilícito.* No caso, resta evidente que a autora sofreu transtornos decorrentes do indevido protesto junto ao 2º Tabelião de Protesto de Letras e Títulos de São Bernardo do Campo (págs. 24/24) e por um débito comprovadamente inexistente, o que, por certo, tolheu o normal desenvolvimento de sua atividade empresarial, sem embargo do *abalo à sua imagem, bom nome e reputação no meio comercial, perante seus clientes e fornecedores, sendo de rigor a devida reparação moral,* acarretando o indevido apontamento a protesto presunção dos prejuízos sofridos pela ofendida, *independentemente da comprovação do abalo moral experimentado.*
>
> (...)
>
> E no tocante ao 'quantum' indenizatório, a reparação há de ter cunho punitivo/educativo, pois deve servir para coibir a ré da prática de novos atos lesivos e danosos e deve ser suficiente para minorar, no caso, o desgaste da imagem da autora, considerados, ainda, a gravidade e a repercussão da ofensa, a posição social do ofendido e a situação econômica do ofensor. *(grifo nosso)* [34]

[34] BRASIL. Tribunal de Justiça de São Paulo. Comarca de São Bernardo do Campo. Apelação nº 1013402-35.2016.8.26.0564. Voto nº 30491. Registro: 2017.0000422810. *Declaratória de inexigibilidade de título cambial c.c. indenizatória por danos morais.* Duplicata emitida sem causa, não baseada em qualquer compra e venda mercantil ou prestação de serviços e indevidamente e levada a protesto. Nulidade do título indicado. Ato que, por si só, acarreta preconceito e gera difamação. Abalo à reputação da autora no meio comercial que deve ser indenizado. Dever de indenizar que é de rigor. Dano moral Quantum ora fixado que, evitando exageros, considerou as condições social e econômica das partes e o grau de abalo provocado Recurso improvido. Relatora Desembargadora Lígia Araújo Bisogni. São Paulo, 13 jun. 2017. p. 5 a 7. Disponível em <https://esaj.tjsp.jus.br/pastadigital/abrirDocumentoEdt.do?origemDocumento=M&nuProcesso=1013402-35.2016.8.26.0564&cdProcesso=RI003YWJ50000&cdForo=990&

Assim, não obstante a pessoa jurídica possa ser prejudicada em sua reputação, é válido esclarecer que os direitos da personalidade jurídica não se confundem com os da personalidade do indivíduo, nos termos do artigo 52, do Código Civil: "aplica-se às pessoas jurídicas, no que couber, a proteção dos direitos da personalidade.[35]

Assim, a depender do contexto em que se insere, como é o caso do nosso exemplo hipotético, o direito à defesa da honra e reputação empresariais são inquestionáveis.

A doutrina diferencia, entretanto, honra subjetiva, inerente ao ser humano, e honra objetiva. A honra subjetiva do indivíduo é afetada pela vergonha, humilhação, dignidade, abalo emocional etc., que são inerentes à mente e corpo das pessoas. Isto não se aplica rigorosamente à empresa, posto que não é dotada de psique.

Entretanto, a pessoa jurídica, apesar de sujeito de direito para o mundo jurídico, é uma entidade coletiva abstrata formada e operante essencialmente por pessoas físicas. Por isso não podemos afastar a honra, objetiva no caso.

O Excelentíssimo Ministro Ruy Aguiar estabeleceu os paradigmas para a indenização do dano moral à honra objetiva:

> Quando se trata de pessoa jurídica, o tema da ofensa à honra propõe uma distinção inicial: a honra subjetiva, inerente à pessoa física, que está no psiquismo de cada um e pode ser ofendida com atos que atinjam a sua dignidade, respeito próprio, auto-estima, etc., causadores de dor, humilhação, vexame; a honra objetiva, externa ao sujeito, que consiste no respeito, admiração, apreço, consideração que os outros dispensam à pessoa. Por isso se diz ser a injúria um ataque à honra subjetiva, à dignidade da pessoa, enquanto que a difamação é ofensa à reputação que o ofendido goza no âmbito social onde vive.
>
> A pessoa jurídica, criação da ordem legal, não tem capacidade de sentir emoção e dor, estando por isso desprovida de honra subjetiva e imune à injúria.

tpOrige m=2&flOrigem=S&nmAlias=SG5TJ&cdServico=190201&ticket=qRrezB3POO3KX1w9%2BoFMPjbDmGLf%2FMwTyeWqRiDkbRiCy4IUZbNOKN4F0xYudKlvmHY5BCAUiasyoeTg9olZ3X01dlp92%2BGHI0iHgKWVoS2vkQg%2Fd2Uzp%2BGny%2BKR%2BYOwTWXptQignWFJch18b0slhQFVzECi41rFnbg8ZhowfWGCWdkvVxNZH6Hc%2F%2FXsYEevHscsdRQvY8CKIfvZl3TICj4LUn2wG%2B22nlXVnsi0sWE%3D>. Acesso em 21 jun. 2017

35 BRASIL. *Lei nº 10.406, de 10 de janeiro de 2002*. Institui o Código Civil. Casa Civil. Presidência da República, Brasília, DF, 10 jan. 2002. Disponível em <http://www.planalto.gov.br/ccivil_03/leis/2002/L10406compilada.htm>. Acesso em: 19 jun. 2017

> Pode padecer, porém, de ataque à honra objetiva, pois goza de uma reputação junto a terceiros, passível de ficar abalada por atos que afetam o seu bom nome no mundo civil ou comercial onde atua.[36]

Em suma, portanto, nas palavras do professor Sérgio Cavalieri Filho, "a honra objetiva tem como supedâneo a reputação, a imagem, a fama e o bom nome da pessoa jurídica perante o meio social."[37]

A honra objetiva é inerente ao conceito que os outros possuem acerca da empresa. Vejamos outro julgado:

> RECURSO ESPECIAL. RESPONSABILIDADE DO ESTADO. (...) DANO MORAL. PESSOA JURÍDICA. NECESSIDADE DE CARACTERIZAÇÃO DA PERDA DE CREDIBILIDADE NO ÂMBITO COMERCIAL. 1. A pessoa jurídica pode ser objeto de dano moral, nos termos da Súmula. 227/STJ. Para isso, contudo, é necessária violação de sua honra objetiva, ou seja, de sua imagem e boa fama, sem o que não é caracterizada a suposta lesão. 2. No caso, do acórdão recorrido não se pode extrair qualquer tipo de perda à credibilidade da sociedade empresária no âmbito comercial, mas apenas circunstâncias alcançáveis pela ideia de prejuízo, dano material. Assim, descabida a fixação de dano moral na hipótese. 3. Recurso especial provido.[38]

Poderíamos dizer que a máxima "a maneira de se conseguir boa reputação reside no esforço em ser aquilo que se deseja parecer", declamada por Sócrates nos idos de 400 a.C., é a inspiração para a LAC.

[36] BRASIL. *Superior Tribunal de Justiça. Recurso especial 60.033-2-MG.* Responsabilidade civil. Dano moral. Pessoa jurídica. A honra objetiva da pessoa jurídica pode ser ofendida pelo protesto indevido de título cambial, cabendo indenização pelo dano extrapatrimonial daí decorrente. Recuso conhecido, pela divergência, mas improvido. Relator Ministro Ruy Rosado de Aguiar. Brasília, 9 ago. 1995. Diário da Justiça 27 ago. 1995. Disponível em <https://ww2.stj.jus.br/processo/ita/documento/mediado/?num_registro=199500048175&dt_publicacao=27-11-1995&cod_tipo_documento=2>. Acesso em 19 jun. 2017

[37] CAVALIERI FILHO, Sérgio. *Programa de Responsabilidade Civil.* 2ª ed., 2ª tiragem. São Paulo: Malheiros, 1999. p. 83

[38] BRASIL. Superior Tribunal de Justiça. Recurso especial 1370126/PR. *Responsabilidade do estado. Dano moral. Pessoa jurídica. Necessidade de caracterização da perda de credibilidade no âmbito comercial.* Relator Ministro OG Fernandes. Brasília, 14 abr. 2015. Disponível em <https://ww2.stj.jus.br/processo/revista/documento/mediado/?componente=ITA&sequencial=1397788&num_registro=201300475254&data=20150423&formato=PDF>. Acesso em 19 jun. 2017

Isto porque, com dissemos antes, a jurisprudência exige para a indenização por danos morais que se comprove a repercussão do fato danoso, e não o fato em si[39]. Isto significa que se há demonstrar o abalo da honra pela empresa no ambiente em que está inserida, que decorre da atitude corrupta da outra empresa.

7. Conclusão

Os princípios e requisitos do negócio jurídico compõem a essência do contrato.

A boa fé é o fundamento de todo e qualquer ato do mundo jurídico, na esfera em que for, inclusive e especialmente no âmbito empresarial. Entretanto, a intencional subjetividade e liberdade permitida pelo legislador dos artigos do Código Civil exige a análise do caso prático e o julgamento dos indivíduos, baseado em sua experiência de vida, ambiente em que se insere e precedentes similares.

As situações previstas na LAC que descrevem os atos ilícitos relacionados a vantagens indevidas que de alguma forma terminem por beneficiar as empresas exigem a avaliação da boa fé da conduta de cada um dos envolvidos e impactados, como a própria LAC estabelece, ao atenuar ou agravar as penalidades conforme o Decreto 8.420/15.

Entretanto, há grande dificuldade de fazê-lo tendo em vista a juventude da LAC que, apesar de baseada em legislações estrangeiras mais antigas, está passando por prova de sua eficácia nos julgamentos e condenações que vivemos no presente em contextos de Operação Lava-Jato, Zelotes, Carne Fraca, Boca Livre entre outras.

Num momento de grandes incertezas sobre a aplicação da LAC e da celebração de acordos de leniência e delações premiadas, as empresas podem se ver em situações de vasta exposição midiática, que terminam por criar escândalos, questionamentos da sociedade e até internamente, prejudicando a preservação e continuidade da empresa e consequentemente da atividade econômica.

Óbvio que os momentos de saneamento da cultura de corrupção no Brasil e de estabilização da própria LAC são inevitáveis e necessários, para

[39] CAHALI, Yussef Said. *Dano moral*. 2ª ed. São Paulo: Revista dos Tribunais, 1998. p. 703

que seja possível a construção de padrões negociais novos e morais por meio da transparência das instituições públicas e privadas e da agregação de valor aos produtos e serviços que circulam na sociedade.

No entanto, é imprescindível garantir a segurança aos entes jurídicos que atuam de forma séria e ética no Direito, porque construir uma marca positivamente reconhecida e valorizar a reputação da empresa são conceitos que concretizam a noção e consciência jurídico-sociais da importância das empresas para a sociedade, que asseguram o comprometimento com a função social dos contratos.

O prejuízo à reputação e honra de uma empresa ética, construídas a muitas custas, sem dúvida nenhuma implica em danos morais a serem compensados pela contraparte incorrente em ilícitos previstos na LAC, independentemente do escopo em que a corrupção tenha sido praticada por esta.

A comprovação da efetividade de programas de integridade e compliance em situações de investigação de corrupção – com todos os seus pilares consolidados de (i) apoio da alta administração, (ii) instância de Compliance, (iii) adequação de riscos ao perfil, (iv) existência de regras e procedimentos e (v) monitoramento contínuo[40] – é mais do que suficiente para legitimar o pedido de indenização pela mácula à moralidade prezada pela empresa inocente, que tenha sido lesada pela conduta de um cliente ou fornecedor não atinente a tais regras da LAC. Resta evidente que, no final das contas, a LAC pretende proteger a seriedade e integridade da relação contratual entre empresas e também destas com o poder público.

Em nosso exemplo, portanto, o fornecedor de serviços poderia exigir a indenização por dano moral decorrente de ofensa à honra objetiva protegida por meio de seu programa de integridade, uma vez comprovado o ato ilícito praticado pelo cliente em outro contrato, no caso com a Administração Pública, ao qual o contrato privado seria acessório.

Ressalte-se que o dano moral se aplica a qualquer sujeito contratual, a depender da parte que praticou o ato ilícito no âmbito do contrato – fornecedor ou cliente, de maneira que tanto o cliente quanto o fornecedor

[40] BRASIL. *Programa de integridade: Diretrizes para empresas privadas.* Controladoria Geral da União. Brasília, DF, set. 2015. Disponível em <http://www.cgu.gov.br/Publicacoes/etica-e-integridade/arquivos/programa-de-integridade-diretrizes-para-empresas-privadas.pdf>. Acesso em: 22 jun. 2017

podem exigir a reparação da lesão à honra objetiva, desde que comprovados (i) a existência de programa de integridade efetivo, que tenha permitido a verificação e monitoramento da aparente idoneidade da contraparte e (ii) as consequências à reputação e imagem da parte inocente por conta do ato ilícito previsto na LAC.

Por esta razão, é essencial a fiscalização pelas entidades do Direito do atendimento aos deveres de boa fé e função social em todos os momentos do contrato (nas fases pré-negocial, inter e pós-contrato), para que se apure a legitimidade do dano moral no âmbito da LAC.

A negociação e execução do contrato exigem das partes, então, que observem e transpareçam a preocupação e cuidado com a diligência do programa de integridade em todas as etapas de relacionamento jurídico, de forma a evidenciar o cumprimento dos deveres de boa-fé e função social do contrato e evitar a necessidade de buscar a reparação do dano moral à honra objetiva da empresa.

Referências

AMARAL, Francisco. *Direito civil: introdução.* 8ª ed. Ver. atual. e aum. Rio de Janeiro: Renovar, 2014.

AZEVEDO, Antônio Junqueira de. *Negócio jurídico: existência, validade e eficácia.* 4ª ed. Atual. De acordo com o novo código civil (lei nº 10.406, de 10 out. 2002). São Paulo: Saraiva 2002.

BAHENA, Marcos. *Teoria e prática dos contratos.* 1ª ed. Campo Grande: Editora Contemplar, 2010.

BENACCHIO, Marcelo. *Responsabilidade civil contratual.* São Paulo: Saraiva, 2011.

BITTENCOURT, Sidney. *Comentários à lei anticorrupção: lei 12.846/2013.* 2ª ed. rev., atual. e ampl. São Paulo, SP: Revista dos Tribunais, 2015.

BRASIL. *Programa de integridade: Diretrizes para empresas privadas.* Controladoria Geral da União. Brasília, DF, set. 2015. Disponível em <http://www.cgu.gov.br/Publicacoes/etica-e-integridade/arquivos/programa-de-integridade-diretrizes-para-empresas-privadas.pdf>. Acesso em: 22 jun. 2017

BUARQUE, Sidney Hartung. *Da demanda por dano moral na inexecução das obrigações.* 2ª ed. Rio de Janeiro: Lumen Juris, 2007.

CAHALI, Yussef Said. *Dano moral.* 3ª ed. São Paulo: Revista dos Tribunais, 2005.

CARVALHOSA, Modesto. *Considerações sobre a lei anticorrupção das pessoas jurídicas*: Lei 12.846/2013. São Paulo: Revista dos Tribunais, 2015

CAVALIERI FILHO, Sérgio. *Programa de responsabilidade civil.* 8ª ed. São Paulo: Atlas, 2008.

CHAVES, Antonio. *Responsabilidade pré-contratual.* 2ª ed. São Paulo: Lejus, 1997.

CHAUÍ, Marilena. *Convite à filosofia*. 14ª ed. São Paulo: Ática, 2010.
COELHO, Fábio Ulhoa. *Curso de direito civil: contratos*, volume 3. 8ª ed., ver. atual. e ampl. São Paulo: Editora Revista dos Tribunais, 2016.
COIMBRA, Marcelo de Aguiar; MANZI, Vanessa Alessi (Org.). *Manual de compliance: preservando a boa governança e a integridade das organizações*. São Paulo: Atlas, 2010.
FIGUEIREDO, Helena Lanna. *Responsabilidade civil: do terceiro que interfere na relação contratual*. Belo Horizonte: Del Rey, 2009.
FRADERA, Vera Jacob. *Dano pré-contratual uma análise comparativa a partir de três sistemas jurídicos, o continental europeu, o latino-americano e o americano do norte*. In: Revista de Informação Legislativa, Brasília, a.34, n.136, out./dez.1997.
FRISCH, Michael D. et al. *Guide to anti-corruption laws in major jurisdictions*. Mayer Brown.
GIOVANINI, Wagner. *Compliance: a excelência na prática*. 1ª ed. São Paulo, 2014.
MONTORO FILHO, André Franco; CARDOSO, Fernando Henrique. *Cultura das transgressões no Brasil: visões do presente / apresentação*. São Paulo: Saraiva, 2009.
NERY JUNIOR, Nelson; NERY, Rosa Maria de Andrade (Org.) *Doutrinas essenciais: responsabilidade civil: direito de empresa e o exercício da livre iniciativa*. v. 3. São Paulo: Revista dos Tribunais, 2010.
O'SULLIVAN, Patrick; SMITH, Mark; ESPOSITO, Mark. *Business ethics: a critical approach integrating ethics across the business world*. New York: Routledge, 2012.
POPP, Carlyle, *Responsabilidade civil pré-negocial: o rompimento das tratativas*. 1ª ed. Curitiba: Juruá, 2001.
RIZZARDO, Arnaldo. *Contratos*. 12 ed. Rio de Janeiro: Forense, 2011.
RODRIGUES, Aldenir Ortiz et al. *Lei anticorrupção empresarial*. São Paulo: IOB SAGE, 2015.
SOARES, Renata Domingues Balbino Munhoz (coord.). *Novos rumos do direito contratual: estudos sobre princípios de direito contratual e suas repercussões práticas*. São Paulo : LTr, 2009.
VENOSA, Sílvio de Salvo. *Direito civil: teoria geral das obrigações e teoria geral dos contratos, coleção direito civil*; v.2. 8ª ed. São Paulo: Atlas, 2008.
WALD, Arnoldo. CAVALCANTI, Ana Elizabeth L. W., PAESANI, Liliana Minardi. *Direito civil: contratos em espécie*, 3. 20ª ed. Totalmente reformulada. São Paulo: Saraiva, 2015.
ZANCHIM, Kleber Luiz. *Contratos empresariais: categoria – interface com contratos de consumo e paritários – revisão judicial*. São Paulo: Quartier Latin, 2012.

Base Legal

BRASIL. *Constituição Federal da República Federativa do Brasil de 1988*. Casa Civil da Presidência da República, Brasília, DF, 5 out. 1988. Disponível em <http://www.planalto.gov.br/ccivil_03/constituicao/ConstituicaoCompilado.htm>. Acesso em 19 jun. 2017.
BRASIL. *Exposição de motivos EMI nº 00011 2009*. Controladoria Geral da União / Ministério da Justiça / Advocacia Geral da União, Brasília, DF, 23 out. 2009. Disponível em <http://www.camara.gov.br/sileg/integras/1084183.pdf>. Acesso em 19 jun. 2017.
BRASIL. *Lei nº 10.406, de 10 de janeiro de 2002*. Institui o Código Civil. Casa Civil. Presidência da República, Brasília, DF, 10 jan. 2002. Disponível em <http://www.planalto.gov.br/ccivil_03/leis/2002/L10406compilada.htm>. Acesso em 19 jun. 2017.
BRASIL. *Decreto nº 8.420, de 18 de março de 2015*. Regulamenta a Lei no 12.846, de 1º de

agosto de 2013, que dispõe sobre a responsabilização administrativa de pessoas jurídicas pela prática de atos contra a administração pública, nacional ou estrangeira e dá outras providências. Palácio do Planalto Presidência da República, Brasília, DF, 18 mar. 2015. Disponível em <http://www.planalto.gov.br/ccivil_03/_Ato2015-2018/2015/Decreto/D8420.htm>. Acesso em: 20 jun. 2017

BRASIL. *Portaria CGU nº 909, de 7 de abril de 2015*. Dispõe sobre a avaliação de programas de integridade de pessoas jurídicas. Ministério da Transparência e Controladoria Geral da União. Brasília, DF, n. 66, p. 3, 08 abr. 2015. Disponível em <http://pesquisa.in.gov.br/imprensa/jsp/visualiza/index.jsp?data=08/04/2015&jornal=1&pagina=3&totalArquivos=84>. Acesso em: 20 jun. 2017

BRASIL. *Portaria CGU nº 910, de 7 de abril de 2015*. Dispõe sobre a avaliação de programas de integridade de pessoas jurídicas. Ministério da Transparência e Controladoria Geral da União. Brasília, DF, n. 66, p. 4, 08 abr. 2015. Disponível em <http://pesquisa.in.gov.br/imprensa/jsp/visualiza/index.jsp?jornal=1&pagina=4&data=08/04/2015>. Acesso em: 20 jun. 2017

BRASIL. *Súmulas do Superior Tribunal de Justiça*. Superior Tribunal de Justiça, Brasília, DF, Disponível em <http://www.stj.jus.br/docs_internet/VerbetesSTJ_asc.pdf> Acesso em 20 jun. 2017.

BRASIL. *Súmula da Jurisprudência Predominante do Tribunal de Justiça do Estado do Rio de Janeiro*. Banco do Conhecimento do Poder Judiciário do Estado do Rio de Janeiro, Rio de Janeiro, RJ. Disponível em <http://portaltj.tjrj.jus.br/documents/10136/18187/sumulas.pdf?=v12>. Acesso em 20 jun. 2017.

Cláusulas Contratuais para Mitigação de Riscos Relacionados à Reputação em Virtude de Violações à Lei nº 12.846/13

Natalia Kuznecov

1. Introdução

Este trabalho tem como objetivo apresentar formas de reduzir riscos relacionados à reputação e imagem inerentes às violações da Lei nº 12.846/13 (lei anticorrupção brasileira). Estes riscos decorrem, muitas vezes, em virtude da alocação do risco a um terceiro, ou seja, da contratação de terceiros para a interação com agentes públicos, seja para a obtenção de licenças ou permissões, representação regular perante órgãos públicos ou mesmo a revenda de seus produtos e serviços. Neste sentido, o trabalho visa demonstrar a importância de inserção de alguns mecanismos que ajudam a mitigar os riscos decorrentes de eventual violação à lei anticorrupção.

Para elucidar o tema central deste trabalho, os tópicos a serem analisados estão diretamente ligados e relacionados: (a) aos esclarecimentos do que é *Compliance* e quais são os requisitos necessários para obtenção de um programa de Compliance efetivo e como tal implementação e controles ajudariam na mitigação dos riscos supramencionados; (b) explicações sobre os pontos principais da Lei nº 12.846 de 2013[1], e da lei

[1] BRASIL. Lei nº 12846, de 1º de agosto de 2013. Dispõe sobre a responsabilização administrativa e civil de pessoas jurídicas pela prática de atos contra a administração pública, nacional ou estrangeira, e dá outras providências. Palácio do Planalto Presidência da República, Brasília, DF, 1º ago. Disponível em: < http://www.planalto.gov.br/CCIVIL_03/_Ato2011-2014/2013/Lei/L12846.htm>. Acesso em: 25 de abril 2019.

norte-americana Foreign Corrupt Practices of Act (FCPA)[2]; (c) importância do conhecimento prévio acerca da interação com órgãos públicos para análise de riscos; (d) inserção de cláusulas de *Compliance* nas propostas comerciais com parceiros de negócios, tais como, aprovação do contrato estar condicionada à aprovação do departamento responsável por temas de ética e *Compliance*; (e) inserção de cláusulas de autorização prévia para terceirização de atividades previstas nos contratos; (f) inserção de cláusulas anticorrupção nos contratos e eventual responsabilidade civil em caso de descumprimento; e (g) esclarecimentos sobre a relação entre o princípio da boa-fé e eventual responsabilidade.

De acordo com a 3ª edição da pesquisa de Maturidade do Compliance no Brasil, publicada em 2018 pela KPMG, em 2015, 19% das empresas pesquisadas relataram não ter em sua organização um responsável por *Compliance*. Em 2017, apenas 9% informaram não ter esta função em sua estrutura. Apesar da diminuição do percentual, o que evidentemente comprova uma melhor compreensão da necessidade de um programa de Compliance efetivo para mitigação de riscos relacionados à reputação, ainda há muito trabalho a ser feito acerca da disseminação da importância do *Compliance* para mitigação de riscos à reputação, principalmente em relação à contratação de terceiros. A KPGM reportou em sua pesquisa que 54% das empresas entrevistadas admitiram não ter um processo eficiente de *Due Diligence* para terceiros, o que ainda demonstra uma baixa maturidade de Compliance no Brasil.[3]

Entretanto, nota-se claramente que muitas empresas já compreendem a necessidade de ter uma estrutura de *Compliance* e o aumento deste percentual é a prova de que há uma mudança cultural latente. É ilustrativa a menção que os autores do livro *Compliance*: A nova regra do jogo fazem sobre esta questão:

[2] ESTADOS UNIDOS. The Foreign Corrupt Practices Act of 1977. Current through Pub. L. 105-366. 10 Nov. 1998. United States Code Title 15. Commerce and Trade Chapter. 2B-Securities Exchanges. Disponível em: <https://www.justice.gov/sites/default/files/criminal-fraud/legacy/2012/11/14/fcpa-english.pdf>. Acesso em: 25 de abril de 2019.

[3] BRASIL. **Pesquisa Maturidade do Compliance no Brasil.** 3. ed. 2017/2018. Disponível em: <https://assets.kpmg/content/dam/kpmg/br/pdf/2018/06/br-pesquisa-maturidade-do-compliance-3ed-2018.pdf.> Acesso em: 25 de abril 2019.

> Hoje, a situação é muito diferente e a área ganhou centralidade nas companhias. A movimentação da Polícia Federal e do Ministério Público brasileiro fez com que a alta administração das empresas passasse a enxergar o compliance como uma necessidade. O ambiente de negócios, que antes podia ser "descomplicado" para quem tinha os contatos certos e algum "agrado" para oferecer a esses amigos, ficou muito mais difícil para quem age desta maneira.[4]

O fato de ter um programa de *Compliance* somente reduzirá os riscos de violações da lei anticorrupção brasileira caso haja recursos e mecanismos efetivos para mitigação de riscos. A inserção de políticas específicas sobre interação com órgãos públicos, controles internos, due diligence de parceiros, treinamentos de funcionários e parceiros de negócio e inserção de cláusulas contratuais de *Compliance* certamente ajudam a reduzir o risco. Contudo, é mandatório que exista um comprometimento da alta administração.

Paula Steiner entende que as empresas se limitam a cumprir suas obrigações realizando a implantação de políticas de conduta, canais de comunicação, treinando seus funcionários, e esquecendo do mais importante, de disseminar uma cultura de forma efetiva, contando com o exemplo da alta administração.[5]

Em razão do exposto, faz-se necessário abordar o pilar liderança neste trabalho e como a falta do apoio de líderes e executivos expõem as empresas às violações da lei anticorrupção brasileira.

Importante mencionar que não serão abordados temas como as diferenças nos Decretos estaduais da lei anticorrupção brasileira, discussões acerca da constitucionalidade de alguns pontos da referida lei e adentrar às violações de fraude à licitação.

A análise da reputação de uma empresa ou terceiro é uma das formas de mitigação de riscos inerentes à violação da lei anticorrupção brasileira. Porém o trabalho também consiste em analisar os riscos da operação que este terceiro está inserido, ou seja, se haverá limitação de responsabilidade

[4] GONSALES, Alessandra, SIBILLE, Daniel, SERPA, Alexandre, KIM, Shin Jae, MUZZI, Renata, FALCETTA, Giovanni, JIMENE, Camila, VAINZOF, Rony, LEONELIO, José. Compliance: A nova regra do jogo. 1. ed. São Paulo: Editora Ltda., 2016., p. 60.

[5] STEINER, Paula. **A fragilidade dos programas de Compliance no Brasil.** 21 mar 2017. Disponível em: http://compliancereview.com.br/fragilidade-programas-compliance/. Acesso em: 26 de abril de 2019.

prevista em contrato, se haverá interação do futuro parceiro de negócios com órgãos públicos representando a empresa que o contratará, se haverá pagamento de êxito ao futuro parceiro de negócios, se há algum tipo de conflito de interesses na relação de negócios para que sejam incluídas cláusulas específicas sobre os pontos acima mencionados, caso a empresa opte por seguir com a parceria.

Outro ponto a ser abordado neste trabalho é a eventual responsabilidade civil decorrente da recusa ou da rescisão contratual com um parceiro de negócios ou terceiro por uma verificação de envolvimento em potenciais violações ou efetivas violações da lei anticorrupção brasileira.

Algumas companhias realizam uma *due diligence* por negócios a serem firmados com empresas que pretendem se relacionar, como terceiros e intermediários, sendo necessário ter uma minuta final devidamente discutida e validada entre as partes. Muitas vezes, a definição destas condições comerciais e técnicas só ocorrem durante exaustiva negociação com o parceiro de negócios ou terceiro. Há recursos que serão abordados durante o trabalho que podem ser utilizados para mitigar o risco de uma eventual responsabilidade pré-contratual, como a inclusão de cláusulas específicas dispondo que a execução do contrato está condicionada à aprovação no processo de revisão interna da companhia ou no processo de *Compliance*, por exemplo.

No mais, é necessário se ater também aos riscos durante a execução do contrato. Desta forma, é importante inserir cláusulas de resolução contratual vinculadas ao descumprimento, por exemplo, da Lei nº 12.846 de 2013[6], de obrigações previstas nas políticas internas, tais como código de ética, políticas anticorrupção, de conflito de interesses, de cortesias comerciais e de interação com órgãos públicos.

Em linha com o anteriormente mencionado, como forma de blindar ou reduzir riscos em continuar com um parceiro que potencialmente descumpriu ou violou a lei anticorrupção brasileira, empresas têm inserido tais políticas anexas aos seus contratos e mencionam que seus fornecedores, parceiros de negócios devem aderir integralmente tais políticas e, caso esta

[6] BRASIL. Lei nº 12846, de 1º de agosto de 2013. Dispõe sobre a responsabilização administrativa e civil de pessoas jurídicas pela prática de atos contra a administração pública, nacional ou estrangeira, e dá outras providências. Palácio do Planalto Presidência da República, Brasília, DF, 1º ago. Disponível em: < http://www.planalto.gov.br/CCIVIL_03/_Ato2011-2014/2013/Lei/L12846.htm>. Acesso em: 25 de abril de 2019.

disposição seja descumprida, a outra parte teria o direito de suspender ou rescindir o contrato de pleno direito sem prejuízo da cobrança de eventuais danos gerados em virtude deste descumprimento contratual.

É de suma importância saber que estas são formas de mitigação dos riscos inerentes às violações da Lei nº 12.846/13[7]. Os mecanismos que serão abordados neste trabalho não impedem que o terceiro ou intermediário cometa uma violação à lei anticorrupção brasileira, mas ajudam a empresa a reduzir uma eventual exposição negativa de sua imagem e reputação.

2. *Compliance*

2.1. O Que é *Compliance*?

Para adentrar aos temas envolvendo *Compliance* faz-se necessário compreender o conceito desta palavra. Em muitas palestras ministradas por executivos e professores dos mais diferentes campos, têm-se escutado e mencionado este termo. De acordo com Wagner Giovanini, *Compliance* tem a seguinte definição:

> Compliance é um termo oriundo do verbo inglês "comply", significando cumprir, satisfazer ou realizar uma ação imposta. Não há uma tradução correspondente para o português. Embora algumas palavras tendam a aproximar-se de uma possível tradução, como por exemplo observância, submissão complacência ou conformidade, tais termos podem soar díspares. Compliance refere-se ao cumprimento rigoroso das regras e das leis, quer sejam dentro ou fora das empresas.[8]

Esta satisfação de estar *complaint* é alcançada ao obedecer às normas e regramentos, *Compliance* é estar em consonância com o que é ético, moral e

[7] BRASIL. Lei nº 12846, de 1º de agosto de 2013. Dispõe sobre a responsabilização administrativa e civil de pessoas jurídicas pela prática de atos contra a administração pública, nacional ou estrangeira, e dá outras providências. Palácio do Planalto Presidência da República, Brasília, DF, 1º ago. Disponível em: < http://www.planalto.gov.br/CCIVIL_03/_Ato2011-2014/2013/Lei/L12846.htm>. Acesso em: 25 de abril de 2019.

[8] GIOVANINI, Wagner, **Compliance** – A Excelência na Prática, 1. ed., São Paulo: 2014, p. 20.

transparente. Processos cumpridos de acordo com o previsto demonstram a existência do *Compliance*.

Os autores Ana Paula P. Candeloro, Maria Balbina Martins De Rizzo e Vinicius Pinho conceituam o *Compliance* sob à ótica das instituições:

> "...uma ferramenta que as instituições utilizam para nortear a condução dos próprios negócios, proteger os interesses de seus clientes e salvaguardar o seu bem mais precioso: a reputação.
>
> Portanto, podemos resumir da seguinte forma: **a instituição se utiliza de mecanismos para conduzir seus negócios (Missão) e para traçar um caminho estratégico no tempo (Visão), tudo de acordo com seus ideais (Valores).**
>
> Por isso, ousamos dizer que uma dessas ferramentas, um desses mecanismos, é o Compliance.[9] (Grifo nosso)

Compliance é a busca incessante de fazer o que é correto, de seguir as regras e fazer com que elas sejam seguidas. "A visão que começa a ganhar força é a de que, para manter-se no mercado e ter longevidade no mundo dos negócios, as empresas deverão, além de todos os preceitos de uma boa gestão, operar com um bom Compliance."[10]

O *Compliance* surgiu nos Estados Unidos em 1960 quando as instituições identificaram que a conformidade não era apenas uma forma de mitigação de riscos legais e de *Compliance*, mas que deveria fazer parte dos negócios como um todo.[11]

No Brasil, ele surgiu há poucos anos, muito embora algumas companhias já tivessem conhecimento do tema por serem empresas subsidiárias de organizações norte-americanas ou inglesas. A promulgação da Lei nº

[9] CANDELORO, Ana Paula P., RIZZO, Maria Balbina Martins De, PINHO, Vinicius. **Compliance 360º**, Risco, Estratégias, Conflitos e Vaidades no Mundo Corporativo. 1. ed. São Paulo: Editora Trevisan, 2012. p. 30.

[10] GONSALES, Alessandra, SIBILLE, Daniel, SERPA, Alexandre, KIM, Shin Jae, MUZZI, Renata, FALCETTA, Giovanni, JIMENE, Camila, VAINZOF, Rony, LEONELIO, José. Compliance: A nova regra do jogo. 1. ed. São Paulo: Editora Ltda., 2016., p. 60.

[11] CANDELORO, Ana Paula P., RIZZO, Maria Balbina Martins De, PINHO, Vinicius. **Compliance 360º**, Risco, Estratégias, Conflitos e Vaidades no Mundo Corporativo. 1. ed. São Paulo: Editora Trevisan, 2012, p. 253.

12.846 de 2013[12] deu mais visibilidade para o tema e fez com que empresas e empresários se preocupassem em implementar programas de *Compliance*. Neste sentido incluíram em seus processos internos formas de mitigação de riscos, como inserção de cláusulas de *Compliance* nos contratos, due diligence em seus parceiros de negócios e treinamentos para funcionários e parceiros de negócios.

Na pesquisa realizada pela KPMG, são considerados benefícios das boas práticas a mitigação dos riscos de *Compliance*, alta administração informada, melhorias na gestão do programa de *Compliance*, reforço da mensagem do código de ética e conduta e o reforço da cultura de *Compliance*.[13]

Desta forma, algumas instituições optaram por criar departamentos específicos para avaliar assuntos de *Compliance*. Companhias resolveram contratar ou designar funcionários para prevenir e remediar violações de políticas e processos internos. Estes têm como função propagar aos demais funcionários e parceiros o dever de respeitar as normas e regramentos impostos pela companhia que trabalham e de reportar caso algo não esteja em conformidade com o que sua instituição deseja.

2.2. Programa de Compliance Interno e de Terceiros

A criação de um programa de *Compliance* não é uma tarefa fácil. É um desafio, pois faz-se necessário que os funcionários e terceiros entendam o programa e o motivo pelo qual ele deve ser respeitado. A sua função não é apenas de fiscalizar a conduta e verificar se há o cumprimento de normas, regulamentos e processos da empresa. "Hoje um bom programa de *Compliance* aufere à organização a credibilidade necessária para se alinhar à tendência mundial com melhores práticas na condução dos negócios."[14]

[12] BRASIL. Lei nº 12846, de 1º de agosto de 2013. Dispõe sobre a responsabilização administrativa e civil de pessoas jurídicas pela prática de atos contra a administração pública, nacional ou estrangeira, e dá outras providências. Palácio do Planalto Presidência da República, Brasília, DF, 1º ago. Disponível em: < http://www.planalto.gov.br/CCIVIL_03/_Ato2011-2014/2013/Lei/L12846.htm>. Acesso em: 25 abr. 2019.

[13] BRASIL. Pesquisa Maturidade do Compliance no Brasil. 3. ed. 2017/2018. Disponível em: <https://assets.kpmg/content/dam/kpmg/br/pdf/2018/06/br-pesquisa-maturidade-do-compliance-3ed-2018.pdf.> Acesso em: 26 de abril de 2019.

[14] CANDELORO, Ana Paula P., RIZZO, Maria Balbina Martins De, PINHO, Vinicius. **Compliance 360º**, Risco, Estratégias, Conflitos e Vaidades no Mundo Corporativo. 1. ed. São Paulo: Editora Trevisan, 2012, p. 253.

Um dos pilares ou pontos mais importantes para que um programa de *Compliance* seja respeitado é a demonstração de aval explícito e apoio incondicional dos altos executivos da empresa, ou seja, dos líderes.

Para o autor Wagner Giovanini *"A liderança é um fator crítico de sucesso, pois dela depende o estabelecimento da direção a ser seguida e, mais do que isso, a conquista de adeptos na busca de objetivos comuns."*[15]

As pessoas seguem pelo exemplo. Como esperar que as pessoas respeitem as regras de alguém que não as segue? Deve haver coerência entre o que é solicitado e o que é realizado. Como, por exemplo, as situações denominadas de pequenas corrupções. A sociedade brasileira, em geral, culpa os governantes pela corrupção instaurada no setor público e privado, entretanto, muitos brasileiros ajudam na propagação desta corrupção quando furtam a televisão a cabo do vizinho, pagam "taxa de urgência" para renovar a carteira de habilitação ou oferecem propina ao policial rodoviário quando realizam uma infração de trânsito. O que esperar dos governantes quando as pessoas que os julgam também agem de forma inidônea e antiética?

Wagner Giovanini em sua obra ainda menciona o conhecido jargão *walk the talk*:

> Como você se sentiria se, aos 14 anos de idade, o seu pai dissesse: "não fume...cigarro faz mal à saúde". Mas, você olha na mão direita dele e o vê segurando um cigarro aceso pela metade. **Provavelmente, dar-se-ia mais importância ao exemplo vivo do que às palavras jogadas ao vento, embora fosse boa a intenção paterna**.[16] (Grifo nosso)

Desta forma, o famoso *Tone from the Top* ou o exemplo vem de cima são essenciais para que os funcionários acreditem na isonomia do Programa de *Compliance*, que os regramentos e políticas se aplicam a todos independentemente do cargo e função do funcionário ou terceiro. Neste sentido:

> (...) é imprescindível que haja o comprometimento integral da Alta Administração da instituição com as atividades de Compliance. É um relacionamento de fundamental importância, pois seu suporte valida e endossa todo o

[15] GIOVANINI, Wagner, **Compliance** – A Excelência na Prática, 1. ed., São Paulo: 2014, p. 53.

[16] Ibidem, p. 56.

trabalho de Compliance, tendo como consequência a propagação das melhores práticas dentro da instituição.[17]

Wagner Giovanini complementa: "Ao líder vale o mesmo raciocínio: ele precisa agir de acordo com o seu discurso 100% do tempo. Só assim merecerá o respeito dos seus liderados e do resto da organização."[18]

A área de Compliance precisa ter autoridade, recursos suficientes e autonomia de gestão para garantir que o programa seja eficaz para prevenir, detectar e punir as condutas empresariais antiéticas. A independência é crucial para que os responsáveis pela área de Compliance consigam atuar de forma imparcial.

O Chefe do Compliance não deve ter responsabilidades na linha de negócios. A independência do Compliance Officer e de funcionários responsáveis pelas atividades de Compliance pode ser comprometida se colocadas em uma posição de conflito entre as atividades de Compliance e outras responsabilidades, por exemplo, comerciais.[19]

Tanto o programa de Compliance interno da empresa que pretende contratar terceiros ou intermediários, como o programa destes terceiros/intermediários devem apresentar esta independência e autonomia. Ambos devem conter recursos para monitorar e fiscalizar, de forma contínua, seus parceiros de negócios.

Para que haja a implementação de um programa de Compliance, a empresa deve investir recursos e, dependendo do número de funcionários, faturamento, tamanho da empresa, os recursos são bem limitados, como nos casos de empresas de inovação, como start-ups.

Há maneiras de diminuir os valores a serem investidos, como utilizar os meios de pesquisa públicos para realizar uma due diligence, criar um e-mail para que os funcionários consigam fazer suas potenciais denúncias, iniciando assim, algumas formas de controle.

[17] CANDELORO, Ana Paula P., RIZZO, Maria Balbina Martins De, PINHO, Vinicius. **Compliance 360º**, Risco, Estratégias, Conflitos e Vaidades no Mundo Corporativo. 1. ed. São Paulo: Editora Trevisan, 2012, p. 69.

[18] GIOVANINI, Wagner, **Compliance** – A Excelência na Prática, 1. ed., São Paulo: 2014, p. 56.

[19] CANDELORO, Ana Paula P., RIZZO, Maria Balbina Martins De, PINHO, Vinicius. **Compliance 360º**, Risco, Estratégias, Conflitos e Vaidades no Mundo Corporativo. 1. ed. São Paulo: Editora Trevisan, 2012, p. 32-33.

A economista Mayra Benaion, que trabalha há 18 anos na área de Compliance e Finanças, menciona em seu artigo a importância de políticas e processos nas startups para que haja segurança e credibilidade aos clientes internos e externos. Ela desmistifica a visão de alguns empresários de que o objetivo de Compliance seria engessar os negócios, mas enfatiza que o objetivo, na verdade, é o de "...prevenir "incêndios", mas se eles ocorrerem (e eles vão ocorrer) ter um plano rápido para apagá-los."[20]

Cumpre ressaltar, que as empresas devem adequar seu programa de Compliance de acordo com o seu mapeamento de riscos, adaptando os mecanismos de controle para que o seu programa funcione, diminuindo assim uma eventual exposição.

2.2.1. Due Diligence de Terceiros

No caso de contratação de terceiro, como há uma grande exposição para a empresa que o contratou, pois esta pode ser responsabilizada nos termos da lei anticorrupção brasileira pela má conduta de seus terceirizados, há a necessidade de uma atenção especial para esta contratação com o devido escrutínio para que os riscos sejam minimizados.

Os terceiros podem ser definidos como:

> Qualquer indivíduo ou pessoa jurídica contratada e que não seja seu empregado é um terceiro para você. Os terceiros típicos são colaboradores contratados, agentes, intermediários, distribuidores, revendedores, consultores, empresas que prestam serviços seus, expedidores, fornecedores e parceiros de joint venture, entre outros. O importante é que você está pagando a eles para que façam algo em seu nome.[21]

Tendo em vista que os riscos que estes terceiros podem gerar para a empresa que os contratou, uma forma de monitar e conhecer a empresa é realizar uma *due diligence*, isto é, uma pesquisa acerca de sua reputação.

[20] BENAYON, Mayra. **Desmistificando a área de Compliance para empresas inovadoras.** Disponível em: http://compliancereview.com.br/compliance-empresas-inovadoras/. Acesso em: 26 de abril de 2019.

[21] DOYLE, Marjore W. e LUTZ, Diana, **Princípios básicos nas relações com terceiros:** Checkup de reputação/responsabilidade quando utilizando terceiros em todo o mundo, SCCE, 2011, p.5

O processo de *due diligence* de *Compliance* seria uma investigação da empresa que, eventualmente, fará parte do seu ecossistema, verificando se este futuro parceiro: (i) já cometeu algum ilícito; (b) segue padrões de ética; (c) foi ou está sendo investigado por ter cometido ou até mesmo (d) se está envolvido em algum ato de corrupção, fraude, propina, suborno, lavagem de dinheiro ou em alguma violação de más práticas comerciais.

Um robusto processo de *due diligence* tem por objetivo esclarecer a estrutura societária, situação financeira, empresarial, bem como levantar o histórico legal sobre potenciais agentes e outros parceiros comerciais, de forma a verificar se estes têm histórico de práticas comerciais antiéticas ou que, poderá expor a empresa a um negócio inaceitável ou que envolva riscos legais.

E esta *due diligence* deve ser frequente, pois tais características e análise de risco podem sofrer alterações. No sítio FCPA Americas há uma lista de como mitigar os riscos inerentes da contratação de terceiros que detém os seguintes pontos: (a) documentar todas as etapas do serviço prestado antes da realização do pagamento para evitar que pagamentos impróprios sejam realizados; (b) o pagamento deve ser proporcional aos serviços prestados, ou seja, é importante se manter informado sobre os preços de mercado de modo que a remuneração esteja de acordo com o tipo de serviço realizado evitando pagamentos inflacionados de forma a reduzir riscos de corrupção; (c) interagir com os funcionários dos terceiros para assegurar que mantenham e sigam o padrão ético da empresa; (d) obter certificações de *Compliance* anualmente para documentar que o terceiro não realizou pagamentos impróprios; (e) processo de due diligence períodico para revisar se houve alguma mudança na avaliação de riscos; (f) execer o direito de auditoria quando necessário para verificar se há o cumprimento dos processos; e (g) funcionários devem ser capazes de reportar eventuais riscos encontrados durante a supervisão ou monitoramento dos terceiros.[22]

Adicionalmente, a due diligence em terceiros deve levar em consideração o risco daquela operação específica, por exemplo, se há limitação de responsabilidade prevista em contrato, se haverá interação do futuro terceiro com órgãos públicos, se há previsão de pagamento de êxito, ou taxa

[22] BRASIL. **Due Diligence de terceiros não é algo que se faz uma vez só**. 4 nov 2018. Disponível em: http://fcpamericas.com/portuguese/due-diligence-de-terceiros-nao-e-algo-se-faz-uma-vez-so/ Acesso em: 26 de abril de 2019.

de sucesso, se há algum tipo de conflito de interesses na relação de negócios. Desta forma, a aprovação daquele terceiro dependerá não somente da análise de reputação, mas também dos riscos inerentes à operação. A cartilha da Controladoria da União (CGU), que dispõe sobre programas de integridade, recomenda certo cuidado quando terceiros sao envolvidos nas operações, bem como na forma de pagamento do terceiro:

> Cabe notar, ademais, que há uma série de alertas para a possibilidade de que terceiros estejam envolvidos com fraudes ou com o pagamento de vantagens indevidas a agentes públicos, como por exemplo, solicitações de que o pagamento ao contratado seja efetuado de maneira não usual (em espécie, em moeda estrangeira, em diversas contas, contas em países distintos da incorporação da empresa ou da prestação do serviço) e contratos com objeto pouco definido. Outro alerta é a utilização de cláusulas de sucesso, que preveem que o contratado só será pago (ou receberá um montante extra) se tiver sucesso na realização do serviço contratado. Cláusulas de sucesso podem fazer com que o contratado se sinta pressionado a recorrer a quaisquer meios para aumentar seus rendimentos. Além disso, o pagamento extra pelo sucesso pode servir para ocultar na contabilidade a vantagem indevida paga a agente público.[23]

Estas recomendações não são imutáveis e não precisam ser aplicadas por todas as empresas que contratarem terceiros ou que desejam ter um programa de *Compliance* efetivo. Tratam-se apenas de sugestões de redução do risco inerente à contratação de um terceiro. Os riscos podem variar de acordo com as atividades e modelos de negócios que cada empresa apresenta.

Sendo assim, as formas de controle internas do programa de *Compliance* de uma empresa podem ser totalmente diferentes do que foi desenhado e implementado por seu terceiro, pois o risco varia de um setor de atividade para o outro e até mesmo de uma empresa para outra.

[23] BRASIL. **Programas de integridade**. Diretrizes para empresas Privadas. Set 2015. Disponível em: <http://www.cgu.gov.br/Publicacoes/etica-e-integridade/arquivos/programa-de-integridade-diretrizes-para-empresas-privadas.pdf>. Acesso em: 26 de abril de 2019.

2.2.2. Cumprimento do Código de Conduta por Terceiros

O código de conduta é um documento que deve estabelecer os direitos e obrigações dos diretores, gerentes, funcionários, agentes e parceiros comerciais da empresa.

No livro *Compliance* 360º, os autores mencionam uma citação do professor Eduardo Sugizaki, membro do Departamento de Filosofia e Teologia da Universidade de Goiás:

> Um código de uma profissão determinada resolve, decide e determina um comportamento profissional como ético e outro como antiético, depois de ouvir o debate teórico sobre temas pertinentes, como base numa decisão política, que procura refletir, mais ou menos, a posição dos profissionais da área, de acordo com a cultura do país e os valores morais mais sedimentados do povo. **O código de ética profissional não é mais simplesmente o cumprimento de um costume e de uma tradição. Ele incide também sobre temas em relação aos quais não há tradição nem costume.** Ele responde a desafios modernos. Mas, uma vez instituído, o código profissional instaura um comportamento que se tornará costumeiro, ou seja, transforma-se em moral.[24] (Grifo nosso)

O código de ética deve espelhar as atitudes esperadas de cada indivíduo representante da companhia e o comportamento adequado para seus funcionários baseados em regras e condutas éticas dentro das atividades da empresa.

Para os autores Debbie Troklus, Greg Wagner e Emma Wollschlager Schwartz *o objetivo do código de conduta seria trazer um guia a ser seguido pelos funcionários e que este seja compreendido por todos e que eleve a performance corporativa nas relações* básicas comerciais.[25]

[24] CANDELORO, Ana Paula P., RIZZO, Maria Balbina Martins De, PINHO, Vinicius. **Compliance 360º**, Risco, Estratégias, Conflitos e Vaidades no Mundo Corporativo. 1. ed. São Paulo: Editora Trevisan, 2012, p. 78.

[25] TROKLUS, Debbie, WARNER, Greg e SCHWARTZ, Emma Wollschlager. **Compliance 101**: How to build and maintain an effective Compliance and ethics program, 2013. p. 13.

De acordo com Ana Paula P. Candeloro, Maria Balbina Martins De Rizzo e Vinicius Pinho, *o* código deve conter a personalidade da instituição.[26]

Em virtude das leis locais, deve também dispor de temas relacionados à anticorrupção e antisuborno, bem como orientações específicas sobre fazer negócios com entidades e órgãos dos setores públicos e privados, cortesias comerciais, viagens e entretenimento, gestão da propriedade intelectual, e quando necessário, integridade financeira e conflitos de interesse.

O código de ética e conduta só será um pilar necessário do programa de *Compliance* se combinado com treinamentos e comunicação. Os funcionários e terceiros devem conhecer o conteúdo do documento e entender que devem seguir tais disposições. Assim, a linguagem a ser utilizada deve ser de fácil compreensão, seu conteúdo deve estar em conformidade com as leis locais e regramentos atuais como mencionam os ilustres autores Ana Paula P. Candeloro, Maria Balbina Martins De Rizzo e Vinicius Pinho:

> Esse código deverá ser escrito de maneira objetiva, sem margem a interpretações pessoais sobre os princípios ali transmitidos. É normalmente submetido para leitura e adesão do funcionário no ato da contratação e ainda disponibilizado nas redes internas da instituição. Salientamos a necessidade de atualizá-lo de tempos em tempos, em função de novas regras corporativas, alterações às já existentes e mudanças no cenário regulatório que rege os negócios, uma vez que tudo isso pode impactar a justificativa racional para as escolhas e o comportamento da instituição.[27]

A adesão ao código mencionada acima também se aplica aos terceiros e serve de comprovação de que tinham ciência do conteúdo mencionado no código,sendo certo, que devem seguir as políticas e processos estipulados pela empresa que o contratou para a prestação de serviços.

Os códigos de conduta, muitas vezes, versam sobre a necessidade de cumprir as leis anticorrupção e inserem exemplos de boas práticas comerciais, tais como, interagir com órgãos públicos, precauções a serem tomadas

[26] CANDELORO, Ana Paula P., RIZZO, Maria Balbina Martins De, PINHO, Vinicius. **Compliance 360º**, Risco, Estratégias, Conflitos e Vaidades no Mundo Corporativo. 1. ed. São Paulo: Editora Trevisan, 2012, p. 80.

[27] CANDELORO, Ana Paula P., RIZZO, Maria Balbina Martins De, PINHO, Vinicius. **Compliance 360º**, Risco, Estratégias, Conflitos e Vaidades no Mundo Corporativo. 1. ed. São Paulo: Editora Trevisan, 2012, p. 81.

em uma negociação comercial evitando violações às leis locais. Inclusive, a cartilha da Controladoria Geral da União (CGU) menciona que, para fins de atendimento aos requisitos da Lei nº 12.846/13, é esperado que o código de conduta estabeleça vedações expressas:

> "(...) c.1) aos atos de prometer, oferecer ou dar, direta ou indiretamente, vantagem indevida a agente público, nacional ou estrangeiro, ou a pessoa a ele relacionada; c.2) à prática de fraudes em licitações e contratos com o governo, nacional ou estrangeiro; c.3) ao oferecimento de vantagem indevida a licitante concorrente; c.4) ao embaraço à ação de autoridades fiscalizatórias."[28]

Em vista do exposto, esta adesão ao código de conduta pode servir como prova de um eventual descumprimento contratual e auxiliar a outra parte, quando previsto em contrato, em uma rescisão motivada, como veremos no capítulo seguinte.

2.2.3. Controles Internos para Mitigação de Riscos Envolvendo Terceiros

O pilar controles internos seria o dever da companhia em estabelecer normas e procedimentos para a documentação da empresa, revisão e aprovação dos compromissos contratuais e despesas comerciais, incluindo eventos de *marketing* e entretenimento de clientes.

Convergentemente Ana Paula P. Candeloro, Maria Balbina Martins De Rizzo e Vinicius Pinho entendem que:

> Controles internos têm responsabilidade pela totalidade das políticas e procedimentos de uma instituição e visam a mitigação das potenciais perdas advindas de sua exposição ao risco e o fortalecimento de processos e procedimentos vinculados ao modelo de governança corporativa.[29]

[28] BRASIL. **Programas de integridade**. Diretrizes para empresas Privadas. Set 2015. Disponível em: <http://www.cgu.gov.br/Publicacoes/etica-e-integridade/arquivos/programa-de-integridade-diretrizes-para-empresas-privadas.pdf>. Acesso em: 26 de abril de 2019.

[29] CANDELORO, Ana Paula P., RIZZO, Maria Balbina Martins De, PINHO, Vinicius. **Compliance 360º**, Risco, Estratégias, Conflitos e Vaidades no Mundo Corporativo. 1. ed. São Paulo: Editora Trevisan, 2012, p. 58.

O conceituado autor e profissional de Compliance Wagner Giovanini entende como controle "um conjunto de análise criadas, de acordo com a exposição de riscos da organização, definidas, a partir de verificações amostrais e periódicas nos processos da empresa."[30]

As empresas tendo um controle interno efetivo conseguem prevenir diversos riscos Solicitar aprovações prévias, da área de Compliance para operações, por exemplo, consideradas de alto risco, é um controle que colabora com o bom funcionamento da área de Compliance. Ana Paula Rizzo ressalta que:

> "(...) a efetividade dos Controles Internos deve ser constantemente avaliada, tomando como referência as boas práticas estabelecidas pelos padrões e metodologia do Commitee of Sponsoring Organizations of Tradeway Commission- COSO (Comitê das Organizações Patrocinadoras) que define Controles Internos como um processo desenvolvido para garantir, com razoável certeza que sejam atingidos os objetivos da instituição(...)"[31]

Na cartilha da CGU, os controles internos também são vistos como forma de mitigação de riscos e a implantação de níveis de aprovação a depender do grau do risco é uma das sugestões para redução de potenciais exposições, como até uma aprovação da área responsável pelo programa de integridade.[32]

Desta forma, é necessário que os procedimentos internos sejam devidamente conhecidos pelos terceiros de modo que os controles internos sejam respeitados e cumpridos por funcionários e terceiros.

2.2.4. Treinamento de Funcionários e Terceiros

Os treinamentos de funcionários e terceiros auxiliam a medir o impacto do programa de *Compliance* pela frequência e qualidade dessas sessões.

[30] GIOVANINI, Wagner, **Compliance** – A Excelência na Prática, 1. ed., São Paulo: 2014, p. 51.

[31] CANDELORO, Ana Paula P., RIZZO, Maria Balbina Martins De, PINHO, Vinicius. **Compliance 360º**, Risco, Estratégias, Conflitos e Vaidades no Mundo Corporativo. 1. ed. São Paulo: Editora Trevisan, 2012, p. 60.

[32] **Programas de integridade**. Diretrizes para empresas Privadas. Disponível em: <http://www.cgu.gov.br/Publicacoes/etica-e-integridade/arquivos/programa-de-integridade-diretrizes-para-empresas-privadas.pdf>. Acesso em: 26 de abril de 2019.

Além da preocupação com a linguagem a ser utilizada nos treinamentos e a forma mais adequada para passar a mensagem para a audiência é também primordial verificar o conteúdo e a abrangência dos treinamentos, por exemplo, os *"treinamentos específicos, precisam ser desenvolvidos para públicos menores e, dessa forma, conterão informações detalhadas para atingirem seus objetivos."*[33]

Desta forma, os treinamentos são essenciais para que se verifique a efetividade do programa. Importante que todos os funcionários da companhia realizem treinamentos sejam estes presenciais ou *on-line* e que haja também treinamentos para terceiros para que estes entendam as políticas e processos internos da empresa. Estes treinamentos são indispensáveis quando ocorrem mudanças em algum processo interno ou política interna. As áreas devem ter conhecimento de tais mudanças e uma forma de dar visibilidade destas mudanças é por meio de treinamentos.

A participação dos funcionários e terceiros deve ser monitorada e documentada como forma de mitigação de riscos. Os registros são de suma importância para a companhia, eles *"geram evidências irrefutáveis de a empresa estar se engajando na busca da integridade e, se interpelada pelas autoridades, terá como demonstrar seus esforços em coibir desvios de conduta".*

Um caso emblemático para os profissionais de *Compliance* e para as companhias terem como exemplo da importância do registro dos treinamentos é o caso do banco Morgan Stanley, no qual houve a desistência da ação contra o banco e o ex-funcionário Garth Peterson foi sentenciado a 9 (nove) meses em uma prisão federal por ter violado controles contábeis. Confira-se:

> De acordo com os documentos judiciais, o Morgan Stanley manteve um sistema de controles internos destinado a garantir a contabilidade de seus ativos e a impedir que os funcionários oferecessem, prometessem ou pagassem qualquer coisa de valor aos funcionários públicos estrangeiros. As políticas internas do Morgan Stanley, que foram atualizadas regularmente para refletir atualizações regulatórias e riscos específicos, proibíam o suborno e abordavam os riscos de corrupção associados à doação de presentes, entretenimento comercial, viagens, hospedagem, refeições, contribuições de caridade e

[33] GIOVANINI, Wagner, **Compliance** – A Excelência na Prática, 1. ed., São Paulo: 2014, p. 338 e 339.

emprego. O Morgan Stanley frequentemente treinou seus funcionários acerca de suas políticas internas, FCPA e em outras leis anticorrupção. Entre 2002 e 2008, o Morgan Stanley treinou 54 vezes vários grupos de funcionários da Ásia acerca das políticas anticorrupção. Durante o mesmo período, o Morgan Stanley treinou Peterson sobre o FCPA sete vezes e lembrou-o de cumprir o FCPA pelo menos 35 vezes. A equipe de integridade do Morgan Stanley monitorava regularmente as transações, auditava aleatoriamente determinados funcionários, transações e unidades de negócios e testava para identificar pagamentos ilícitos. Além disso, o Morgan Stanley conduziu uma extensa diligência em todos os novos parceiros de negócios e impôs controles rigorosos sobre pagamentos feitos aos parceiros de negócios.[34] (tradução nossa)

Conforme mencionado acima, o banco conseguiu provar que foi diligente e que mantinha um programa de *Compliance* robusto e efetivo e que, durante o período que o funcionário trabalhou no banco, ele recebeu 7 (sete) treinamentos de FCPA[35] e 35 (trinta e cinco) comunicados sobre o cumprimento da referida lei.

[34] **FCPA, Former Morgan Stanley mananing director pleads guilty for role in evading internal controls required by**. 25 abr. 2012. Disponível em: <https://www.justice.gov/opa/pr/former-morgan-stanley-managing-director-pleads-guilty-role-evading-internal-controls-required>. Acesso em 28 de abril de 2019.

[35] According to court documents, Morgan Stanley maintained a system of internal controls meant to ensure accountability for its assets and to prevent employees from offering, promising or paying anything of value to foreign government officials. Morgan Stanley's internal policies, which were updated regularly to reflect regulatory developments and specific risks, prohibited bribery and addressed corruption risks associated with the giving of gifts, business entertainment, travel, lodging, meals, charitable contributions and employment. Morgan Stanley frequently trained its employees on its internal policies, the FCPA and other anti-corruption laws. Between 2002 and 2008, Morgan Stanley trained various groups of Asia-based personnel on anti-corruption policies 54 times. During the same period, Morgan Stanley trained Peterson on the FCPA seven times and reminded him to comply with the FCPA at least 35 times. Morgan Stanley's compliance personnel regularly monitored transactions, randomly audited particular employees, transactions and business units, and tested to identify illicit payments. Moreover, Morgan Stanley conducted extensive due diligence on all new business partners and imposed stringent controls on payments made to business partners. ESTADOS UNIDOS. The Foreign Corrupt Practices Act of 1977. Current through Pub. L. 105-366. 10 Nov. 1998. United States Code Title 15. Commerce and Trade Chapter. 2B-Securities Exchanges. Disponível em: < https://www.justice.gov/sites/default/files/criminal-fraud/legacy/2012/11/14/fcpa-english.pdf>. Acesso em: 28 de abril de 2019.

Em comentários sobre a sentença, Matt Ellis, fundador e editor do FCPAméricas, destaca que as informações sobre a ineficácia dos treinamentos realizados em depoimento do ex-funcionário do banco não foram relevantes para a decisão:

> O DOJ descobriu que a Morgan Stanley realizou treinamentos on-line e presenciais em suas unidades na China. Se a empresa tivesse realizado apenas treinamentos por Internet ou telefone, os comentários do Sr. Peterson poderiam ter mais importância. Mas a comprovação dos treinamentos presenciais enfraqueceu bastante suas declarações.[36]

Diante disto, vislumbra-se o quão importante e essencial é o registro e documentação dos treinamentos efetivos para evitar uma eventual responsabilidade por violações de *Compliance*.

A cartilha da CGU sobre programas de integridade também ressalta a necessidade de investimento em comunicação e treinamento para que o programa de *Compliance* da empresa seja efetivo.[37]

2.2.5. Canais de Comunicação

Recomenda-se que as empresas tenham um canal de comunicação de *Compliance* e Ética no qual os funcionários e/ou parceiros comerciais possam entrar em contato por telefone e/ou e-mail para relatar suas preocupações e realizar denúncias de forma confidencial e anônima, e dentro dos termos da lei local. *As empresas têm optado, mais usualmente, pela criação de um número de telefone com ligações gratuitas (0800), para as pessoas comunicarem suas inquietações.*[38]

Inclusive tais canais de comunicação também denominados de canais denúncia, por algumas empresas, são mencionados no guia de FCPA e

[36] ELLIS, Matt. **Treinamento em conformidade com a FCPA: online ou presencial**. 24 jun. 2013. Disponível em:<http://fcpamericas.com/portuguese/treinamento-em-conformidade--fcpa-on-line-ou-presencial/>. Acesso em 28 de abril de 2019.

[37] BRASIL. **Programas de integridade**. Diretrizes para empresas Privadas. Set 2015. Disponível em: <http://www.cgu.gov.br/Publicacoes/etica-e-integridade/arquivos/programa--de-integridade-diretrizes-para-empresas-privadas.pdf>. Acesso em: 26 de abril de 2019.

[38] GIOVANINI, Wagner, **Compliance** – A Excelência na Prática, 1. ed., São Paulo: 2014, p. 246.

também na regulamentação da lei brasileira como destaca Carlos Henrique da Silva Ayres:

> Um canal de denúncias é um elemento importante de um programa de compliance. O Guia do FCPA menciona que "um programa de compliance efetivo deve incluir um mecanismo para os funcionários de uma organização ou terceiros denunciarem suspeitas ou más condutas ou violações das políticas da empresa, de forma confidencial e sem medo de retaliação". Da mesma forma, a Regulamentação brasileira de programas de compliance estabelece que a existência de canais de denúncia disponíveis para funcionários e terceiros é um dos elementos que vão ser levados em consideração quando as autoridades avaliarem o programa de compliance da empresa. [39]

Mais uma vez é mencionada uma forma de diminuição de riscos quando o pilar é devidamente implementado, pois é um ponto a ser considerado pelas autoridades quando estiverem diante de um caso de *Compliance*.

Importante estabelecer um processo para o canal de comunicação. Nesta linha, Wagner Giovanini destaca:

> Inicialmente, quem receberá as ligações deverá ser devidamente treinado e possuir uma espécie de checklist para usar no momento do atendimento, com a finalidade de extrair, daquele que está ligando, o máximo de informação possível. Quanto mais detalhes houver, mais focada será uma investigação, ou seja, indo direto ao ponto, a empresa estará poupando esforços e tempo, além de a investigação ter maior possibilidade de sucesso.[40]

A existência de funcionários responsáveis por temas de *Compliance* à disposição dos empregados e parceiros, caso estes queiram realizar uma denúncia em uma reunião presencial também é recomendável.

Estes canais de comunicação devem auxiliar os funcionários e parceiros comerciais a alertar a empresa para potenciais violações ao Código de Conduta, outras políticas e até mesmo condutas inadequadas de funcionários ou terceiros que agem em nome da empresa.

[39] AYRES, Carlos Henrique Silva. **Melhores práticas para a criação de um canal de denúncias**. 15 abr. 2015. Disponível em:<http://fcpamericas.com/portuguese/melhores--praticas-para-criacao-de-um-canal-de-denuncia/>. Acesso em 28 de abril de 2019.

[40] GIOVANINI, Wagner, **Compliance** – A Excelência na Prática, 1. ed., São Paulo: 2014, p. 246.

2.2.6. Cumprimento do Programa de Compliance

O pilar denominado cumprimento seria a inserção de processos internos que permitam auditorias de rotina para verificar o cumprimento do código de conduta, bem como iniciar investigações para atender prontamente as denúncias de comportamentos ilícitos ou antiéticos. Tais processos definem as ações corretivas mais apropriadas e consistentes a serem aplicadas, sob as circunstâncias que as justifiquem, não importando o nível do agente, gerente ou funcionário que as causou.

Basicamente seria a medição dos pilares do Programa de *Compliance*. Em alguns deles foi mencionado a importância dos controles internos que, quando bem implementados, acarretam na satisfação do pilar cumprimento.

Desta forma, quando há o registro de treinamentos, a conservação de documentos que comprovem a efetividade dos canais de comunicação, quando há o registro da leitura e compreensão do código de conduta pelos funcionários e terceiros, quando há a comprovação de que os altos executivos estão engajados no Programa de *Compliance* e que suas atitudes condizem com o que é esperado pela empresa, quando há como comprovar que os processos internos existem e que mitigam os eventuais riscos, há como dizer que este pilar foi devidamente cumprido. O cumprimento de todos estes pontos por funcionários e terceiros faz com que não haja violações às políticas e processos e, consequentemente, que não haja violações à Lei nº 12.846/13, mitigando assim o risco de danos à reputação.

2.2.7. Transparência nos Negócios

Por fim, a transparência nos negócios serve para garantir que todos os envolvidos em uma transação estejam cientes sobre a capacidade das partes para honrar suas obrigações e compromissos livres de quaisquer influências concorrentes. Importante sempre questionar os parceiros/terceiros sobre quaisquer conflitos ou potenciais conflitos de interesse que possam surgir, quer pelos proprietários da empresa, diretores, administradores, gerentes ou empregados ou por agentes de uma empresa ou parceiros de negócios comerciais.

Os conflitos de interesses ocorrem quando os interesses pessoais se sobrepõem aos interesses da empresa, por exemplo:

> Conceituamos conflito de interesses como sendo a falta de alinhamento entre os integrantes de um grupo, não somente na questão objetiva de definição de uma ação ou tomada de decisão, mas também na percepção de que interesses individuais poderão se sobrepor à decisão à ou ação.[41]

Diante do exposto, os terceiros devem ser totalmente transparentes em relação à execução do serviços prestados, valores a serem aplicados, comprovando por meio de documentos a realização dos serviços, garantindo que não houve de nenhuma forma uma violação à lei anticorrupção brasileira e que todos os processos e políticas da empresa que o contratou foram devidamente seguidos e cumpridos.

3. Formas de Mitigação de Riscos de *Compliance*

Além da mitigação de riscos por meio de um programa de *Compliance* robusto com os pilares anteriormente mencionados, há também a preocupação em se proteger ao firmar contratos ou negociar contratos com terceiros. Existem algumas formas de prevenção destes riscos, tais como processos internos aplicados aos terceiros e inserção de cláusulas específicas de *Compliance* nas propostas comerciais e contratos a serem firmados. Estas cláusulas podem auxiliar na eventual discussão de responsabilidade por descumprimento contratual ou até mesmo em uma possível responsabilidade pré-contratual como será aventado a seguir.

3.1. *Due Diligence* de Compliance e Eventual Responsabilidade Pré-Contratual

Como mencionado no capítulo anterior, um dos pilares do programa de *Compliance* é a *Due Diligence* em companhias que desejam se relacionar com a sua companhia ou entrar de alguma forma em seu ecossistema.

Para mitigação de riscos, muitas empresas verificando previamente que o futuro ou atual parceiro de negócios tem algum processo transitado

[41] CANDELORO, Ana Paula P., RIZZO, Maria Balbina Martins De, PINHO, Vinicius. **Compliance 360º**, Risco, Estratégias, Conflitos e Vaidades no Mundo Corporativo. 1. ed. São Paulo: Editora Trevisan, 2012. p. 85 e 86.

em julgado ou até mesmo está envolvido em uma investigação citada na mídia, que desabone a idoneidade e coloque em dúvida a ética e valores desta empresa, opta por cancelar ou não prosseguir com a sua contratação. Entretanto, esta ruptura da relação contratual pode gerar uma responsabilidade pré-contratual.

Não há como discursar sobre responsabilidade pré-contratual sem antes mencionar o princípio da boa-fé objetiva.

Para a ilustre doutora Karina Nunes Fritz:

> Boa-fé objetiva é, portanto, lealdade de comportamento retidão de conduta que impõe aos partícipes do comércio jurídico um agir com honestidade e consideração aos interesses da contraparte. Por meio dela penetram no direito valores éticos e sociais, como precisamente coloca Staudinger, compatibilizando-se a ordem social e econômica com ética jurídica, com os interesses da coletividade e com a justiça.[42]

Nesta linha, é esperado que haja uma boa conduta nas relações contratuais, que haja boa-fé. O artigo 422 do Código Civil[43] dispõe que *"os contratantes são obrigados a guardar, assim na conclusão do contrato, como em sua execução, os princípios de probidade e boa-fé."*

Apesar do artigo não prever expressamente que a boa-fé está presente em todas as fases contratuais, esta deve ocorrer inclusive na fase pré-contratual, pois quaisquer relações contratuais devem ser pautadas na ética.

Para o autor Rômulo Russo Júnior o princípio da boa-fé no seu ponto vista seria:

> Uma regra de conduta, pela qual se faz a fusão do cuidado e do espírito de colaboração, coadjuvada ao comportamento prudente, diligente, de modo a não lesar, nem frustrar os legítimos interesses alheios despertados pelas pré-negociações.[44]

[42] FRITZ, Karina Nunes. **Boa-fé objetiva na fase pré-contratual**. 2. ed. Curitiba: Editora Juruá. 2012. p.104-105.

[43] CIVIL, Código, **Constituição Federal e legislação complementar**. 20. ed., São Paulo: Editora Saraiva, 2014, p.51.

[44] JÚNIOR, Rômulo Russo, **A responsabilidade civil pré-contratual**, 1. ed., Salvador: Edições JusPodivm, 2006, p. 31.

O autor menciona apenas a boa-fé nas relações pré-contratuais, pois sua obra foca na responsabilidade pré-contratual. Entretanto, pode-se verificar que outros autores mencionam o princípio da boa-fé permeando todas as fases do contrato, ou seja, estando presente tanto na fase de negociação, como execução e conclusão do contrato, como mencionam Nelson Nery Junior e Rosa Maria de Andrade Nery que "*as partes devem guardar a boa-fé tanto na fase pré-contratual, das tratativas preliminares, como durante a execução do contrato e, depois de executado o contrato.*"[45]

Fabio Ulhôa Coelho ilustremente dispõe:

> Se o contratante não age de boa-fé – nas negociações ou na execução do contrato –, ele descumpre uma obrigação imposta pela lei. Incorre, portanto, num ato ilícito. As consequências do descumprimento do dever geral de boa-fé objetiva, portanto, são as mesmas de qualquer ilicitude: o outro contratante tem direito à indenização pelos prejuízos que sofrer.[46]

Quando uma das partes encerra sem nenhum motivo às negociações, na qual gerou uma expectativa à outra parte de firmar uma relação contratual, esta pode ser obrigada a ressarcir a outra parte pelos danos que incorreu. Portanto, caso haja uma violação do princípio da boa-fé objetiva, uma das consequências seria uma eventual responsabilidade da parte que o violou.

Neste sentido, versa o autor Francisco Amaral:

> A responsabilidade pré-contratual é aquela que se configura no caso de ruptura das negociações preliminares do contrato. Embora sem força vinculante, essa atividade, muitas vezes concretizada em apontamentos ou minutas, cria para um dos interessados "a expectativa de contratar obrigando-o, inclusive, a fazer despesas para possibilitar a realização do contrato".[47]

A eventual responsabilidade pré-contratual pode ocorrer quando é gerada uma expectativa em executar um contrato e sem motivos uma das

[45] JUNIOR, Nelson Nery e NERY, Rosa Maria de Andrade. **Código Civil Comentado**. 10. ed. São Paulo. Revista dos Tribunais, 2012, p.640

[46] COELHO, Fábio Ulhoa. **Curso de Direito Civil** – Contratos 3. 7 ed. São Paulo, Editora Saraiva, 2014, p.47

[47] AMARAL, Francisco. **Direito Civil** – Introdução. 8 ed. Rio de Janeiro: Editora Renovar, 2014, p.611

partes opta por não prosseguir com a contração da outra parte. Faz-se necessário analisar e verificar até que momento a empresa pode desistir da relação contratual sem ter que indenizar a outra parte. Confira-se:

> A negativa em contratar por uma das partes não gera obrigações e, consequentemente, responsabilidades, porém, quando esta negativa se dá após um longo período de negociações, tratativas iniciais, **que levaram a despesas com consultas, levantamentos, atos preparatórios, se não exigidos, mas ao menos incentivados pela parte contrária, gera uma responsabilidade passível de indenização por quem a ela deu causa.**[48] (Grifo nosso)

Cristiano de Souza Zanetti destaca que:

> A extensão do dano decorrente do ilícito pré-contratual foi abordada inicialmente por Ihering (...) a respeito da *culpa in contrahendo* no caso de celebração de contrato inválido. Neste sentido aquele que incorreu na *culpa in contrahendo* deveria efetuar o pagamento de uma indenização que pudesse colocar o outro em situação equivalente a que estaria se não tivesse concluído invalidamente o contrato.[49]

Maria Helena Diniz complementa citando a cautela necessária acerca da responsabilidade civil nas negociações preliminares:

> Todavia, é preciso deixar bem claro que, apesar de faltar obrigatoriedade aos entendimentos preliminares, pode surgir, excepcionalmente, a responsabilidade civil para os que deles participam, não no campo da culpa contratual, mas no da aquiliana. Portanto, apenas na hipótese de um dos participantes criar no outro a expectativa de que o negócio será celebrado, levando-os as despesas, a não contratar com terceiro ou a alterar planos de sua atividade imediata, e depois desistir, injustificada e arbitrariamente, causando-lhe sérios prejuízos, terá, por isso, a obrigação de ressarcir todos os danos. Na verdade,

[48] MARTINS-COSTA, Judith. **A boa-fé no direito privado: sistema e tópica no processo obrigacional**. São Paulo: Revista dos Tribunais, 1999. p.486 (apud VARGAS, Valmir Antônio. **Responsabilidade Civil Pré-Contratual**. 1. ed., Curitiba: Juruá, 2011, p. 63).

[49] IHERING, Rudolf von. **De la culpa in contrahendo ou des dommages-intèrêts dans le conventions nulles ou restées imparfaites in Oeuvres choises**. Trad, O. De Meleunaure. Paris> Marescq, t, II, 1893, p. 16 apud ZANETTI, Cristiano de Souza. **Responsabilidade pela ruptura das negociações**. 1 ed. São Paulo: Editora Juarez de Oliveira, 2005, p. 151-152.

há uma responsabilidade pré-contratual, que dá certa relevância jurídica aos acordos preparatórios, fundada não só no princípio de que os interessados na celebração de um contrato deverão comportar-se de boa-fé, prestando informações claras e adequadas as condições do negócio e os possíveis vícios (...).[50]

Desta forma, é essencial que as partes tenham conhecimento do que podem e do que não podem fazer quando estão negociando um contrato e que sejam extremamente cautelosos durante as negociações, pois dependendo da forma que uma das partes aborda a questão da contratação, a outra parte pode ter algum prejuízo, por exemplo, fazendo investimentos em decorrência da expectativa gerada em função das negociações.

Há a necessidade de ser extremamente claro durante as negociações que há a possibilidade da execução do contrato não prosseguir, caso a empresa não passe, por exemplo, pelas aprovações internas necessárias quando, por exemplo, a empresa entende que o terceiro apresenta condutas suspeitas, não observância de processos internos da empresa ou alguma violação à lei anticorrupção brasileira. Em suma, é fundamental que as partes sejam transparentes durante todo o processo de contratação, indicando todas as etapas e processos que precisam ser cumpridos antes que o contrato seja finalizado.

3.2. Cláusulas de Compliance na RFP

Como anteriormente mencionado, para evitar uma possível responsabilidade pré-contratual, uma das formas de mitigação, seria a inclusão de uma cláusula de *compliance* no próprio processo de compras e serviços da empresa privada. Caso a empresa faça um processo de due diligence no futuro parceiro que possa impedir a sua contratação, recomenda-se a inserção de uma cláusula na proposta aos terceiros que participarão deste processo, também chamado de *request for proposal (RFP)*.

A cláusula poderia dispor que a execução do contrato está condicionada à aprovação do parceiro no processo de revisão interna da companhia ou no processo de *Compliance*, não sendo necessária a justificativa do motivo do descredenciamento ou não aprovação do terceiro. Além disso, importante

[50] DINIZ, Maria Helena. **Direito civil brasileiro**: Teoria das obrigações contratuais e extracontratuais. 19. ed. São Paulo: Saraiva, 2003, p. 49.

formalizar que tal decisão não acarreta em nenhuma responsabilidade para a empresa não sendo possível uma indenização.

Sabe-se que tais cláusulas não são uma garantia de que a empresa não entrará em juízo solicitando ou pleiteando algum tipo de indenização, alegando que houve uma responsabilidade pré-contratual. Entretanto, ao inserir uma cláusula no processo de contratação interno da empresa, há como apresentar uma justificativa em juízo e mencionar que a outra parte tinha ciência de que o contrato só poderia ser firmado se houvesse as devidas aprovações internas, especificamente da área de *Compliance*.

Importante mencionar que não se faz necessário informar a outra parte dos motivos pelos quais a empresa foi suspensa ou descredenciada de seu ecossistema ou porque ela não foi aprovada. Como anteriormente mencionado, muitas empresas não querem no seu ecossistema qualquer relação com uma empresa que está sendo investigada por violações à lei anticorrupção brasileira e esta decisão depende, tão somente, da empresa. É difícil justificar a não aprovação por uma investigação que ainda não houve trânsito em julgado ou decisão em nenhum grau de jurisdição. Por isso, não é recomendável informar os motivos do descredenciamento, especialmente se os fatos contra a empresa ainda não são concretos, pois a justificativa, dependendo da forma que for enviada ao parceiro, pode inclusive gerar uma reparação de danos morais.[51]

3.3. Cláusulas de *Compliance* nos Contratos

Após os escândalos e a promulgação da Lei anticorrupção brasileira 12.846 de 2013[52], as cláusulas de *Compliance* têm sido cada vez mais comuns nas negociações de contratos. Há algumas cláusulas que são de suma

[51] AYRES, Carlos. **Dispositivos Contratuais do FCPA para Terceiros na América Latina:** Outras disposições importantes. 14 jun. 2013. Disponível em:<http://fcpamericas.com/portuguese/dispositivos-contratuais-fcpa-para-terceiros-na-america-latina-outras-disposicoes-importantes/>. Acesso em 28 de abril de 2019.

[52] BRASIL. Lei nº 12846, de 1º de agosto de 2013. Dispõe sobre a responsabilização administrativa e civil de pessoas jurídicas pela prática de atos contra a administração pública, nacional ou estrangeira, e dá outras providências. Palácio do Planalto Presidência da República, Brasília, DF, 1º ago. Disponível em: < http://www.planalto.gov.br/CCIVIL_03/_Ato2011-2014/2013/Lei/L12846.htm>. Acesso em: 28 de abril 2019.

importância para mitigação de riscos de *Compliance* e que devem ser inseridas nos contratos, conforme mencionaremos a seguir.

De acordo com a pesquisa sobre corrupção na América Latina, "o uso de termos contratuais anticorrupção aumentou em sete por cento (59% em 2012; 66% em 2016). A inclusão de compromissos contratuais de compliance é um componente básico da gestão dos riscos indiretos de corrupção."[53]

A própria cartilha da CGU sobre programas de integridade indica que a empresa deve verificar a possibilidade de inserção de cláusulas que versem, por exemplo:

- comprometimento com a integridade nas relações público-privadas e com as orientações e políticas da empresa contratante, inclusive com a previsão da aplicação do seu Programa de Integridade, se for o caso;
- previsão de rescisão contratual caso a contratada pratique atos lesivos à administração pública, nacional ou estrangeira;
- pagamento de indenização em caso de responsabilização da empresa contratante por ato do contratado.[54]

Como veremos a seguir, há vários aspectos de *Compliance* que podem ser regulados por meio de disposições contratuais. Conforme mencionado anteriormente, são estas as cláusulas que permitem que a empresa mitigue seus riscos com relação à eventual violação de leis anticorrupção.

3.3.1. Cláusula de Cumprimento da Lei nº 12.846/13

A Lei nº 12.846 de 1º de agosto de 2013[55] entrou em vigor em 29 de janeiro de 2014 e é também conhecida como lei brasileira anticorrupção. Ela tem

[53] Ayres, Carlos, Moushey, Leah. **Mais empresas estão administrando os riscos de corrupção por terceiros na América Latina.** 11 mar. 2016. Disponível em:< http://fcpamericas.com/portuguese/mais-empresas-estao-administrando-os-riscos-de-corrupcao-por-terceiros-na-america-latina/ >. Acesso em 28 de abril de 2019.

[54] BRASIL. **Programas de integridade.** Diretrizes para empresas Privadas. Set 2015. Disponível em: <http://www.cgu.gov.br/Publicacoes/etica-e-integridade/arquivos/programa-de-integridade-diretrizes-para-empresas-privadas.pdf>. Acesso em: 26 de abril de 2019.

[55] BRASIL. Lei nº 12846, de 1º de agosto de 2013. Dispõe sobre a responsabilização administrativa e civil de pessoas jurídicas pela prática de atos contra a administração pública, nacional ou estrangeira, e dá outras providências. Palácio do Planalto Presidência da República, Brasília,

várias disposições similares à lei americana anticorrupção FCPA[56], instituída em 1977, sendo que esta última basicamente tem por objeto "*tornar ilegal o pagamento a funcionários no exterior para ajudar a obter ou manter negócios.*"[57]

A Lei 12.846/13[58] tem por objeto regular a responsabilidade objetiva e civil das pessoas jurídicas pela prática de atos de corrupção contra a administração pública nacional ou estrangeira. A lei brasileira anticorrupção *prevê que violações aos seus dispositivos submeterão a empresa violadora a multas que variam de 0,1 a 20% do seu faturamento bruto no ano anterior à instauração do processo administrativo contra esta empresa.*[59]

O Promotor de Justiça, Roberto Livianu[60], ao fazer uma análise da referida lei, destaca:

> A Lei Anticorrupção adota sistema de responsabilização objetiva, exigindo-se a comprovação da pessoa jurídica com a prática apontada não exigindo qualquer espécie de demonstração de culpabilidade concreta de pessoas no plano individual.

Neste sentido, uma cláusula que auxilia na mitigação de riscos e, em uma eventual responsabilidade é a que sujeita a empresa contratada às leis anticorrupção como, por exemplo, uma declaração que esta não violou e

DF, 1º ago. Disponível em: < http://www.planalto.gov.br/CCIVIL_03/_Ato2011-2014/2013/Lei/L12846.htm>. Acesso em: 28 de abril 2019.

56 ESTADOS UNIDOS. The Foreign Corrupt Practices Act of 1977. Current through Pub. L. 105-366. 10 Nov. 1998. United States Code Title 15. Commerce and Trade Chapter. 2B-Securities Exchanges. Disponível em: < https://www.justice.gov/sites/default/files/criminal-fraud/legacy/2012/11/14/fcpa-english.pdf>. Acesso em: 28 de abril de 2019.

57 GIOVANINI, Wagner, **Compliance** – A Excelência na Prática, 1. ed., São Paulo: 2014, p. 24.

58 BRASIL. Lei nº 12846, de 1º de agosto de 2013. Dispõe sobre a responsabilização administrativa e civil de pessoas jurídicas pela prática de atos contra a administração pública, nacional ou estrangeira, e dá outras providências. Palácio do Planalto Presidência da República, Brasília, DF, 1º ago. Disponível em: < http://www.planalto.gov.br/CCIVIL_03/_Ato2011-2014/2013/Lei/L12846.htm>. Acesso em: 28 de abril de 2019.

59 RIZZO, Elloy. **Estruturando o seu Programa de Compliance à Luz do FCPA e da Lei Brasileira Anticorrupção.** 28 abr. 2015. Disponível em:<http://fcpamericas.com/portuguese/estruturando-seu-programa-de-compliance-a-luz-fcpa-da-lei-brasileira-anticorrupcao/>. Acesso em 28 de abril de 2019.

60 LIVIANU, Roberto. **Corrupção** – Incluindo a Lei Anticorrupção. 2 ed. São Paulo, Editora Quartier Latin, 2014, p.185

não violará as referidas leis. Apesar de todos serem obrigados a cumprir às leis, há uma maior segurança, se colocada como uma obrigação contratual que, quando descumprida, pode gerar uma resolução e até mesmo uma indenização.

Um bom exemplo de cláusula anticorrupção razoável para ambas as partes seria a mencionada pelo professor e coordenador do curso *Legal, Ethics and Compliance* (LEC) em seu artigo, na qual as partes declaram conhecer e cumprir à lei anticorrupção brasileira e se comprometem a exigir que seus terceiros também cumpram a referida lei.[61]

O objetivo é que haja transparência nas obrigações assumidas pelas partes de modo que cumpram a lei anticorrupção brasileira, reduzindo assim, os riscos inerentes à sua violação.

Outro ponto importante acerca da rescisão contratual por violação das leis anticorrupção é que, na América Latina, ao exercer essas cláusulas, o tribunal pode exigir uma decisão judicial acerca da violação. Neste sentido, as empresas devem incluir cláusulas que concedam a possibilidade de rescisão imediata do contrato, a seu exclusivo critério, se a empresa tiver razões para acreditar que o terceiro tenha violado as leis anticorrupção, ou se a empresa tiver conhecimento que as declarações e garantias fornecidas por aquele terceiro são imprecisas ou incompletas.[62]

3.3.2. Cláusula de Autorização Prévia de Subcontratação e Interação com Órgãos Públicos

Como já mencionado, uma das maiores preocupações dos responsáveis pelas áreas de *Compliance* são os terceiros, pois ao representarem sua companhia podem gerar uma responsabilidade a sua empresa. Por não trabalharem sob sua gestão e, muitas vezes, deter uma cultura e costumes diferentes, geram uma preocupação no sentido de não conhecerem ou não terem incentivos suficientes para cumprir as regras da companhia que estão representando.

[61] SIBILLE, Daniel. **Cláusulas anticorrupção**. 25 mai. 2016. Disponível em:<http://www.lecnews.com/artigos/2016/05/25/clausulas-anticorrupcao/>. Acesso em 28 de abril de 2019.
[62] AYRES, Carlos. **Dispositivos Contratuais do FCPA para Terceiros na América Latina:** Outras disposições importantes. 14 jun. 2013. Disponível em:<http://fcpamericas.com/portuguese/dispositivos-contratuais-fcpa-para-terceiros-na-america-latina-outras-disposicoes-importantes/>. Acesso em 28 de abril de 2019.

Pesquisas comprovam o risco de intermediários nas transações e negócios, conforme mencionado no artigo abaixo:

> Na América Latina, terceiros têm representado mais de 75% dos casos de práticas de corrupção no exterior que envolvem pagamentos na Argentina, praticamente 60% dos casos que envolvem pagamentos no Brasil, e mais de 65% dos casos que envolvem pagamentos no México.[63]

É de suma importância ressaltar que o dever da empresa perante este terceiro começa no momento que esta última o contrata. Por isso, conforme citado no capítulo anterior, é necessário ter controles internos para que se mitigue eventual responsabilidade da empresa por atos ilícitos cometidos pelo terceiro:

> De acordo com a FCPA, a responsabilidade pode ser estabelecida quando as empresas ou seus funcionários fazem pagamentos indiretamente a autoridades estrangeiras por meio de agentes, consultores, distribuidores, advogados, contadores, despachantes aduaneiros, ou qualquer outro intermediário. A responsabilidade surge quando a empresa ou indivíduo sabe que o terceiro irá fazer o pagamento, autoriza o terceiro a fazê-lo, conscientemente ignora red flags ou sinais de alerta sugerindo a possibilidade de pagamentos corruptos, ou (para empresas de capital aberto nos Estados Unidos) não aciona controles destinados a evitar propinas de terceiros.[64]

Desta forma, faz-se essencial entender quem é este terceiro e qual o risco que ele representa para a empresa, usando alguns requisitos como entender se o país que ele está presente é um país considerado corrupto, qual seu histórico ético. Mattenson Ellis em um artigo sobre os riscos de terceiros faz uma lista de pontos a ser considerada antes de se relacionar com uma empresa:

[63] AYRES, Carlos, MOUSHEY, Leah. **Mais empresas estão administrando os riscos de corrupção por terceiros na América Latina**. 11 mar. 2016. Disponível em:< http://fcpamericas.com/portuguese/mais-empresas-estao-administrando-os-riscos-de-corrupcao-por-terceiros-na-america-latina/ >. Acesso em 28 de abril de 2019.

[64] ELLIS, Mattenson. **Como posso controlar meus terceiros?**. 26 fev. 2014. Disponível em:< http://fcpamericas.com/portuguese/como-posso-controlar-meus-terceiros/>. Acesso em 28 de abril de 2019.

A transação é realizada ou o terceiro está em um país conhecido pela corrupção generalizada, como medido pelo Índice de Percepção de Corrupção, da organização Transparência Internacional (Transparency International), ou por outros índices semelhantes.

O terceiro tem uma história de práticas de pagamentos indevidos, tais como investigações formais ou informais, prévias ou em curso, por parte de autoridades responsáveis pela aplicação da lei, ou condenações anteriores.

O terceiro tem sido alvo de ações de aplicação penais ou ações civis por atos sugerindo conduta ilegal, imprópria ou antiética.

O terceiro tem uma reputação comercial fraca.

Alegações de que o terceiro realizou ou tem propensão para realizar pagamentos proibidos ou pagamentos de facilitação a autoridades.

Alegações relacionadas com a integridade, como uma reputação de conduta ilegal, imprópria ou antiética.

O terceiro não tem em prática um programa de compliance ou código de conduta adequado ou se recusa a adotar um.

Outras empresas rescindiram com o terceiro por conduta imprópria.

As informações fornecidas sobre o terceiro ou seus serviços principais não são verificáveis por dados, apenas informalmente.[65]

Além dos treinamentos e *Due Diligence* já abordados, uma forma de se prevenir destes riscos seria a inserção nos contratos de cláusula de comunicação prévia quando ocorrer uma subcontratação para executar o serviço ou parte do serviço previsto em contrato e que esta seja aprovada pela outra parte, pois assim, a empresa pode realizar um processo de *Due Diligence* neste terceiro para verificar se há algum risco reputacional iminente. E, caso esta obrigação não seja cumprida que a contratante possa rescindir o contrato sem ônus.

Adicionalmente, ao autorizar a subcontratação, é importante solicitar por escrito: (a) as atividades detalhadas a serem realizadas pelo terceiro; (b) justificativa do uso de subcontratado no contrato; (c) qualificações e experiência técnicas ou profissionais do terceiro; (d) motivos da escolha do terceiro em comparação com outros concorrentes; e (e) acordo financeiro entre a empresa e o terceiro. Com relação ao último item, é de suma

[65] ELLIS, Mattenson. **Lista Geral de Red Flags de Corrupção de Terceiros**. 2 abr. 2014. Disponível em:< http://fcpamericas.com/portuguese/lista-geral-de-red-flags-de-corrupcao-de-terceiros/>. Acesso em 28 de abril de 2019.

importância saber como este terceiro será remunerado para verificar se o valor que será pago ao terceiro está em conformidade com o mercado. Desta forma, há como evitar um possível repasse de valores para fins ilícitos.

Ademais, há também a preocupação com a interação do terceiro com órgãos públicos. Diante disto, recomendamos a inserção de uma outra cláusula específica no contrato declarando que o terceiro, por exemplo, não tem como influenciar na decisão de negócios do setor público, que a interação com o funcionário público não tem nenhum conflito de interesses, ou seja, que não há tipo de vínculo entre o terceiro e qualquer funcionário público que possa violar a transparência dos negócios.

O conflito de interesses pode ocorrer "*caso o funcionário possua um interesse próprio, contrapondo-se aos interesses da instituição.*"[66] Se o funcionário coloca seus interesses acima dos interesses da companhia, temos um conflito.

Muitos órgãos públicos hoje em dia tem solicitado uma declaração de conflito de interesses para que não haja dúvida sobre a licitude dos negócios, apesar de no Brasil existir regulamentação para contratação com os órgãos públicos denominada lei das licitações (Lei n. 8.666 de 21 de junho de 1993)[67] que já prevê uma série de princípios que dizem respeito à ética e valores para contratação:

> Art. 3º A licitação destina-se a garantir a observância do princípio constitucional da isonomia, a seleção da proposta mais vantajosa para a administração e a promoção do desenvolvimento nacional sustentável e será processada e julgada em estrita conformidade com os princípios básicos da legalidade, da impessoalidade, da moralidade, da igualdade, da publicidade, da probidade administrativa, da vinculação ao instrumento convocatório, do julgamento objetivo e dos que lhes são correlatos.

Como no Brasil os riscos de violações tais como corrupção e pagamento de propina são maiores quando há o envolvimento de órgãos públicos, a transparência é um fator relevante ao fechar negócios com governo.

[66] GIOVANINI, Wagner, **Compliance** - A Excelência na Prática, 1. ed., São Paulo: 2014, p. 138.

[67] BRASIL. Lei nº 8666, de 21 de junho de 1993. Regulamenta o art. 37, inciso XXI, da Constituição Federal, institui normas para licitações e contratos da Adiministração Pública e dá outras providências. Palácio do Planalto Presidência da República, Brasília, DF, 21 jun. Disponível em: <http://www. www.planalto.gov.br/ccivil_03/LEIS/L8666cons.htm>. Acesso em: 28 de abril de 2019.

3.3.3. Cláusula de Auditoria nos Terceiros

Na América Latina, mitas vezes, a aplicabilidade de cláusulas de auditoria é complexa, morosa e onerosa, porque são utilizadas as cláusulas redigidas por sua matriz nos EUA, por exemplo, desconsiderando as melhores práticas de elaboração de contrato nos sistemas jurídicos em que as subsidiárias atuam, ou seja, as empresas utilizam uma tradução literal do texto original.[68]

Por ser um processo caro, as empresas devem priorizar a auditoria nos terceiros que representam riscos altos na perspectiva anticorrupção. Uma sugestão seria que a análise de risco, selecionando distribuidores e agentes de venda pelo volume de vendas para entidades governamentais. As empresas devem incluir nesta análise não apenas os terceiros que vendem para o governo, mas também os terceiros que, de alguma forma, interagem com as autoridades governamentais em nome da empresa (despachantes, despachantes aduaneiros, etc.).[69]

O terceiro deve concordar que a contratante tenha acesso a todos os documentos e informações considerados necessários por esta última, com o objetivo de verificar a conformidade da empresa com as obrigações previstas em contrato. A concordância na cooperação integral com a auditoria e o aceite no fornecimento imediato de assistência e acesso irrestritos a todas as informações solicitadas pela contratante são pontos necessários para uma boa cláusula de auditoria.

Alguns documentos podem ser mencionados na cláusula – informando que trata-se de um rol exemplificativo e não taxativo – tais como: (i) informativos indicando os nomes empregados, sejam eles dos atuais e antigos, e suas posições; (ii) listas de agentes, subcontratados, terceiros e outros profissionais envolvidos em cada um dos contratos que envolvam produtos ou serviços da contratante; (iii) documentos fiscais mencionando a

[68] AYRES, Carlos Henrique Silva. **Dispositivos Contratuais do FCPA para Terceiros na América Latina:** Evitando as armadilhas de cláusulas referentes a direitos de auditoria. 10 nov. 2013. Disponível em:< http://fcpamericas.com/portuguese/dispositivos-contratuais-de-fcpa-para-terceiros-na-america-latina-evitando-armadilhas-de-clausulas-referentes-direitos-de-auditoria/ >. Acesso em 28 abr 2019.

[69] AYRES, Carlos Henrique Silva. **Exercendo os direitos de auditoria da FCPA: Dicas para os profissionais.** 13 mar. 2014. Disponível em:< http://fcpamericas.com/portuguese/exercendo-os-direitos-de-auditoria-da-fcpa-dicas-para-os-profissionais/>. Acesso em 28 abr 2019.

entrada e a saída de produtos relacionados aos contratos firmados com a contratante; (iv) registros contábeis e fiscais, relacionados aos produtos e serviços da contratante; (v) documentos e registros relacionados a atuais e antigas ações judiciais, processos administrativos, investigações policiais, notificações, citações e outros processos, que nomeiem o terceiro (bem como as empresas coligadas deste último), os conselheiros, acionistas, gerentes ou diretores e empregados do terceiro envolvidos nos produtos ou serviços da contratante; (vi) recibos de despesas relacionados à realização de qualquer uma das atividades do terceiro de acordo com o contrato firmado com a contratante; (vii) certificados emitidos pelos departamentos relevantes dos tribunais civis e criminais Federais e Estaduais nos locais em que o terceiro possua instalações e escritórios ou operações comerciais, recebidos durante um determinado período antes da auditoria; e (viii) registros físicos ou eletrônicos relacionados aos contratos firmados com a contratante.[70]

A simples previsão de cláusula de auditoria nos contratos não mitiga o risco em si. O ponto mais importante a ser levado em consideração são as disposições de como aplicar o direito de auditoria. Neste sentido, as cláusulas devem ser adaptadas para a realidade do país que serão aplicadas e serem mais específicas acerca do que objeto da auditoria.

3.4. Responsabilidade por Descumprimento das Cláusulas de *Compliance*

No capítulo anterior, foi ressaltada a importância da inclusão de cláusulas de *Compliance* no contrato para fins de mitigação de riscos vinculados à reputação e eventual prejuízo da imagem da empresa. Como será demonstrado adiante, tais riscos podem causar danos financeiros irreparáveis.

Desta forma, vale a pena discutir o que seria recomendável inserir no contrato caso a parte descumpra as referidas cláusulas acima.

[70] AYRES, Carlos Henrique Silva. **Dispositivos Contratuais do FCPA para Terceiros na América Latina:** Evitando as armadilhas de cláusulas referentes a direitos de auditoria. 10 nov. 2013. Disponível em:< http://fcpamericas.com/portuguese/dispositivos-contratuais-de-fcpa-para-terceiros-na-america-latina-evitando-armadilhas-de-clausulas-referentes-direitos-de-auditoria/ >. Acesso em 28 abr 2019.

"A responsabilidade civil nasce da infração de um dever tutelado pelo ordenamento jurídico".[71] Quando há um descumprimento, uma violação de algo que havia sido prometido. A responsabilidade civil existirá quando houver nexo causal entre o dano e o seu autor, ou seja, uma relação entre o fato e o dano. É o elemento que fará com que haja o dever de indenizar.[72]

Há diversas divisões dentro da responsabilidade civil, dentre elas a que mencionaremos aqui é a responsabilidade contratual.

> A responsabilidade contratual que surge quando ocorre a transgressão de uma obrigação originada, em regra, por um contrato, mas, para que essa obrigação surja, forçosamente, houve uma relação obrigacional precedente. Assim, o que tem é o descumprimento de uma obrigação assumida contratualmente.[73]

No caso em tela, o inadimplemento relacionado ao não cumprimento das cláusulas de *Compliance* na maior parte das vezes será um inadimplemento absoluto, ou seja, "*quando a obrigação não foi cumprida, nem poderá sê-lo*"[74]. Isto, porque uma vez descumprida não há volta, a prestação se torna impossível, não há mais como ser cumprida.

De acordo com Lotuffo e Nanni:

> O inadimplemento absoluto ocorre em três situações bem delimitadas (i) impossibilidade de cumprimento da obrigação, (ii) inviabilidade do cumprimento ante a alteração das circunstâncias e, (iii) apesar da possibilidade de cumprimento, não é mais interessante ao credor.[75]

As obrigações de *Compliance* estão vinculadas à ética nas relações e, como só existem empresas éticas ou antiéticas, não há como termos, em regra geral, um inadimplemento parcial destas obrigações. No momento

[71] LOTUFO, Renan, NANNI, Giovanni Ettore, et. al. **Obrigações**. 1. ed. São Paulo: Editora Atlas S.A.. 2011, p. 558.

[72] Ibidem, p. 586.

[73] VARGAS, Valmir Antônio. **Responsabilidade Civil Pré-Contratual**. 1. ed., Curitiba: Juruá, 2011, p. 26.

[74] ALVIN, Agostinho, **Comentários ao Código Civil**, Rio de Janeiro, 1968. DINIZ, Maria Helena, Curso de Direito Civil. São Paulo,1982/1983 (apud ASSIS, Araken de Assis, Resolução do Contrato por Inadimplemento, 5. ed., São Paulo: Revista dos Tribunais, 2013, p. 101.

[75] LOTUFO, Renan, NANNI, Giovanni Ettore, et. al. **Obrigações**. 1. ed. São Paulo: Editora Atlas S.A.. 2011, p. 551.

que a empresa não age com ética nas relações e ocorrem consequências negativas em virtude deste descumprimento, não há como voltar ao *status quo*. Normalmente, os danos são de caráter moral, que é o que *decorre da lesão do bem jurídico não patrimonial, compreendendo os bens objeto dos direitos da personalidade*[76].

De acordo com a Súmula 227, do STJ[77] as pessoas jurídicas também podem sofrer danos morais. O dano moral *não* afeta, a priori, o patrimônio do lesado, embora nele possa vir a *repercutir*[78].

A transcrição do voto do Min. Ruy Rosadode Aguiar Júnior, proferido no Recurso Especial nº 60-033-2/MG:

> "Quando se trata de pessoa jurídica, o tema da ofensa à honra propõe distinção inicial: a honra subjetiva, inerente à pessoa física, que está no psiquismo de cada um e pode ser ofendida com os atos que atinjam a sua dignidade, respeito próprio, auto-estima etc., causadores de dor, humilhação, vexame;a honra objetiva, que consiste no respeito, admiração, apreço, consideração que os outros dispensam à pessoa. Por isso se diz ser a injúria um ataque à honra subjetiva, à dignidade da pessoa, enquanto a difamação é ofensa à reputação que o ofendido goza no âmbito social onde vive. A pessoa jurídica, criação da ordem legal, não tem capacidade de sentir emoção e dor, ataque à honra objetiva, pois goza de uma reputação junto a terceiros, passível de ficar abalado por atos que afetam o seu bom nome no mundo civil ou comercial onde atua."[79]

Se um parceiro de uma empresa descumpre a lei anticorrupção brasileira e sem o conhecimento do contratante, paga propina para um ente público para que o alvará da loja deste último seja concedido antes do prazo, este parceiro não só destrói a sua reputação como a reputação da empresa, dona da loja. O dano que esta empresa sofreu foi um dano moral, muitas vezes, irreparável.

[76] AMARAL, Francisco. **Direito Civil** – Introdução. 8 ed. Rio de Janeiro: Editora Renovar, 2014, p. 611

[77] BRASIL. Súmula 227, Superior Tribunal de Justiça. Disponível em: https://ww2.stj.jus.br/docs_internet/revista/eletronica/stj-revista-sumulas2011_17_capSumula227.pdf>. Acesso em: 28 de abril de 2019.

[78] AMARAL, Francisco. **Direito Civil** – Introdução. 8 ed. Rio de Janeiro: Editora Renovar, 2014, p.590

[79] Recurso Especial nº 58.660.7/MG apud. RIZZARDO, Arnaldo. **Direito das obrigações**. Lei nº 10.406, de 10.01.2002. 5 ed. Rio de Janeiro: Forense, 2009, p.501

Assim sendo, é recomendável inserir uma cláusula de resolução contratual vinculada ao descumprimento de questões de *Compliance*, como:

> "(...) a dissolução do contrato ocasionada pela inexecução das obrigações. Nessa espécie de dissolução, não é a vontade das partes ou de uma delas que desconstitui o vínculo contratual, mas o descumprimento do contrato." [80]

O artigo 402, do Código Civil brasileiro dispõe sobre perdas e danos mencionando que "salvo exceções expressamente previstas em lei, as perdas e danos devidos ao credor abrangem, além do que ele efetivamente perdeu, o que ele razoavelmente deixou de lucrar."[81]

De acordo com Silvio Rodrigues, "*a ideia que se encontra na lei é a de impor ao culpado pelo inadimplemento o dever de indenizar.*[82] Aquele que descumpriu deve ressarcir o outro compensando os danos sofridos por aquele descumprimento. *A indenização* representa direito autônomo[83], ou seja, é independente.

O ilustríssimo autor Silvio de Salvo Venosa entende que:

> Para que o ocorra a responsabilidade do devedor não basta que deixe culposamente de cumprir a obrigação. Deve existir um prejuízo. Em sede de dano exclusivamente moral a matéria exige digressão maior que será feita no tomo destinado exclusivamente à responsabilidade civil: no dano moral pode ocorrer um cunho exclusivamente punitivo à indenização. O montante do prejuízo será examinado no caso concreto. [84]

Desta forma, o recomendável é incluir uma cláusula de saída em virtude de descumprimento contratual e acrescentar perdas e danos, em virtude das consequências que aquela violação acarretou, bem como lucros cessantes, ou seja, o que a empresa deixou de lucrar em razão daquele descumprimento.

[80] COELHO, Fábio Ulhoa. **Curso de Direito Civil** – Contratos 3. 7 ed. São Paulo, Editora Saraiva, 2014, p.131

[81] CIVIL, Código, Constituição Federal e legislação complementar. 20. ed., São Paulo: Editora Saraiva, 2014, p.50.

[82] RODRIGUES, Silvio. **Direito Civil** – Parte geral das obrigações vol 2. 30 ed. São Paulo, Editora Saraiva, 2007, p.253

[83] GOMES, Orlando. **Contratos**. 5. ed. Rio de Janeiro: Forense, 1975, p.207

[84] VENOSA, Silvio de Salvo, **Código Civil Interpretado**, São Paulo: Atlas S.A., 2010, p 407

Lembrando que o objetivo dos lucros cessantes não é o enriquecimento da outra parte. Não deve ser uma vantagem ao credor mas também, não deve minimizar a indenização a ponto de ser inócua.[85]

A sugestão seria inserir tais dispositivos para eventual prejuízo que possa ocorrer pelo inadimplemento do terceiro. Entretanto, a indenização só ocorrerá se houver realmente um dano a outra parte.

A vantagem de ter dispostivos contratuais versando sobre temas vinculados à Lei 12.846/13 para mitigar riscos, como direito à auditoria é o poder de escolha em rescindir um contrato, a qualquer momento e, se desvincular de um terceiro que sua empresa entende que não deve mais fazer parte do seu ecossistema, pois o risco em manter esta parceria ou relação comercial pode acarretar em um prejuízo à reputação da sua empresa. Porém, faz-se necessário tomar algumas precauções para que esta rescisão não acarrete em responsabilidade civil. Por isso, há a necessidade de ser extremamente transparente nas negociações, antes, durante e após a execução do contrato. As partes devem ter clareza de suas obrigações para não cometerem violações ou gerarem expectativas irreais.

4. Conclusão

Apesar do número de empresas com áreas de *Compliance* ter aumentado nos últimos anos como demonstra a pesquisa publicada em 2018 pela KMPG, ainda há uma baixa maturidade de *Compliance* no Brasil[86], o que comprova a necessidade de treinamentos, principalmente de terceiros, em virtude do risco de violações à lei anticorrupção brasileira[87].

O principal aspecto que tentamos abordar neste trabalho foi como mitigar os riscos inerentes às violações da Lei nº 12.846/13[88] para que a

[85] VENOSA, Silvio de Salvo, **Código Civil Interpretado**, São Paulo: Atlas S.A., 2010, p 407

[86] BRASIL. **Pesquisa Maturidade do Compliance no Brasil.** 3. ed. 2017/2018. Disponível em: <https://assets.kpmg/content/dam/kpmg/br/pdf/2018/06/br-pesquisa-maturidade-do-compliance-3ed-2018.pdf.> Acesso em: 25 de abril 2019.

[87] BRASIL. **Programas de integridade**. Diretrizes para empresas Privadas. Set 2015. Disponível em: <http://www.cgu.gov.br/Publicacoes/etica-e-integridade/arquivos/programa-de-integridade-diretrizes-para-empresas-privadas.pdf>. Acesso em: 26 de abril de 2019.

[88] BRASIL. Lei nº 12846, de 1º de agosto de 2013. Dispõe sobre a responsabilização administrativa e civil de pessoas jurídicas pela prática de atos contra a administração pública, nacional ou estrangeira, e dá outras providências. Palácio do Planalto Presidência da República, Brasília,

empresa e seus funcionários consigam prosperar e que sua reputação não seja de alguma forma atingida. Estes riscos não serão mitigados apenas com inserções de cláusulas contratuais específicas de *Compliance,* mas em conjunto com uma mudança cultural da organização, com o *Tone from the Top, ou walk the talk.*[89]

A cartilha da CGU[90] também ressalta a necessidade do comprometimento da alta administração para a implementação de regras da empresa. Desta forma, entendemos que as cláusulas específicas de *Compliance* são importantes para a redução do risco de violações da lei anticorrupção brasileira, desde que complementadas com um programa de *Compliance* robusto que mapeie e monitore a conduta dos fucnionários e terceiros de forma que compreendam os riscos inerentes das operações em que estão inseridos.

Vale ressaltar a importância da transparência nos negócios, demonstrando, desde o início, o que esperamos daquele terceiro, qual seu comprometimento com as políticas e processos da empresa e, quais as consequências da falta de cumprimento às regras e regulamentos da companhia. Os funcionários e terceiros são uma extensão da empresa no momento que estes a representam e, eles precisam ter consciência disto, evitando assim uma eventual responsabilidade civil, que, no caso de violação da lei anticorrupção brasileira, é objetiva.

Neste sentido, entendemos que um programa de *Compliance* robusto complementará a efetividade das cláusulas de *Compliance*, mitigando violações à lei anticorrupção brasileira, principalmente por terceiros.

DF, 1º ago. Disponível em: < http://www.planalto.gov.br/CCIVIL_03/_Ato2011-2014/2013/Lei/L12846.htm>. Acesso em: 28 de abril 2019.

89 GIOVANINI, Wagner, **Compliance** – A Excelência na Prática, 1. ed., São Paulo: 2014, p. 56.

90 BRASIL. **Programas de integridade**. Diretrizes para empresas Privadas. Set 2015. Disponível em: <http://www.cgu.gov.br/Publicacoes/etica-e-integridade/arquivos/programa-de-integridade-diretrizes-para-empresas-privadas.pdf>. Acesso em: 26 de abril de 2019.

Anexo – Cláusulas de *Compliance*

Exemplo de Cláusula de Compliance na RFP

O proponente declara e garante que a aceitação da proposta e futura execução de contrato está condicionada à aprovação interna do contratante pelo seu departamento de *Compliance*. A não aprovação ou descredenciamento da proponente não acarreta em responsabilidade ao contratante, não sendo este último obrigado a justificar o motivo da não aprovação ou descredenciamento da proponente.

Exemplo de Cláusula de Cumprimento da Lei 12.846/13

As Partes declaram conhecer as normas de prevenção à corrupção previstas na legislação brasileira, dentre elas, a Lei de Improbidade Administrativa (Lei nº 8.429/1992) e a Lei nº 12.846/2013 e seus regulamentos (em conjunto, "Leis Anticorrupção") e se comprometem a cumpri-las fielmente, por si e por seus sócios, administradores e colaboradores, bem como exigir o seu cumprimento pelos terceiros por elas contratados. Adicionalmente, cada uma das Partes declara que tem e manterá até o final da vigência deste contrato um código de ética e conduta próprio, cujas regras se obriga a cumprir fielmente. Sem prejuízo da obrigação de cumprimento das disposições de seus respectivos código de ética e conduta, ambas as Partes desde já se obrigam a, no exercício dos direitos e obrigações previstos neste Contrato e no cumprimento de qualquer uma de suas disposições: (i) não dar, oferecer ou prometer qualquer bem de valor ou vantagem de qualquer natureza a agentes públicos ou a pessoas a eles relacionadas ou ainda quaisquer outras pessoas, empresas e/ou entidades privadas, com o objetivo de obter vantagem indevida, influenciar ato ou decisão ou direcionar negócios ilicitamente e (ii) adotar as melhores práticas de monitoramento e verificação do cumprimento das leis anticorrupção, com o objetivo de prevenir atos de corrupção, fraude, práticas ilícitas ou lavagem de dinheiro por seus sócios, administradores, colaboradores e/ou terceiros por elas contratados. A comprovada violação de qualquer das obrigações previstas nesta cláusula é causa para a rescisão unilateral deste Contrato, sem prejuízo da cobrança das perdas e danos causados à parte inocente.[91]

[91] SIBILLE, Daniel. **Cláusulas anticorrupção**. 25 mai. 2016. Disponível em:<http://www.lecnews.com/artigos/2016/05/25/clausulas-anticorrupcao/>. Acesso em 28 de abril de 2019.

Exemplo de Cláusula de Autorização Prévia de Subcontratação e Interação com Órgãos Públicos

A Contratada concorda em solicitar previamente a aprovação da Contratante caso utilize terceiros para realizar quaisquer atividades relacionadas ao serviço contratado. A Contratada reconhece e declara que qualquer violação desta cláusula constitui justa causa para a rescisão imediata pela Contratante, de qualquer relação contratual existente entre a Contratada e Contratante, sem qualquer responsabilidade ou ônus para a Contratante.

Referências

ALVIN, Agostinho, **Comentários ao código civil,** São Paulo/Rio de Janeiro: Jurídica Universitária, 1968.

AMARAL, Francisco. **Direito civil – Introdução.** 8 ed. Rio de Janeiro, Editora Renovar, 2014.

ASSIS, Araken de Assis, **Resolução do contrato por inadimplemento**, 5. ed., São Paulo: Revista dos Tribunais, 2013.

CANDELORO, Ana Paula P..Compliance 360. **Riscos, estratégias, conflitos e vaidades no mundo corporativo.** In: RIZZO, Marina Balbina Martins De Rizzo. PINHO, Vinicius. São Paulo: Trevisan, 2012.

COELHO, Fábio Ulhoa. **Curso de Direito Civil – Contratos 3.** 7 ed. São Paulo, Editora Saraiva, 2014.

DINIZ, Maria Helena. **Direito civil brasileiro**: Teoria das obrigações contratuais e extracontratuais. 19. ed. São Paulo: Saraiva, 2003.

DOYLE, Marjore W. e LUTZ, Diana, **Princípios básicos nas relações com terceiros: Checkup de reputação/responsabilidade quando utilizando terceiros em todo o mundo**, SCCE, 2011.

FRITZ, Karina Nunes. **Boa-fé objetiva na fase pré-contratual**. 2. ed. Curitiba: Editora Juruá. 2012.

GIOVANINI, Wagner, **Compliance – A Excelência na Prática**, 1. ed., São Paulo: 2014.

GOMES, Orlando. **Contratos**. 5. ed. Rio de Janeiro: Forense, 1975

GONSALES, Alessandra, et. al. **Compliance: A nova regra do jogo.** 1. ed. São Paulo: Editora Ltda., 2016.

MARTINS-COSTA, Judith, **A boa-fé no direito privado: sistema e tópica no processo obrigacional.** São Paulo: Revista dos Tribunais, 1999.

JÚNIOR, Rômulo Russo, **A responsabilidade civil pré-contratual**. 1. ed., Salvador: Edições JusPodivm, 2006.

JUNIOR, Nelson Nery e NERY, Rosa Maria de Andrade. **Código civil comentado.** 6. ed. São Paulo. Revista dos Tribunais, 2008.

LIVIANU, Roberto. **Corrupção.** São Paulo: Quatier Latin do Brasil, 2014.

LOTUFO, Renan, NANNI, Giovanni Ettore, et. al. **Obrigações**. 1. ed. São Paulo: Editora Atlas S.A.. 2011.

RODRIGUES, Silvio. **Direito Civil - Parte geral das obrigações** vol 2. 30 ed. São Paulo, Editora Saraiva, 2007.

TROKLUS, Debbie, WARNER, Greg e SCHWARTZ, Emma Wollschlager. **Compliance 101: How to build and maintain an effective Compliance and ethics program**, 2013.

VARGAS, Valmir Antônio. **Responsabilidade civil pré-contratual**. 1. ed., Curitiba: Juruá, 2011.

VENOSA, Silvio Salvio, **Código Civil Interpretado**, São Paulo: Atlas S.A., 2010.

ZANETTI, Cristiano de Souza. **Responsabilidade pela ruptura das negociações**. 1 ed. São Paulo: Editora Juarez de Oliveira, 2005.

Jurisprudência

Recurso Especial nº 58.660-7/MG - Superior Tribunal de Justiça - Rel. Min. Waldemar Zveiter, julgado em 22/09/1997.

Súmula 227 - Superior Tribunal de Justiça - Segunda Seção em 08/09/1999. DJ 20.10.1999.

Legislação

CIVIL, Código, Constituição Federal e legislação complementar. 20. ed., São Paulo: Editora Saraiva, 2014.

Lei nº 8.666, de 21 de junho de 1993 - Regulamenta o art. 37, inciso XXI, da Constituição Federal, institui normas para licitações e contratos da Adiministração Pública e dá outras providências.

Lei nº10.406, de 10 de janeiro de 2002 - Institui o Código Civil.

Lei nº 12.846, de 1º de agosto de 2013 - Dispõe sobre a responsabilização administrativa e civil de pessoas jurídicas pela prática de atos contra a administração pública, nacional ou estrangeira, e dá outras providências.

Foreign Corrupt Practices Act of 1977. Current through Pub. L. 105-366. 10 Nov. 1998. United States Code Title 15. Commerce and Trade Chapter. 2B-Securities Exchanges. Disponível em: < https://www.justice.gov/sites/default/files/criminal-fraud/legacy/2012/11/14/fcpa-english.pdf>. Acesso em: 18 jun. 2017.

Outras Referências

AYRES, Carlos. **Dispositivos Contratuais do FCPA para Terceiros na América Latina:** Outras disposições importantes. 14 jun. 2013. Disponível em:<http://fcpamericas.com/portuguese/dispositivos-contratuais-fcpa-para-terceiros-na-america-latina-outras-disposicoes-importantes/>. Acesso em 28 de abril de 2019.

AYRES, Carlos Henrique Silva. **Exercendo os direitos de auditoria da FCPA: dicas para os profissionais.** 13 mar. 2014. Disponível em:< http://fcpamericas.com/portuguese/exercendo-os-direitos-de-auditoria-da-fcpa-dicas-para-os-profissionais/>. Acesso em 28 de abril de 2019.

Ayres, Carlos Henrique Silva, Moushey, Leah. **Mais empresas estão administrando os riscos de corrupção por terceiros na américa latina.** 11 mar. 2016. Disponível em:< http://fcpamericas.com/portuguese/mais-empresas-estao-administrando-os-riscos-de-corrupcao-por-terceiros-na-america-latina/ >. Acesso em 28 de abril de 2019.

AYRES, Carlos Henrique Silva. **Melhores práticas para a criação de um canal de denúncias.** 15 abr. 2015. Disponível em:<http://fcpamericas.com/portuguese/melhores-praticas-para-criacao-de-um-canal-de-denuncia/>. Acesso em 28 de abril de 2019.

BENAYON, Mayra. **Desmistificando a área de Compliance para empresas inovadoras.** Disponível em: http://compliancereview.com.br/compliance-empresas-inovadoras/. Acesso em: 26 de abril de 2019.

BRASIL. **Due Diligence de terceiros não é algo que se faz uma vez só**. 4 nov 2018. Disponível em: http://fcpamericas.com/portuguese/due-diligence-de-terceiros-nao-e-algo-se-faz-uma-vez-so/ Acesso em: 26 de abril de 2019.

BRASIL. **Pesquisa Maturidade do Compliance no Brasil**. 3. ed. 2017/2018. Disponível em: <https://assets.kpmg/content/dam/kpmg/br/pdf/2018/06/br-pesquisa-maturidade-do-compliance-3ed-2018.pdf.> Acesso em: 25 de abril 2019.

BRASIL. **Programas de integridade**. Diretrizes para empresas Privadas. Set 2015. Disponível em: <http://www.cgu.gov.br/Publicacoes/etica-e-integridade/arquivos/programa-de-integridade-diretrizes-para-empresas-privadas.pdf>. Acesso em: 26 de abril de 2019.

ELLIS, Mattenson. **Como posso controlar meus terceiros?** 26 fev. 2014. Disponível em:< http://fcpamericas.com/portuguese/como-posso-controlar-meus-terceiros/>. Acesso em 28 de abril de 2019.

ELLIS, Mattenson. **Lista geral de red flags de corrupção de terceiros**. 2 abr. 2014. Disponível em:< http://fcpamericas.com/portuguese/lista-geral-de-red-flags-de-corrupcao-de-terceiros/>. Acesso em 28 de abril de 2019.

ELLIS, Mattenson. **Treinamento em conformidade com a fcpa: online ou presencial.** 24 jun. 2013. Disponível em:<http://fcpamericas.com/portuguese/treinamento-em-conformidade-fcpa-on-line-ou-presencial/>. Acesso em 28 de abril de 2019.

FCPA, Former Morgan Stanley managing director pleads guilty for role in evading internal controls required by. 25 abr. 2012. Disponível em: https://www.justice.gov/opa/pr/former-morgan-stanley-managing-director-pleads-guilty-role-evading-internal-controls-required. Acesso em 28 de abril de 2019.

RIZZO, Elloy. **Estruturando o seu programa de compliance à luz do FCPA e da lei brasileira anticorrupção.** 28 abr. 2015. Disponível em:<http://fcpamericas.com/portuguese/estruturando-seu-programa-de-compliance-a-luz-fcpa-da-lei-brasileira-anticorrupcao/>. Acesso em 28 de abril de 2019.

SIBILLE, Daniel. **Cláusulas anticorrupção**. 25 mai. 2016. Disponível em:<http://www.lecnews.com/artigos/2016/05/25/clausulas-anticorrupcao/>. Acesso em 28 de abril de 2019.

STEINER, Paula. **A fragilidade dos programas de Compliance no Brasil.** 21 mar 2017. Disponível em: http://compliancereview.com.br/fragilidade-programas-compliance/. Acesso em: 26 de abril de 2019.

Obras Complementares

RIZZARDO, Arnaldo. **Direito das obrigações.** Lei nº 10.406, de 10.01.2002. 5 ed. Rio de Janeiro: Forense, 2009.

SOBRE OS AUTORES

Beatriz Angela Gimenez Costa
Advogada Sênior Empresarial, especialista em Compliance, Direito Cível e Trabalhista, graduada pela Faculdade de Direito de São Bernardo do Campo e pós-graduada em Direito Civil pelo Mackenzie e LLC em Direito Empresarial pelo Insper.

Eloisa Crivellaro
Advogada, pós-graduada em Direito Empresarial pela PUC-SP e em Direito Tributário pela Unisul/LFG - SP, além de ser especialista em Direito Societário pelo Insper. Possui amplo conhecimento e experiência no setor de franquias. Desde 2011, trabalha na rede CNA de idiomas, onde foi Gerente Jurídica e atualmente ocupa o cargo Gerente Executiva. É membro do Comitê de Ética da Associação Brasileira de Franchising (ABF).

Gustavo Padillha Addor
Advogado sênior da empresa Wavy. Bacharel pela Universidade Presbiteriana Mackenzie, com pós-graduação em Direito Societário (L.LM) pelo Insper.

Marina Foltran Nicolosi
Advogada, graduada pela Universidade Presbiteriana Mackenzie e com LL.M. em Direito dos Contratos pelo Insper. É sócia fundadora do escritório Adriana Dantas Advogados, especializado em Compliance. Anteriormente, atuou na área jurídica da Duratex S.A. por 10 anos, onde implementou o programa de integridade da companhia, reconhecido em todas as edições do prêmio Empresa Pró-Ética da CGU até o momento. É atuante em diversos grupos de trabalho sobre o tema, com o compromisso de disseminar e consolidar a importância de compliance no contexto latino-americano.

Natalia Kuznecov
Advogada formada pela FMU com seis anos de experiência na área de *Compliance* de grandes empresas multinacionais do setor elétrico e de tecnologia, com pós-graduação em Contratos pelo Insper e curso de *Compliance* pela LEC. Atualmente é advogada sênior de *Compliance* para América Latina, sendo responsável pela condução de projetos de *Compliance*, investigações internas, treinamentos e *due diligence*.